アメリカ・スポーツビジネスに学ぶ経営戦略

原田宗彦 訳

On the Ball What You Can Learn About Business
from America's Sports Leaders

David M. Carter, Darren Rovell

大修館書店

On the Ball:
What You Can Learn About Business from America's Sports Leaders
by
David M. Carter, Darren Rovell

Authorized translation from the English language edition, entitled ON THE BALL: WHAT YOU CAN LEARN ABOUT BUSINESS FROM AMERICA'S SPORTS LEADERS, 1st Edition, ISBN: 013100963X by CARTER, DAVID M.; ROVELL, DARREN, published by Pearson Education, Inc., publishing as Financial Times Prentice Hall, Copyright © 2003

All rights reserved. No part of this book may be reproduced or transmitted in any form or by any means, electronic or mechanical, including photocopying, recording or by any information storage retrieval system, without permission from Pearson Education, Inc.

Japanese translation rights arranged with
Pearson Education, Inc., Upper Saddle River,
New Jersey, USA through Tuttle-Mori Agency, Inc., Tokyo

Japanese language edition published by
Taishukan Publishing Co., Ltd. 2006

アメリカ・スポーツビジネスに学ぶ経営戦略

目 次

第 1 章　ビジネスの構築 ——————————— 1
1. 家ではやらない………2
2. ビジネスの構築………5
3. ビジネスのライフサイクル………7
4. 始めよう………9
5. 創始者のリーダーシップ………15
6. 目立たないリーダーシップ………19
7. ビル・フランス：機会をとらえる（幼児期）………22
8. 財政と組織の成長：ナスカー（少年期）………22
9. ナスカーの青年期………23
10. ナスカーの「最盛期」への移行………24
11. 「最盛期」での挑戦………25
12. 見張り番の交替………26
13. 産みの苦しみ………30

第 2 章　顧客の獲得 ——————————— 33
1. 顧客を獲得する………33
2. ミラー・ライト………36
3. コカコーラ………37
4. アップル・コンピュータ………37
5. ゲータレード………38
6. 自社の「ファン」をつかむためにスポーツを使う………41
7. マーケット・セグメンテーション………42
8. ケース・スタディ：マスターカード………45

(1) マスターカード：スポーツの利用／47
　　(2) ワールドカップ・サッカー／48
　　(3)「プライスレス」スポーツマーケティング・キャンペーン／51
　　(4)「プライスレス」メッセージを守る／54
　　(5) 完璧なマーケティング・パッケージ／56

第3章　顧客サービス ─────────────────── 57
　1．顧客サービス………57
　2．顧客サービス 101 ………62
　　(1) 顧客ロイヤルティの構築／63
　　(2) 真実の瞬間／65
　　(3) サービスの価値／67
　　(4) 従業員：内なる顧客／68
　　(5) 顧客サービスが差異を生む／69
　　(6) 顧客はどのように考えるか？／71
　　(7) 苦情を愛情に変える／75
　　(8) 逃げた顧客／77

第4章　パーソナル・ブランディングの過程 ─────── 81
　1．パーソナル・ブランディング………82
　2．ジャック，ジョー，マイケル，タイガー………85
　3．コーポレート・アメリカとアスリート・ブランディングの技術………89
　4．人気のランス・アームストロング………93
　5．バリー・ボンズ：逆アームストロング？………94
　6．素晴らしきカル・リプケン………96
　7．スティーブ・ガービイ：逆リプケン？………98
　8．尊敬されるアンドレ・アガシ………100
　9．アンナ・クルニコワ：逆アガシ？………102
　10．そして，マイケルがいる………104
　11．ショーン・ケンプ：逆ジョーダン？………106

第 5 章　雇用関係 ——————————————————— 109

1．雇用関係のための構造………112

(1) 長期間の関係づくり／113

(2) 変化への対応／115

(3) 過激な反応への対応／119

(4) 試合のベスト・インタレストのために行動する／121

(5) 手本によって導く／125

(6) 関係のマネジメント／129

第 6 章　同盟の構築 ——————————————————— 131

1．戦略的同盟………134

(1) 補完的な利点／135

(2) 1 ＋ 1 が 3（あるいはそれ以上）になること／137

(3) 相性の良さ／140

(4) 両者がともに勝つ／142

(5) 適合性／144

(6) 定量化の機会／146

(7) 明確なゲームプラン／148

(8) コミットメントとサポート／150

第 7 章　危機管理 ——————————————————— 155

1．危機におけるプレーヤーたち………159

2．危機に直面するプレーヤーたちへの対応………160

3．守るべき 10 のルール………161

(1) 責任をとる／162

(2) 周囲の声を測る／163

(3) 痛みを感じる／164

(4) 数字に強くあれ／166

(5) 代弁者を使う／167

(6) メディアを味方にする／168

(7) 法廷闘争に備える／170

(8) コンピューターに精通しておくこと／171

(9) タイミングがすべて／174
         (10) 攻撃が最大の防御となる／175
    4．前進する時………177

第8章　新しいマーケットへの浸透 ── 179
    1．800ポンドのゴリラ………182
    2．海外でのマーケティング………185
         (1) 地域または国の特長／185
         (2) 障壁と規制／189
         (3) 商品の特性／193
         (4) マネジメントの目標と市場選択戦略／196
    3．出現する市場………199

第9章　ブランドの構築 ── 203
    1．ブランディングのプロセス………206
    2．ブランドを確立する………208
         (1) ブランド構築の演出家たち／211
    3．ブランディングにおける商品の役割………214
    4．ブランドの（ミクロ）マネジメント………217
    5．ブランドの構成要員………219
    6．メッセージの一貫性………222
    7．世界へ………225
    8．ブランドの拡張………227

第10章　ビジネスのリ・ポジショニング ── 231
    1．リ・ポジショニング………236
    2．信念にもとづいたリ・ポジショニング………238
    3．リーダーシップとシニア・マネジメント………239
    4．内部変革とマーケティング………244
    5．次の展開………246
    6．同じ考えと情熱を………250

7．公的資金の導入………251
　　8．新しいビジネスチャンスを求めて………252
　　9．顧客にもっと広い世界を………254
　　10．自分達だけの名前を………256

第11章　リーダーシップ ── 259
　　1．リーダーシップの真髄………261
　　　　(1) 情熱的であれ／261
　　　　(2) 直感的であれ／262
　　　　(3) 耳を傾けよ／262
　　　　(4) 誠実であれ／263
　　　　(5) 思いやりをもて／263
　　　　(6) 戦略的に考えること／264
　　　　(7) 信頼関係を育てよ／264
　　　　(8) 失敗を覚悟して／265
　　　　(9) 学び続けること／265
　　　　(10) バランスをとれ／266
　　2．ゴールを目指して………267
　　　　(1) ビジネスの構築には情熱が不可欠である／267
　　　　(2) マーケット・セグメンテーションは洞察力を持って／268
　　　　(3) カスタマーサービスの問題には真摯に取り組むこと／269
　　　　(4) パーソナルブランドを確立し，維持し，発展させるために必要な誠実さ／270
　　　　(5) 労使関係の問題は思いやりを持って／271
　　　　(6) 同盟の利点を考えるときは戦略的に／272
　　　　(7) 危機管理は信頼に基づいて／273
　　　　(8) 新しい市場への浸透をはかるときは，チャンスを見誤らないこと／274
　　　　(9) 企業のブランド構築のために学び続けること／275
　　　　(10) ビジネスを方向転換させるときはバランスを求めよ／276

◆訳者あとがき……279
◆さくいん……283　　　　　◆略語一覧……292

第1章

ビジネスの構築

【ポイント】 ビジネスの世界と同じように，スポーツの世界でも，失敗すると思われていた組織やチームが成功し，成功が約束されていたはずの組織やチームが失敗するという話をよく耳にする。スポーツビジネスの世界では，常識と非常識が同居した試みがよく用いられる。それゆえ，新しいビジネスをスタートさせ成長を試みる企業に対し，スポーツビジネスは多くの示唆を与えてくれる。

　重要なプレゼンテーションの直前，発表者の重役にそっと耳打ちしたマーケティング担当部長が，「プレゼン中，絶対に例え話や比喩にスポーツの話題を使わないようにして下さい」などとささやくようなことはまずないだろうが，スポーツは，日常生活だけでなく，ビジネスの世界にもさまざまな教訓や示唆を与えてくれる。
　読者は，スポーツファンとしての経験と，職業や仕事の経験とはまったくの別物だと考えるかもしれないが，スポーツとビジネスの結びつきを正しく理解することが，ビジネスに対する洞察力を深め，有能な経営者へのステップとなることを知って欲しい。読者はまた，スポーツビジネスの構造を理解することから多くのことを学ぶことができる。スポーツ産業のリーダーたちは，変化を生み出すだけでなく，急成長を遂げる有望産業の未来を自ら創造することによって，不安定なビジネス環境に絶えず順応してきた。彼らは重要なビジネス信条に従うか，あるいはそれを放棄することによって，結果が大きく変わるこ

とを実証してきたのである。

多くのビジネスエグゼクティブと同様，スポーツ産業のリーダーたちも，国内市場をセグメント化し，海外市場に浸透する方法を模索してきた。しかしチームのロゴをウェアに貼り付けるだけで，ブランドを全国に浸透させることができるのだろうか？

彼らはブランドが競合せず，成長を妨げないよう，互いにメリットを生む経営戦略上の同盟を結ぶために努力を重ねてきた。ケーブルTVネットワークは，チーム放映権の単なる最高入札者なのだろうか，もしくはフィールドでのチームのパフォーマンスを伝えてくれる，最高入札者以上の存在なのだろうか？

リーダー達は財務と人的資源のマネジメントに注意を払っている。どのようにすれば，チームの財政に負担をかけずに，チームの価値を高めてくれるフリーエージェントの選手を獲得できるのだろうか？

彼らは，顧客サービスやマーケットシェアの崩壊を防ぐための危機管理にも注意を払っている。もし，ゲーム中にビールが売り切れたらファンはどう思うだろうか？

スポーツ産業のリーダーたちは，自分たちと従業員との関係にも気を使い，彼らの社会的地位の向上に心血を注いでいる。スポーツエージェント（代理人）は特定のスポーツマネジメント会社で働くことに満足しているのか？　あるいは名前が売れたなら，そこから離れ，自分のエージェント会社を始めたほうがいいのだろうか？

彼らは，政府との関係や規制の問題についても理解を深めている。野球ビジネスを成立させるために，スポーツ組織は自分たちの国についてどれだけのことを知らなければならないのだろうか？

本質的にスポーツ産業は，他の企業と同じような試練や苦難に直面しているが，独自の考えと異なるアプローチを持っている。スポーツビジネスが今後も進化を続けるにつれ，スポーツファンはもとより，ビジネス関係者からも注目を集め続けるだろう。

1｜家ではやらない

成功を約束するスポーツのビジネスモデル構築の方法を理解する前に，通常

のビジネスモデルとは少し異なるが，複数の知っておく価値のある事例を見てみよう。

われわれがMLB（メジャーリーグ野球）やNFL（ナショナル・フットボールリーグ）に魅了されるずっと昔，オークランド・レイダーズのアル・デイビスやヤンキースのジョージ・スタインブレナーといった個性あるチームオーナーたちよりもはるか以前に有名だったシルナ兄弟を忘れてはならない。

スポーツの歴史において恐らく最も賢明なオーナーであったオジー・シルナとダンのシルナ兄弟は，ABA（アメリカ・バスケットボール協会）のカロライナ・クーガーズを1973年に1,500万ドルで買った。そのチームは結局3年で手放すことになったのだが，彼らはABAは将来が不安定で，やがてNBA（全米バスケットボール協会）に吸収されると考えた。

そこで生き残りを目指し，メジャースポーツのないセントルイスにチームを移し，モーゼス・マローンやマービン・バーンズ，モーリス・ルーカスそしてフライ・ウィリアムズのような有望選手の獲得に大金を投じたが，最後の年は1試合平均約3,800人しか観客を集めることができなかった。オージー・シルナによると，セントルイス・ブルーズのオーナーと交わした，5,000人のシーズンチケット購入者の獲得という約束を達成することができなかったのである。

1976年にNBAの理事会が，NBAとABAの合併の仲介人に会った時，彼らはABAの6チームの内，デンバー・ナゲッツ，インディアナ・ペーサーズ，ニュージャージー・ネッツ，サンアントニオ・スパーズの4チームの参入を要求した。そしてNBAは，残りの2つの球団所有権（フランチャイズ）を買い取ることに同意した。そのひとつであるケンタッキー・コロネルズのオーナーのジョン・ブラウンは，300万ドルの代金を受け取ることで合意した。もう一方のシルナ兄弟は，わずか220万ドルで手を打ったが，条件として，合併された4チームの各々から永久にTV収入の1/7を受け取ることでNBAと合意した。

しかし当時の放映権料は，必ずしも楽に手に入る金ではなかった。1970年代初めのNBAファイナルは，午前中の短い時間だけ再放送される程度の価値しかなかった。当時のシルナ兄弟も，自分達の取り分が現在のような価値を生むとは考えもしなかったのである。

しかしその合意は，スポーツビジネスの歴史で最も光り輝くものとなった。

その後放映権が高騰したことと，放映権収入の 1/7 を受け取る権利を買い取るオファーが多数あったにもかかわらず売却しなかったおかげで，シルナ兄弟は 25 年間で約 1 億ドルの収入を得ることができた。

シルナ兄弟は，1980 年代には放映権が 800 万ドルになると予測したがそのとおりの結果となった。兄弟は 1990 年から 94 年の間に合計約 460 万ドルを受け取り，小切手の額は，98 年には年間 560 万ドルにまでアップした。そして最近では，NBC との 4 年間で 26 億 4,000 万ドルの契約が満了し，ターナーは年間 1,350 万ドルを兄弟に支払っている。[1]

NBA が 2007 － 08 年シーズンまで ABC/ESPN 及び AOL タイム・ワーナーのターナー・ネットワークとの 6 年間で 46 億ドルの放映権契約を交わしていたおかげで，シルナ兄弟は合併した 4 チームから毎年 2,000 万ドル以上を受け取ることができた。影響を受けたチームは，この契約から逃れるために度々好条件のオファーを出したが，彼らは受け入れなかった。

確かにシルナ兄弟は，将来の NBA における TV 放映権の大きさに気づかなかったのだが，それが彼らのビジネス的判断の価値を低くする訳ではない。優秀なエグゼクティブの多くはシルナ兄弟と同じような行動を取るだろう。ただ成功するエグゼクティブは，このようなリスクを頻繁に受け入れることはないが，リスクの大きさと，見返りの大きさを正確に測るために必要なビジョンを持っている。

スポーツ産業における意思決定能力について，この程度の例では納得できない人のために，もうひとつ実例を述べよう。

1995 年にサンディエゴ市は，NFL のチャージャーズが移動しないことを保証するために，スタジアムの改修費 7,800 万ドルを援助するという契約に同意した（当時はジャック・マーフィー・スタジアムと呼ばれ，現在はクォルコム・スタジアムに名称変更）。市は 1 万 4,000 席と新しいスコアボード，そしてＶＩＰルーム（特別観戦室）を追加するとともに，もしチャージャーズが 1 試合当たり最低 6 万枚のチケットを完売できない場合は，1997 年から 2006 年までの間，売れ残ったチケットを市が買い取るという契約を結んだ。

もし観客動員が順調ならば，市は，チケットから生じる税金に加え，駐車場と売店から分配金収入を得ることになる。しかしながら，観客が少ない場合，市は，チャージャーズが市に払うスタジアム使用料よりも多くの金額を，売れ

残ったチケットの補償金として支払わなければならない。

チャージャーズが市に支払う年間のスタジアム使用料は，チケットの補償金が派生しない場合，約570万ドルである。しかし充分な観客動員がある場合，市のギャランティーもあり，支払う金額は150万ドルで済んでいる。そして観客動員が芳しくない年は，サンディエゴ市は，売れ残ったチケットの購入によって，スタジアム使用料を支払うような形になっている。

1992年から1996年の間，チャージャーズは強く，連敗することもなかった。しかし1997年から2001年は，全試合の3分の1も勝てなかった（23勝57敗で勝率は.288）。1998年のシカゴ・ベアーズとの試合では，市は売れ残った2万1,129枚のチケットに対し，88万2,463ドルの補償金をチャージャーズに支払い，2000年と2001年のシーズンでは，1,400万ドルのチケット補償金を支払った。

2002年から2003年のシーズン，出場から見放されたチャージャーズのチケット価格は5ドルから10ドルほど値上がりした。サンディエゴのファンは，これに良心的な理解を示した。たとえ新しいヘッドコーチであるマーティン・スコットハイマーやドリュー・ブリーズのような新人が加入しても，市はアリゾナ・カージナルスとのプレシーズン・マッチでの売れ残った3万枚以上のチケットのために，160万ドルを払わなければならず，大きなダメージを受けたのである。

2｜ビジネスの構築

アメリカでは昔から，ファミリー・ビジネスを誇りとする風潮があった。実際，わずかの資金とガレージを使って起業したビジネスは，常にアメリカ経済の中核をなしてきた。時が経ち，いくつかのファミリー・ビジネスは世代を通して受け継がれ，後継者は会社をより大きく育て，時にはその姿を巨大企業や公益企業へと変貌させてきた。

このようなプロセスを経て成功したアメリカン・ファミリーのリストには，フォードやディズニーから，NFLのピッツバーグ・スティーラーズやシカゴ・ベアーズを所有するルーニー・ファミリー，そしてマカスキー・ファミリーのようなプロスポーツ界で成功したファミリーが含まれる。

ただこれらのファミリー・ビジネスが，産業革命やエンターテイメント産業の発展，もしくはプロフットボールの成長に関連してきたかどうかはさして重要な問題ではない。重要なのは，ファミリー・ビジネスの発展と継承という点にある。彼らは景気の変動，消費者行動，規制といった大きな変化に対応することによって生き残り，繁栄し，その忍耐力や粘り強さを社会に認めさせてきたのである。

しかしこれは，単にアメリカのビジネス・イメージを形成するファミリー・ビジネスではない。すべてのスモール・ビジネスは，夢の新規株式公開の日までコツコツと1歩ずつ着実に，成功に向けて小さな契約をまとめ続けていく企業家精神に支えられている。

ビジネスを構築するための信条は，ウォルマートの創業者であるサム・ウォルトンや，プロレス団体のWWEを創業したビンス・マクマホンでも，あるいはヤフーやヒューレット・パッカードのような大学寮のルームメイトやビジネス仲間が簡単に立ち上げた会社でも，基本的には同じである。強気な挑戦や犠牲的行為にまつわるストーリーはよく知られているが，要は，企業として成功させるという，ほとんど起こりそうもないことに取り組むコミットメントが根底にある。

レスリングのプロモーターとして知られているビンス・マクマホンが，1982年にファミリー・ビジネスの経営を息子に譲った時，息子には大きな夢があった。マクマホン・ジュニアは，ビジネスを拡大することのリスクを恐れなかった。彼は会社名をCWC(Capitol Wrestling Corporation)からWWF(World Wrestling Federation)に変え，名前に恥じぬ努力を重ねた。ハルク・ホーガンやランディ"マッチョマン"サベージのような魅力的なレスラーを育てながら，アメリカ全土へのプロモーションを仕掛けて着実に夢を実現していった。

マクマホンは経営的なリスクを犯すことなく，300人のフルタイム社員と100人以上のレスラーを専属契約で雇用した。1985年にマクマホンは，レスルマニア（WrestleMania）という一大スポーツイベントを立ち上げた。テレビのペイパービュー（PPV）がまだ定着していなかったこともあり，マクマホンは100以上のアリーナを借りて大型スクリーンでイベントを公開した。WWFによれば，2000年度までに50のメトロポリタン地域の内の45地域を含む北米の100都市において，210のライブイベントを実施し，230万人の

来場者があった。

　今では年間 500 万人から 700 万人が有料コンテンツに金を払い，会社は世界最大の PPV 興行主になっただけでなく，無料放送は，ゴールデンアワーに放映される他のいかなる番組よりたくさんの 18 歳から 34 歳の視聴者を獲得し続けている。

　90 年代後半の，テッド・ターナーの WCW（World Championship Wrestling）との壮絶な視聴率競争の結果，マクマホンは 2000 年に WCW を買い取ることを決めた。ただその買収は，1999 年に株式公開を行う時に株主からの反感を誘発するなど，マクマホンにとって厳しい結果となった。

　WWF の 100％すべてを所有したマクマホンは，より自由でクリエイティブな経営ができる力を持った。しかしながら，新しいプロフットボールリーグ（XFL）が生んだ 7,000 万ドルの初年度の損害は，WWF と株式の 50％を所有する GE の株主が，未熟なリーグを見限るには充分な額であった。

　企業が大きくなるにしたがって，マクマホンは自分のブランド名を永久に変えたこと等，多くの訴訟を処理しなければならなくなった。2002 年 5 月に WWF は，「世界野生生物基金」（WWF）と略字名称を争った裁判に負けた後，強制的に名称を WWE に変更させられた。

　公的な企業という立場にも関わらず，WWE とマクマホンはファミリーの事業としてビジネスの拡大に全力を尽くしている。妻のリンダは社長として働き，息子のシェーンと娘のステファニーは WWE のキャラクターとして働いている。

　マクマホンは，株主問題に取り組むずっと以前から，秩序だったビジネスの構築に集中し，スポーツとエンターテイメント産業のユニークなニッチ領域を切り開く一方，市場内での競争優位性の確立に力を尽くしてきたのである。

3｜ビジネスのライフサイクル

　ビジネスの構築において，すべての製品や産業は段階的に発展するものである。それゆえ経営者は，自分達のビジネスがどこに向かっているのかを常に評価し，さらに再評価しなくてはならない。企業ライフサイクル社の創設者であり，取締役であるイアン・マクドゥーガルは，いかなるビジネスも以下の 4

つのステージに分類できると指摘した。[2]

幼年期：幼年期はビジネスを開始し，生き残るために戦う時期である。幼年期になすべきことは，初期の消費者を満足させるためのニーズを確実に把握することである。

少年期：第2のステージは，最初の顧客がベースとなりビジネスが五分五分になることである。新たな機会を見つけることによって，ビジネスは急速に成長する。

青年期：成長が続くにしたがって，インフラの不足が成長を妨げる要因となる。それゆえ，初期の成功を維持するために必要なニーズの探索が不可欠となる。

最盛期：企業成長サイクルのピーク期には，組織は総力を挙げて生産を行うとともに利益を生み出し，企業の個性や文化が輝き始める。

これらのビジネス・ライフサイクルのステージについては，本章の後半部分において，小規模な地域ビジネスを国際的な組織へと育て上げたナスカー〈NASCAR〉（ストックカー・オートレース全米協会）の事例を紹介したい。

たとえ企業がどのステージにあるのかを熟知していても，ビジネスをスタートし成長させる時には何らかの障害が必ず出現する。どのようにすれば財務的・戦略的視点から，ビジネスを正しくスタートすることができるのだろうか？　どのようなタイプのリーダーシップが望まれるのだろうか？　ビジネスがスタートした後，組織がライフサイクルのどの段階にあるのかを正確に認識することは，企業の成長を妨げている問題を正確に把握することを可能にする。

例えば幼年期段階では，キャッシュ・マネジメントの問題と創始者たちの人間関係の問題が尾を引くかもしれない。第2の段階では需要を満たすのに必要な人的資源や財的資源の不足によって，組織の脆弱さが露呈するかもしれない。不適当な組織構造と目標設定が，青年期を台無しにしてしまうかもしれない。そして最後に，マクドゥーガルの視点から見ると，最盛期においては，会社があるべき姿を再定義する必要が生じる。

4 | 始めよう

　まず読者の皆さんを，新たなエクスパンション（チーム拡大）で誕生したチームのオーナーか，同じように新しいビジネスをスタートさせた最高経営責任者（CEO）だと仮定した場合，スタート時の計画に変更を加えてビジネスを拡大するために，どのような行動をとるべきだろうか？

　かつて無名企業であったマイクロソフトやESPNのような企業は，単純な発想と危うさを持ってビジネスをスタートしたが，今では，他のソフトウェア企業やスポーツメディア産業が比較の対象とする業界のリーダーになった。

　世界ホッケー協会（WHA）のニューイングランド・ホエールズを首になったPRのスペシャリストであるビル・ラスマセンは，1979年9月7日にESPNを起業した。当時の多くの人々は，24時間放送のケーブルTV事業などあり得ないと考えていた。スポーツ界は，はたして24時間というノンストップの番組を供給できるのだろうか？　どうすれば経済的に実現可能なのか？　問題は山積していた。

　放映開始直後，人々の心を引くような番組はわずかであった。ESPN初のライブイベントは，なんと1979年にミルウォーキー・シュリッツ対ケンタッキー・バーボンズが対戦した，プロフェッショナル・スローピッチ・ソフトボールのワールドシリーズであった。しかし，ネットワークの重要ニュースとハイライトを放映する「スポーツセンター」がカレッジ・バスケットボールをカバーするや，同局は充分なプログラムを毎日放映することに成功した。にもかかわらず，既存のネットワークは，新たにスタートしたケーブルネットワークを脅威とは認識しなかった。ケーブルTVの人気が上昇するにつれ，スポーツセンターはローカルなスポーツ放送番組の比重を減らし始めた。やがて人気が高まるにつれ，クリス・バーマンやボブ・レイ，そしてダン・パトリックといったスポーツセンターのジャンキーたちは，自分達がカバーするスポーツ選手以上に有名な，ファンから崇拝されるヒーローとでもいうべきパーソナリティになった。今日スポーツセンターは，80％以上のアメリカの家庭で視聴されており，そのキャッチフレーズが示すように，ESPNは，ESPN.com（通信），ESPN The Magazine（雑誌），ESPN Radio（放送），そしてESPN Zone restaurant（レストラン）を擁する「スポーツのワールドワイド・リーダー」となった。2002 年には NBA の放映権を獲得し，初めて 4 大メジャースポーツリーグを同時に放送する初めてのネットワークとなった。

　ラスマセンだけが，当初の懐疑的な雰囲気を一新したのではく，ラスマセンが ESPN を設立した数年後に，1 日 24 時間，7 日間，天気だけを放映するウェザーチャンネルの設立を手伝ったフランク・ベットンもその 1 人である。ウェザーチャンネルに対する最初の評判は最悪だった。結局，自分が住む地域の天候以外，誰がよその天気を気にするだろうか？　南の島で太陽を浴びている観光客にとって，オクラホマで起きている嵐は関係のないことである。しかし 2000 年までにウェザーチャンネルは 3 億 2,000 万ドルの収入を獲得し，1 億人近くのウェザー・ウォッチャーを獲得するに至った。

　成功したビジネスは業種に関係なく，以下のプロセスを踏んで市場トップの座を築いたのである。

　まずはビジョンの存在である。組織は未来を見据え，短期，中期，長期の戦略的目標を決定しなくてはならない：ビジネスは避けられない変化にどのよう対応すべきか？　変化に対面した時，ビジネスはどの方向に向かえばよいのか？　人的資源と財的資源のどこに重点を置くべきだろうか？　しっかりとした戦略的計画の作成が，これらの疑問に対する答えを導き，成長と成功の道程を明らかにしてくれるだろう。

　プロスポーツにおけるエクスパンション・チームのオーナーたちは，フランチャイズ権の獲得に際し，これらの問題に素早く対処しなければならない。まずどのように選手や社員を獲得するかを考えなければならない。チームは，経済的かつ組織的にドラフトやマイナーリーグから選手を獲得する必要があるのだろうか？　新たなオーナーは矢継ぎ早に，そして年俸を節約せずに交渉し，選手を集めてチーム作りに取り組めるだろうか？　メディアやスポンサー，そしてファンなどの主たるステークホルダー（利害関係者）は，新しいオーナーの戦略にどのような反応を示すのだろうか？

　スポーツ界は，巨額の資金を市場から吸い上げ，ブランドを設立するために矢継ぎ早に投資するドット・コム・ビジネスに似ている。強力なウェブサイトの設立こそが重要で，利益は二の次である。通常，スポーツの成功は収入の総額ではなく勝率で判断される。あるチームの経営が失敗して，財政的な逼迫が

視野に入った状況は，ブランドネームを設立するために巨大投資を行う一方で，ビジネスの先が見えないオンライン会社の状況に似ている。

ビジネスリーダーたちもまた，株価や利益率などの尺度による「勝率」で評価される。しかし今日の激しいビジネス環境において，企業のリーダーが成功者と認められるには，野球選手と違って3割を軽く超える意思決定の成功率，すなわち打率が求められるのである。

NFLのダラス・カウボーイズを時間をかけて育て，豊富な資金力を持つチームに育てたジェリー・ジョーンズと違い，アリゾナ・ダイヤモンドバックスのオーナーであるジェリー・コランゲロは，強力なファンの支持基盤がないまま，短時間でチームをつくりあげた。

1995年，NBAのフェニックス・サンズのマネジメントパートナーであったコランゲロと他のパートナーたちが，MLBのエクスパンション・チームであるアリゾナ・ダイヤモンドバックスを1億3,000万ドルで買い取ったが，これは予定を2,000万ドル上回る出費となった。

コランゲロの目標は，素晴らしいボールパーク（球場）で戦う強いチームをつくることであった。コランゲロはこの目標を達成し，ダイヤモンドバックスは，わずか4シーズン目にワールドシリーズで優勝した最短のエクスパンション・フランチャイズとなった。しかしながら，コランゲロとパートナーたちが費やしたコストは巨額であった。

1998年に新しい球場を使用するまでに，バンク・ワン・ボールパークの建築コストは2億3,000万から3億6,800万ドルまで上昇した。選手に払う給料も約7億ドルと，その総額は球界トップ10に入るまでに膨らんだ。ピッチャーのランディ・ジョンソン，外野手のスティーブ・フィンリーを含めた6人のフリーエージェントに関して，コランゲロが1億1,800万ドルの契約を交わしたことが選手コストの急速な高騰を招いた第1の原因であった。新しい選手のラインアップにもかかわらず，シーズンチケットは売れず，1998年の3万6,000枚から1999年の2万7,000枚へ，そして2000年には2万4,000枚まで減少した。ダイヤモンドバックスがチャンピオンシップに出場した年でも，シーズンチケットの販売は2万2,000枚という低い数字であった。

シーズンチケット購入者の減少に対処するため，コランゲロはフリーエージェント選手の追加に必要な資本追加として1,000万ドルの融資を受けた。

しかし，これでも金額は不充分であった。

　コランゲロは選手に対し，2001年まで5年にわたって，総額1億5,000万ドルから2億ドルの給料の支払いを延期してくれるように懇願するという，尋常ならざる手段に打って出た。同時に2001年末までに，チームの将来の財政的安定と競争性を保持できる費用として，パートナーたちに向こう10年にわたって，合計1億6,000万ドルの投資を依頼した。

　このような経営手法に対する多くの批判に対して，コランゲロは，販売促進やポストシーズンのチケット収入増により，チャンピオンシップに出場した年の赤字はわずか4億4,400万ドルで，投資効果のあったことを強調し，いずれ赤字は解消し，投資家は感謝するに至るだろうと強弁した。しかしこれをきっかけに，コランゲロのチームオーナーとしての立場は弱体化し，フランチャイズにはスタジアム建設の負債である1億5,000万ドルに加えて，選手給与の延期から生じる継続的な財政面での問題が残ることになった。このような財務状況は，2003年シーズンまで全国TV放送権収入を分配しないというチームとリーグの同意という事実によって，さらなる悪化の道を歩むことになった。

　インターネット最大の小売販売業であるアマゾン・ドット・コムと提携したダイヤモンドバックスは，2002年1月の最初の4半期に，わずかだが歓迎すべき5,100万ドルの利益を上げる前に，1995年から2001年の間に28億ドルの損失を計上していた。

　関係者と充分にコミュニケーションを図り，ゲームプランどおりの試合展開を行っていれば，常軌を逸した投資の幾つかは避けることができただろう。シニア・マネジメントは株主の投資状況をもとに，会社が属する産業の景気動向と会社の経営状況が，同じような戦略を許すかどうかを見極める必要がある。さらに，勝利の意味を決めなければならない。それは産業内で最大のマーケットシェアを持つことなのか，最高の利益率を達成することなのか？　おそらく真の勝利は，両者を必要とするだろう。

　スポーツにおけるエクスパンション・チームは，多くのニュービジネスがそうであるように，シーズンチケットから特別観戦席（VIPルーム）まで，多様な商品を販売するために，多くのサービス志向の営業担当者を集めなければならない。それによって積極的な販売予測が立てられ，マーケティング担当者

は，競争的な市場の中で血の汗を流すような努力を強いられる。

　スポーツビジネスで働く人々は，多くの人間が同じ分野に職を求めており，他のビジネスに比べてより「入れ替え可能な存在」であるというという恐怖心を抱いている。しかしながらチームのライン・スタッフは，歩合制度によって，チームのためによく働き，できるだけ多くのチケットを売るように動機づけられる。エクスパンション・チームのような小さな企業や組織は，何が労働者にとって魅力的で，彼らのやる気に火をつけるのかを常に考えなければならない。

　歩合制度の採用においては，従業員個人をよりよく把握しなくてはならないため，誰が最大の業績を上げているかを認識しなくてはならない。優れたものは当然幹部候補生として，つまり上級のマネジメントに従事できるだけの労働観と実績をもった労働者として認識される。しかしながら，幹部候補生は戦略プランにおける一要素でしかない。

　献身的な社員の存在を前提とした戦略プランは，組織の基本枠組みを示すものであるが，それだけでは充分ではない。企業は測定可能なパフォーマンス・ベンチマークを確立し，目標達成に向けたマネジメントを実践しなければならない。ビジネスにおいては，重要な目標数値をすべて把握することを可能にする財政と運営の報告システムを発展させるべきである。定期的にパフォーマンス基準を見直し改善することは，全社的な目標到達に貢献することになる。市場は毎年の計画見直しを待ってくれない。ビジネスもまたしかりである。

　組織の中で，尊敬を集める献身的なリーダーシップもまた重要である。ビジネスオーナーは，商品やサービスに情熱的で市場を知りつくしているが，マネジメントとリーダーシップの専門知識に欠けているということがよくある。優れたチームオーナーの中には，自身はチーム運営やチーム強化ができないことを認め，その権限を適切な時に適切な人物に委譲する者もいる。

　ビジネスオーナーが，技術的なエキスパートから事業戦略のエキスパートに変化することもまた重要である。マイクロソフトを率いるビル・ゲイツがこの好例である。彼はまぎれもないコンピュータの天才である。しかし，世界的な組織を育て，導くために必要とされる戦略的スキルやリーダーシップ・スキルを獲得しなければならなかった。

　同様に，有能で独創的なマネジメント・チームを集めることも必要である。良

きマネジャーは，得られるベストの人材でチームを組むことにより，素晴らしいマネジャーになれる。管理可能で持続的な成長の鍵は，一貫性に欠け，予測ができないリーダーシップを避けることである。ビジネスの発展に貢献し，仕事の中にインセンティブを創造できるような社員を見つけることにより，企業はその成長を最大限に維持し続けることができるだろう。このことは，ベースボールやバスケットボールにおいても立証されており，例えばニューヨーク・ヤンキースのジョー・トーリ監督やLAレイカーズのフィル・ジャクソン監督は，ドン・ジマーやテックス・ウィンターのような信頼できるアシスタント・コーチと共に，ゲーム戦略について議論し多くのシーズンを乗り切ってきた。

一貫性がなく予測不能なリーダーシップは，ファミリー・ビジネスの創設者が，自分の後継者としてビジネスの拡大を望む息子たちに抱く不安要素のひとつである。創設者は，息子たちがもしビジネスの全貌を把握できなかったなら，会社が危機に陥ると考える。

スポーツの世界においても，同じような関係が大学の学長と，アメリカン・フットボールのヘッドコーチの任命権を持つアスレチック・ディレクターの間に見ることができる。同様に，アスレチック・ディレクターが特定のコーチに親近感を感じているなら，たとえ彼らが長い間勝っていなかったとしても，そのコーチを契約期間よりも長くとどまらせる傾向にある。

そのよい例がカレッジ・バスケットボールのコーチであるデニー・クラムであり，彼は2001年のシーズン後にルイビル大学から辞職を強いられた。クラムはカージナルスを30年間コーチングし，その間6回のベスト4入りと，1980年，1986年での2回で優勝を含め，NCAA（全米大学競技協会）トーナメントに23回出場した伝説のコーチである。

しかしながら2000 − 01年シーズン半ばに，彼はシーズン終了後に辞職を迫られることになる。当時チームは11勝18敗，4年間の通算でも61勝61敗で，NCAAトーナメントの2回戦で敗退していた。

クラムが辞職した後，ESPNのバスケットボールのアナリストであるジェイ・ビラスは，ヘッドコーチをパワーのある大企業のCEOに例えた。すなわち成功と維持は会社にとって重要な問題であり，業績が下降している時に，高齢化する社長の自己満足的な地位保全を経営陣や株主が許すとは考えられない。特に会社の業績改善の見込みがない限り，このケースに例外はないだろう。

5│創始者のリーダーシップ

　スポーツ界のリーダーは，いつもベストの状態からスタートできるわけではない。最初は底辺からスタートし，競争を勝ち抜いて，スポーツをブランド力のある商品に育てていかなければならない。

　フロリダ・アトランティック大学は，アメリカン・フットボールの強化において，壮大かつ責任ある計画を立てた。まず1988年5月，フットボール界で素晴らしい成績を残したハワード・シュネレンバーガーを獲得した。彼は，1960年代初めにアラバマ大学のポール・ベア・ブライアント監督の下で，オフェンシブ・コーディネーターとして優勝を3回経験している。彼は1979年に平均1万3,000人に満たないファンしか動員できなかったマイアミ大学のプログラムを復活させ，1983年には満員のファンを動員してチームを優勝に導いた。その後ルイビル大学に移り，観客を40％増加させ，スタジアムをファンで埋め尽くした。

　フロリダ・アトランティック大学を，カレッジ・フットボールのディビジョンⅠ－Aに昇格させるという長期計画を達成する前に，まずは短期間での成功が求められた。シュネレンバーガーの熱心な働きにより，フロリダ・アトランティック大学は計画を始めるにあたって必要な1,000万ドルの寄付を7万人以上の卒業生から集め，2001年シーズンに向けて，何名かの有望新人を獲得した。

　シュネレンバーガーは，平均2万5,000人の観客を目標としていたが，スリッパリーロック大，ジャクソンビル大，そしてガードナーウェブ大といったディビジョンⅠ－AAでは，1ゲーム平均1万2,987人を集めるのがやっとであった。

　ディビジョンⅠ－Aに昇格するには，ホームゲーム平均で1万5,000人を動員しなければならず，ディビジョンⅠ－Aのチームと少なくとも5試合をホームで対戦しなければならないというハードルが横たわっていた。

　シュネレンバーガーの名前はフロリダ中に広がり，フロリダ・アトランティック大学はカレッジ・フットボール界におけるリクルートの中心となった。フロリダからディビジョンⅠ大学へと進学する高校生は300人を下らず，

もしフロリダ大，マイアミ大，フロリダ州立大といった強豪校が有望選手を集めたとしても，まだ多くの有望新人が残っていることをシュネレンバーガーは知っていた。

確かにシュネレンバーガーは，122あるディビジョンⅠ－AAプログラムの中で，2万4,000人以上の観客を動員し，著名なフットボール選手を多数輩出しているセントラル・フロリダ大学や南フロリダ大学といった中堅校と競争しなければならなかった。

しかしながら，フロリダ・アトランティック大学はシュネレンバーガーという利点を持っていた。彼は成功する計画の立て方を知っている。たとえ2002年に彼のチームがふがいない成績で低迷していても，その名声を揺るがすものはなかった。

スモール・ビジネスやファミリー・ビジネスが発展し，大きくなり過ぎることで，もとのマネジメントモデルに合わなくなることがある。会社を興すのに役立ったオーナーシップやマネジメント構造も，ビジネスが拡大するにつれて，理想から程遠いものになる可能性がある。その結果として，古いモデルを見直し新たなモデルを構築する必要性が生じる。

1846年にニューイングランドの内科医であるオースティン・チャーチと弟のジョン・ドワイトは，自分たちの家のキッチンに，アメリカ人で初めて重炭酸ベーキングソーダの工場をつくった。翌年2人はそれぞれの道を歩みはじめ，チャーチ社（腕とハンマーのラベルを使用）とジョン・ドワイト社をそれぞれ設立した。50年後，ふたつの会社は腕とハンマーラベルのもとチャーチ＆ドワイト社に統合された。

ベーキングソーダの本来の使用法は料理であるが，第二次世界大戦前後に家庭料理熱が醒めて売り上げが低迷した時，関係者は柔軟性と創造性によって苦境を乗り越えた。他の多くの会社は業績を悪化させたり，業態を変えて衰退の道を歩んだが，消費者の生活の他の側面に着目し，商品のアイデンティティを変えることによって腕とハンマーラベルは成功路線を歩み始めた。1960年代になると腕とハンマーラベルは，冷蔵庫の中身を新鮮に保つようにベーキングソーダの箱を置くことを奨励するとともに，他の多くの使用法をその箱に記した。

カーペット用の消臭剤は1981年に商品化され，ネコの室内トイレはその7年後に市場に出回った。今日腕とハンマーラベルは，脱臭スプレー，クリーニ

ング洗剤，歯磨き粉，ガムなどの商品を販売している。2002年には，ヤンキースの強打者ジェイソン・ジアンビーをボディ・デオドラント（体臭除去剤）の広告に起用した。

　もしチャーチ＆ドワイト社の幹部が，ベーキングソーダを料理だけに使うものと定義していたならば，腕とハンマーラベルは決してアメリカで最も名の通ったブランドネームの1つにはならなかっただろう。会社は，腕とハンマーラベルのように常に進化し続けなければならない。もし会社が，進化したにもかかわらず，継続的な改善がストップした時，それは次のコンバースやポラロイドになることを意味する。

　ナイキのスニーカーとエアジョーダンが，アメリカのスポーツと大衆文化の主流を占める前は，コンバースがスポーツシューズ市場を独占していた。ウィルト・チェンバレンやジュリアス・アービングがコンバースを使っていた。マジック・ジョンソンやラリー・バードも，チームをNBAの優勝に導いた時にもコンバースを履いていた。そしてリッチー・カニングハムでさえ，人気番組のハッピー・デイの中で，ブランドへのロイヤルティを示した。

　クラムに率いられたルイビル大やボビー・ナイトのインディアナ大を含む多くの大学バスケットボール・コーチが，チームの公式シューズとしてコンバースと契約を結んだ。しかしながら，1980年代に"メイド・イン・アメリカ"として世界市場を席巻するのは，ナイキとリーボックであった。これら2社の戦略的ビジョンと，企業買収を繰り返したコンバースの混乱した経営を見れば，同社がなぜ会社更生法を受けて2001年に倒産したのかがわかる。

　倒産セールで売りに出されたコンバースのロゴは，前販売担当重役のジャック・ボーイズ率いるホールディング・カンパニーに売られ，ブランドの再構築が図られた。クリーブランド・キャバリアーズのガード，アンドリュー・ミラーや，ミネソタ・ティンバーウルブズのフォワードであるウォーリー・ズビアックなどを含む新しいスポークスマンとともに，コンバースは復活の道を歩み始め，古いタイプのシューズに人気が集まるレトロ・ブームが，復活に弾みをつけた。

　1970年代，1分以内に写真を現像するポラロイド・カメラの人気はすさまじく，ちょうどクリネックスがティッシュを意味し，ゼロックスがコピー機を意味するように，ポラロイドは写真の代名詞であった。しかしながら1980年

代になると，値段の安いカメラと1時間現像のフォトショップの登場が，ポラロイドの競争優位性を脅かすようになった。1990年代後半になると，デジタルカメラが市場に投入され競争が激化した。ポラロイドは進化するために協調路線の経営に切り替えたが，その努力は充分ではなかった。企業は過去の成功体験から脱せず，2001年に会社更生法の適用を受けた。2002年7月には，復活を目指して，ポラロイド株の65％が2億5,500万ドルでバンク・ワンの投資部門に売却された。

　ある産業が進化し発展する時，その会社は自分たちの能力を，ただ生き残るためではなく，競争に勝ち残れるよう再評価しなければならない。会社の経営者が，新しいビジネスのあり方と流行に適応したくないのであれば，ミネソタ・ツインズのカルビン・グリフィスのように，ビジネスを売却するという手段も残されている。

　1919年にクラーク・グリフィスがワシントン・セネターズを買った時，甥っ子のカルビン・グリフィスはそのことに強い関心を抱いた。彼は1924年，12歳の時に野球のバットボーイになり，その後球場の飲食担当マネジャーに昇格，そして1955年にクラークが死に，複数のオーナーに所有権が移る前にチームの社長となった。

　1960年代初め，彼はチームをミネアポリスに移し，野球の殿堂入りしたハーモン・キルブリューやトニー・オリバのおかげで，ミネソタ・ツインズは1965年にはワールドシリーズに出場することができた。しかし70年代後半，選手組合の交渉力が増して選手のサラリーが急上昇するにつれ，カルビンは，チームの競争力を保つこと以上の投資を控えるようになった。

　ただ収入に関係なく，チームへの最低限の投資は行った。もしチームの台所事情が苦しかったならば，選手にはそれに見合う給料しか払わなかった。他のオーナーとは違い，彼の収入はベースボールに限定されていたからである。

　カルビンの息子であるクラークは，甥のブルースとともに副社長を務めており，ビジネス，TV放映，財政について種々の提案を試みたが，カルビンは興味を示さなかった。彼が72年の人生を費やしたビジネスは，いつのまにか手に負えないほど巨大な別のビジネスに姿を変えたのである。カルビン・グリフィスは1984年，自分の手に負えない巨獣と化したチームを，3700万ドルで地元のバンカーであるカール・ポラドに売却した。

17年後，歴史は繰り返し，ベースボール史上1，2を争う低賃金で1987年と1991年に優勝を飾った後，ベースボールは儲からないという理由で再び売却に踏み切った。皮肉なことに，2002年に，売却に応じてオーナーグループを組織してポラドからチームを買ったのは，カルビンの息子であるクラーク・グリフィスであった。

6｜目立たないリーダーシップ

　リーダーシップの争点は，継続の問題だけに限られるわけではない。意思決定プロセスでは，時にビジネスの責任者に，1歩下がって目立たない立場に立つことを求めることがある。これはスポーツ界において，専門知識を持たない初心者オーナーが，チームを買収する時によく起きる問題でもある。その代わりオーナーは，自分の周りに，経験豊かで，全体的なビジネス目標を理解しているマネジメントのプロを配置する。これは新オーナーへの批判をそらし，フランチャイズからの信用を得ることに役立つ。さらに初心者オーナーにとって彼ら（彼女ら）は，チームが抱える緊急の問題を教えるスポーツビジネスに精通したプロとして，個人的なコンサルタントの役割も果たす。

　2000年春，コンピューター・アソシエイト社のチェアマンであるチャールズ・ワンと社長のサンジェイ・クマーが，共同でNHL（ナショナル・ホッケー・リーグ）のニューヨーク・アイランダーズを1億7,500万ドルで買い取った時，彼らはホッケーについては何も知らないことを認めた。ワンはそれまで2回だけホッケーの試合を見たことがあり，ホッケー雑誌をめくった程度であった。それゆえワンは表舞台から姿を隠し，その代わり1995年からチームのゼネラルマネージャーであるマイク・ミルベリーに全幅の信頼を寄せた。プレスに対しては，ミルベリーは氷上の意思決定者として君臨し，ワンはファンサービスやチーム・スタッフとの職場でのコミュニケーションに時間を割いた。アイランダーズのファンは誰もワンのことを知らなかったが，オーナーになって2年目，彼は7年ぶりのプレーオフ進出を決めたチームの2001年のドラフト会議の席上にいた。この成績のおかげで，次の2002－03年シーズンは，1988－89年シーズン以来最大の年間指定席の売り上げがあった。

　ワンのチームのライバルは，ケーブルテレビの立役者であるチャールズ・ド

ランの息子であるジェームズがオーナーを務めるニューヨーク・レインジャーズである。ドランは，マネジメントにおいてうまく人を動かす術を知っていた。マジソン・スクエアガーデン（MSG）の責任者として，そしてケーブルテレビ経営者の2代目であるドランは，レインジャーズとNBAのニックス，そして女子プロバスケットのWNBAのリバティを抱えていた。レインジャーズのメディアガイドは，ドランを3つのMSGチームの熱心なファンであると伝えているが，2001年のプレス・カンファレンスで彼は，実に控えめな態度で，レインジャーズがフィラデルフィア・フライヤーズのスター選手であるエリック・リンドロスを獲得したと伝えた。

ニュース・カンファレンスの時，ドランは，自分が経営している組織の特性についてはよく理解していないと述べ，レインジャーズの社長兼ゼネラルマネージャーであるグレン・セーテルに全幅の信頼を寄せているというコメントを付け加えた。

ドランは，フランチャイズであるNBAのニックスについても同じ考えを持っていた。彼は権威を行使するだけでなく，彼の組織で働く人々にとって，会社が没個性で魂がなく，彼の存在が小切手の隅に印字された名前に限定されてはいけないことをよく理解していた。

過去数シーズンの結果に見合わない高額の給料が選手に支払われていることを知ったレインジャーズとニックスのファンは，ドランのやり方に不満を募らせた。2002年，ともにプレーオフ出場を逃したニックスとレインジャーズは，他のNHLやNBAに比べて勝利ゲームあたり高額の給料を払っていた。その間，近くにあって弱いと評判であったニュージャージー・ネッツは，いつのまにか2002年のNBAファイナルに駒を進めていた。

ビジネスが成長するとき，短期，中期，長期のゲームプランを持つことが必要である。これらのプランには，人的資源と財的資源を増やすための戦略が必要で，今日や明日の売り上げ，そして今日や明日から1年，2年後の売り上げを確保するための戦術に重きを置かなければならない。

確固たる中長期の事業計画を確立している「フォーチュン500」の企業と異なり，創業間もないビジネスは，3年以上先の計画を立てるのが困難である。規模の大きさにかかわらず，短期・中期の発展を求める会社は，長期の発展についてそれほど心配する必要はない。

この問題はスポーツの世界においても例外ではなく，大学のスポーツ推薦において，高校生アスリートやその親の説得にかかわるコーチやアスレチック・ディレクターの仕事などは，実際5年計画で行うものである。

　チームの成績が順調なとき，大学とコーチの契約は自動的に延長され，その地位は長期間保障される。大学コーチの契約は5年で，そこから1～2年延長されるのが普通である。それゆえコーチは，「私は契約上，君が大学を卒業するまでチームを離れることはない」と自信を持って高校生を勧誘することができる。

　もちろん本音で，「大学の期待を裏切る成績を残そうが，他大学からもっといい条件のコーチのオファーが来ようが，私には120万ドルの給料が契約で保証されている」とは口が裂けても言わない。

　5年契約の4年目に，ノートルダム大学ファイティング・アイリッシュが初のメジャーボウル出場を決めた2日後，ヘッドコーチのボブ・ダビエに対し，同大学のアスレチック・ディレクターであるケビン・ホワイトは，ダビエに5年間の契約延長を申し出た。しかし，ダビエのチームがフィエスタ・ボウルにおいて41-9でオレゴン州立大に敗れ，2001年シーズンを5勝6敗で終えた後，その後の4年間の契約は意味がなくなった。なぜなら大学は，彼を首にしたのである。

　ファミリー・ビジネスの創業と構築は苦労をともなう挑戦であり，ストレスの多い，ともすればくじけそうになる仕事である。にもかかわらずアメリカ人は日々ビジネスを設立し続け，直感的なインスピレーションや，マクドナルドやハーレー・ダビッドソンのような成功物語を手本としてきた。しかしスポーツビジネスにおいて，自動車レースのナスカー（NASCAR）ほど成功したファミリー・ビジネスはない。ナスカーの歴史，実績，そして優れた功績は，多くの企業家に夢と希望を与えた。

　ビジネス創業時には多くの問題に直面するが，それらを前述のビジネスサイクルに沿って考えてみることは有益である。以下に示すのは，ナスカーが，他の成功したビジネス同様，組織を取り巻く「機会」と「脅威」を分析することによってビジネスを構築していったケーススタディである。

7 | ビル・フランス：機会をとらえる（幼児期）

　1920年代から1930年代初めの禁酒法の時代に，極秘で行われていたウイスキーの輸送ビジネスがブームとなった。秘密の輸送は，ウイスキーの製造よりも大きな問題となった。これらの輸送人は，法の網を潜ってアメリカの南東部の醸造所と市場の間を行き来するブートレッガー（密売者）と呼ばれた。彼らは夜中に警察とのカーチェイスを繰り広げるなど，大きな危険を冒していた。
　ウイスキーの密輸がブームになっている時，ドライバーたちは誰が最も速く走れる車を持っているかを確かめるために，仲間内でレースを始めた。ブートレッガーたちは日曜の午後にレースを行い，その夜に同じ車を使ってウイスキーを運んだ。当然のごとくそのレースを見るために人が集まり，レースカーは南部アメリカの田舎道で人気を呼んだ。
　1938年の夏，地方のガソリン・スタンドを所有し，ドライバーでもありプロモーターでもあるウィリアム・ビル・フランスは，ある日人々の心を引くようなスポーツ・エンターテイメントを思いつき，フロリダにある広くて堅い砂浜であるデイトナ・ビーチにおいてレースを開催した。勝者は，1本のラム酒，タバコ1箱，およびモーターオイル（これらは後のスポーツスポンサーシップの原型となった）といった賞品を獲得した。ビル・フランスには事業構想力があった。彼はその後ストックカー（市販車）を使ったレースを発展させ，チャンピオンを認定する公式な組織をつくり，統計をとり，記録と記録保持者を称える努力を重ねた。

8 | 財政と組織の成長：ナスカー（少年期）

　1947年までにビル・フランスは，国内にストックカー・レースを統括する組織の必要性を感じ，支持基盤を確立するために有力プロモーターを集めて作業にとりかかった。3日以上の時間をかけ，会則とそれにともなう細かな規定を取り決め，その組織をナスカー（NASCAR）と名づけた。
　1950年代を通して，ナスカーは繁栄の時代を迎えた。「ピュア・オイル」や「チャンピオン・スパークプラグ」といった企業スポンサーが大きな支えと

なった。フォード，シボレー，クライスラーといった大手自動車メーカーは，個人ドライバーに対して工場ぐるみの支援を与える一方，ドライバーはメーカーの車を使うことで収入を得た。

　自動車会社は，レースがマーケティングに与える力を理解していた。実際，これらの自動車会社に共通するモットーは，「日曜日に勝ち，月曜日に売る」であった。

　自分の製品を適切にパッケージングする重要性を熟知していたビル・フランスは，1959年にデイトナ国際レース場，10年後にタラデガレース場を建設した国際スピードウェイ社（ISC）を設立した。これらのレース場は，アメリカ南部におけるフランスの製品の認知度をさらに高め，スポーツの市場をコントロールすることを可能にした。

　これはナスカーの垂直的統合の始まりを意味し，彼のビジネス上の意思決定が後年の驚くべき発展の礎となった。かつては単に弱い結びつきであったレース場やイベントが，広範囲にわたって組織化されたグループ資産に姿を変えたのである。現在ナスカーが所有する最先端のTVチャンネルやインターネット・プログラミングを含む統合された資産は，アメリカ企業の誇りである。

　フランスは，ナスカーの成功には次の3つの理由のあることを理解していた。すなわち，結束力のある統括組織，テレビへの露出，そして企業の支援である。大部分のビジネスにおいては，これらがリーダーシップ，流通経路，ファイナンシング（資金調達）という言葉に置き換えられる。

9｜ナスカーの青年期

　1974年のアメリカを襲ったオイルショックは，ガソリンの価格上昇やガソリンを使用する理由の必要性を招いただけでなく，カーレースは貴重なガソリンの浪費だという考えを広めた。そのためナスカーは，ほとんどのレースでマイル数を10％削減し，その年のデイトナ500マイルレースは450マイルで行われた。しかし1970年代を通し，カーレースはオイルショックにもかかわらず成長し続けた。

　フランス・ファミリーは，この南部生まれのスポーツをさらに拡大する能力がテレビにあることに気づいていた。企業のスポーツへの関心を刺激した最初

のレースは，1976年のデイトナ500マイルレースであった．そのレースの最終ラップはABCで放送された．これはCBSが最初に，1,500万人の視聴者のいるナスカーの全レースを放送するネットワークとなる1979年まで続いた．しかしながら，ナスカーは単なるレースとしてだけではなく，多くのファンにスポーツとして愛されることになった．

　ラスト1週のバックストレートで，キャレ・ヤーボローが，内側を走っていたドニー・アリソンを追い抜こうとしたので，アリソンは車を寄せてブロックしようとした．その時2台の車は衝突し，蛇行運転で第3コーナーの壁に向かって走り，フィールド内の芝生でスピンして止まった．その後ろを走っていたリチャード・ペティとダレル・ウォルトリップは，結局ペティが車1台分の差で勝利した．しかしペティがゴールを駆け抜ける前に，ヤーボローとアリソンは車から降りて喧嘩を始め，その後ボビー・アリソンが車を止め，兄弟を助けるために喧嘩に参加した．数人のセーフティー・クルーが喧嘩をとめようとしている様子とともに，喧嘩のシーンは全国に生中継された．

　多くのレースの歴史家は，レースとエキサイティングなフィニッシュが今日のナスカーの繁栄をもたらしたと指摘する．が，おそらく，かつてスポーツで目撃された最も珍妙な事件の1つではあったが，これが〈ナスカーの瞬間〉を証明する出来事になった．

10｜ナスカーの「最盛期」への移行

　次の20年間，フランス・ファミリーは，顧客である企業とレース・ファンの経験を重視しつつ，成長の勢いを維持し続けた．

　ナスカーは，1980年代のペティや1990年代のデイル・アーンハートやジェフ・ゴードンのような大スターによって人気を博し，スポーツの中で最もブランドに忠実なファンを獲得した．調査によれば，ナスカーファンの70％がナスカースポンサーの製品を意識的に選択していることが明らかになった．ナスカーファンのブランド・ロイヤルティが高い理由は，スポンサーなしではこのスポーツが存在しないこと，そしてスポンサーからの支援がなければドライバーが競うことができないことを，ファンがよく理解しているからである．

　2001年初めには，高いロイヤルティによってナスカーは900以上のスポ

ンサーを獲得し，4億ドルの資金調達に成功した。これらのスポンサーとロイヤルティの高いファン，そして他のメジャースポーツ・リーグで見られるようなオフシーズンのストライキやロックアウトがないため（モータースポーツには選手組合がない），6年間で28億ドルのTV放映の契約をフォックス，NBC，ターナーと結ぶとともに，インターネット放映の契約を5年間1億ドルでAOLと結んだ。商品販売についてナスカーは，45社以上とマーチャンダイジングの契約を結んだため，ライセンシング収入が10年前の8,000万ドルから今日の10億ドルにまで増加した。その中で，テーマ・レストランやダイカスト製のコレクター向けのミニチュアカーが収益を押し上げた。

かつて小規模でローカルなビジネスであったナスカーは，国際的なスポーツに育ったが，その背景には，顧客重視の経営ビジョンと，レースから派生する新たな顧客ニーズの開発と創造があった。

11 |「最盛期」での挑戦

本章の初めで，ナスカーが，いかにして1974年のオイルショックと5年後のデイトナ500マイルレースの危機を乗り越えたかについて述べたが，それは歴史的な経緯から見れば，危機よりも多くの機会をもたらしたからである。若い企業から成熟した企業に脱皮するには，何らかの危機的な状況を1度は乗り越えなければならない。これらの企業は，たとえ長い間ビジネスを行っていようと，どれだけ早く最盛期にたどり着こうと，困難な時に正しい方法を選択していなければ，決してトップに返り咲くことはできない。

大多数の会社において，危機的な瞬間は歴史の中に埋もれてしまい，多くの場合忘れ去られてしまう。しかし危機の瞬間に正しく対処することによって，会社を助けることが可能になる。

1998年ハスブロ社は，冬休みのシーズン前に新商品のファービー人形の販売を制限したため危機に直面した。トレンディなホリデイギフト商品を製造する企業の多くは，充分な製品をつくりたいと願っている。もし，充分に製品を製造できなければその企業は絶好の販売機会を逃すからである。しかしながらファービー人形の品不足は，ハスブロ社が展開する重要なマーケティング戦略であり，企業の成長を促すと確信していた。もちろんこれは危険なビジネス戦

略ではあるが，それは同社にとってうまく機能した。

　ハスブロ社は，特におもちゃ業界において，供給不足がさらなる需要を招くということを知っていた。まず1982年にコレコ社が，シャビエル・ロバーツという若者からキャベージ・パッチ・キッズの販売権を獲得した。1983年のクリスマス時には，大量生産されたおもちゃが市場に出回ったにもかかわらず，供給が需要のペースに追いつかなくなってしまった。実際，どの子もキャベージ・パッチ・キッズを欲しがったのである。子どもだけでなく大人もこの人形を欲しがったのは，おもちゃ自体がもたらすメリットだけでなく，それを手に入れるまでの経緯と，手に入れたことを自慢する権利が欲しかったからである。中には，数時間も車で探し回ったり，オリジナル人形に5,000ドル以上払う人も現れた。さらに，子どもを踏みつけながら，商品棚に向かって全力で走る親まで出現した。

　キャベージ・パッチ・キッズは，歴史上最も速く売れたおもちゃとなり，1983年から1985年の間に12億ドルを売り上げた。会社は，常に需要を先行させるという戦略によって利益を獲得した。しかし一時的流行が去り，コレコ社が破綻すると，他のおもちゃ企業のハスブロ社がキャベージ・パッチ・キッズの販売権を獲得した。

　すべてのビジネス戦略は，危機が予測されていようが，それに対する準備ができていようと，有能なリーダーに導かれなければならない。会社が危機を乗り越えて継続発展するには，どのように創業者の交代を演出できるかが重要なステップとなる。企業経営のバトンを，ファミリーメンバーからファミリーメンバーに委譲することはそれほど難しくはない。難しいのは，経営権が部外者に委譲されるケースである。

12｜見張り番の交替

　企業がマーケットリーダーになった時，シニア・マネジメントの刷新が重要な課題となる。マーケットリーダーの地位を確立したならば，オーナーシップとマネジメント構造の見直しや改善が，競争を勝ち抜くために必要となる。確かにどのような組織も変化に直面するが，ファミリー・ビジネスにとって必要な変化を促すことは，気の進まない仕事である。

ファミリーの長によって始められたビジネスにはよく見られるが，ビジネスが成功した後，その勢いを維持するには，どこかのポイントで他人にバトンを渡されなければならない。スポーツでは，リック・ピチーノが，デニー・クラムの後にルイビル大のバスケット・チームを受け継いだが，同じことは他の巨大企業においても見ることができる。

　1901年，チャールズ・ウォルグリーンはイリノイ州ディクソンで，最初のドラッグストアをスタートした。安値と高品質のサービス，そして創業当時は妻のマートルがつくったおいしい食べ物によって，ウォルグリーンは年々急成長を遂げた。1919年，ウォルグリーンは20店であったが，10年後には525店になった。チャールズ・ウォルグリーンが60歳になった1934年までに，社長の座は息子のチャールズ・ジュニアに譲る準備ができていた。ジュニアのもとで，成長は継続され，その後社長は息子のウォルグリーン3世に譲られ，1984年には1,000店目が開店した。

　1998年1月，ウォルグリーン3世は初めてウォルグリーン家以外のダニエル・ジョントに経営を譲った。それまでにウォルグリーン3世はCEOとして会社を離れ，名誉会長になるまでの9年間，会社は店舗数を増加させ続けた。2001年までに，2002年の1月に辞職したダニエル・ジョントの功績によって店舗数は3,500を越し，年間開店数は最大で13店舗に増加し，会社はフォーチュン500の90番目ランキングされるまでに成長した。CVSやライト・エイドよりも少ない店舗しか持っていなかったにもかかわらず，同社は最大の売上を誇っている。

　ウォルグリーンと同じようにナスカーも，経営のバトンタッチを渋る他の企業を尻目に，経営の禅譲を進めながら，さらなる発展を遂げた。

　ナスカーのファミリー・リーダーシップは，結局50年以上続いた。1972年にビル・フランス・シニアが引退したとき，彼の家族がビジネスを引き継いだ。ビル・ジュニアが社長に任命され，もう1人の子どもであるジムが副社長となり，ISCの社長を兼務した。

　ビル・ジュニアは1997年の心臓発作と1999年のガンを克服し，2000年11月までナスカーの経営に携わった。その後彼は，ビル（シニア）と，ビル・ジュニアの息子と娘であるジム，ブライアン・フランス（ナスカーの副社長），リサ・フランス・ケネディ（ISCの副社長），そして1999年2月にナスカー

のCOO（最高執行責任者）に任命され，2000年11月に社長となったマイク・ヘルトンの5人で構成された理事会の長となった。ナスカーの理事会にはフランス姓が80％残っているが，現在のトップポジションには，ファミリー外のメンバーであるマイク・ヘルトンが就任している。

2000年のデイトナ500マイルレースの最終ラップで事故死したデイル・アーンハルトに関するナスカーの対処から，重要な経営上の問題が浮かび上がってきた。これらの問題は，急速に成長するビジネスが，どのように業界で起きた最悪の悲劇に対応したかに関係する。

組織の中でフランス家以外の最高経営者であるヘルトンは，ナスカーに関する問題について，よりオープンで進んで情報を公開する経営スタイルを確立したことによって評価されている。彼は，スポーツの人気が高まるにつれて，特にメディアからの監視が強まることを充分に察知していた。

このような情報公開の中には，アーンハルトの事故原因についての外部調査委託も含まれており，ナスカーの決定的瞬間として多くの人々から賞賛され，今では多くのスポーツに浸透している。

ヘルトンは，ナスカーの歴史に刻まれたアーンハルトの事故死を，ナスカーの経営スタイルが変化した転機になったと語り，アーンハルトに対する感謝の言葉を惜しまなかった。

ドライバーやカイル・ペティーのようなカーオーナーでさえ，急激な成長に寄与したヘルトンの経営能力を認めている。ナスカーは，ヘルトンのおかげでビジネスに対する態度と実践について哲学的な変化を遂げたが，その大部分はヘルトンによるところが大きいとペティは考えた。ペティはまた，ビル・フランス・ジュニアがナスカーの経営に携わっている時，中には彼と気持ちを通わせることが困難なドライバーもいたが，ヘルトンに関してはみなが指導者として認め，彼の存在を喜ぶ空気が漂っていたと述べている。

ジェフ・ゴードン，テリー・ラボント，ジェリー・ナドーが運転する車のオーナーであるリック・ヘンドリックは，敵対者というよりもパートナーであると語った。数年前までヘンドリックは，ナスカーは仲間に相談することなくルールをつくり，それを強制していると感じていた。しかし現在では，ナスカーはあらゆる人々からの意見を求め，仕事環境の改善に努めていると感じている。

経営者ひとりの決断では，組織全体の信用を得ることはできない。特に，スモール・ビジネスやファミリー・ビジネスが外部者の資源や情報を頼りにし始めるときはなおさらである。

　フランス・ファミリーからヘルトンへの経営権の移譲は，たとえ4/5の理事がフランス・ファミリーだとしても，ナスカーのドライバーたちに，自分たちが生産とプロセスを担う一員であることを感じさせるには充分であった。フランスが社長にヘルトンを任命した時，彼はヘルトンの言葉がすべてに優先すると言った。しかしこれは，フランスがビジネスから身を引くことを意味するものではない。ガンとの闘病後，フランスはナスカーが正常な状態を保つことに援助を惜しまず，必要とあれば組織のミッションを明確にすることを支援した。

　多くの場合，意思決定者は，会社で働く人々になぜそのような決定に至ったかを説明しようとしない。従業員がすべての意思決定に関与する必要はないが，少なくとも自分たちもビジネスの一部であるという感覚を持たなければならない。

　マネジャーは，自分の管理下にある従業員は，より強く会社にコミットし，会社での仕事ぶりにも信頼が置かれていると過信する傾向にある。しかしながら，もし労働者が組織の一員であるという感覚を持たず，マネジャーの進もうとする方向が予測できなければ，従業員の補充もままならず，企業の成長は停滞するだろう。

　1999年にヒューレット・パッカードのCEOを引き継いだカーリー・フィオリーナのように，ファミリーがコントロールするビジネスを引き継ぐことは試練の連続である。2001年から2002年にかけてフィオリーナは，コンパックとの19億ドルの吸収合併を完成させ，これまでの中核能力（コア・コンピタンス）であった印刷を超えて，パソコンと修理ビジネスへと業務を拡大した。しかし，創業者のウイリアム・ヒューレットの長男，ウォルター・ヒューレットは，外部に向けて賛同の意を示さなかった。

　フィオリーナはヒューレット家のサポートの少なさにもめげず，ウェブサイトの活用とともに全国的な広告キャンペーンを開始し，マスコミへの意見の浸透を図った後，この問題を克服したのである。（訳者注：フィオリーナは，その後事業部門への権限委譲を迫る取締役会と対立し，2005年2月，会長兼CEOを辞任した。）

13 | 産みの苦しみ

　ビジネス界は，ナスカーからもうひとつ学ぶことがある。すなわち，ビジネスの成功には産みの苦しみがともなうという事実である。今日のナスカーは，アメリカのスポーツ界において，ビッグリーグのひとつとして確固たる地位を得たが，今後，独占的なナスカーのマーケット奪取を狙う，チーム・レーシング・オート・サーキット（TRAC）のような競合他社から身を守るためにも，これまで以上のエネルギーをマネジメントに注ぎ込まなくてはならない。

　好景気であった1990年代中頃に，ナスカーはマーケティングに力を入れ始め，ファンロイヤルティを活用し，数億ドルの企業支援を獲得した。しかしながら，2001年に経済が緩やかに後退し，企業の不正行為についての噂が現実になり始めると，多くのスポーツスポンサーがマーケティング予算の引き締めに入った。トッド・ボダインとジョー・ネメチェックの2人のドライバーは，メインスポンサーであったKマートの倒産後，わずか数日で新しいスポンサーを見つけなければならなかった。

　このような背景のもと，ナスカーは，著しい成長を脅かす青年期特有の苦痛と戦うことになった。成長する企業は，より有益な関係を築くために，古いパートナーを切り捨てなければいけない時がある。ナスカーがフォックス，ターナー，NBCに放映権を売った時，ナスカーの成長に不可欠な存在であり，局の看板番組である「PRM 2 Night」以来のパートナーであったESPNとの関係にも修正が加わった。例えばフォックスのように，「PRM 2 Night」の競合番組を制作するネットワークの投資を保護するために，ナスカーはESPNのレースへのアクセスを制限しなければならなかった。プレスにレースの報道を最後まで続けさせるために，ESPNとの関係は悪化したが，ナスカーには，金銭面でこれからの成長を支援してくれる巨大ネットワークに対し，ハイレベルな忠誠心を示さなければならないという事情があった。

　新しいビジネス関係においては，彼らのシェアの操作も必要とされる。ナスカーは，ESPNをブロックすることでフォックスの投資を守る一方，フォックスにはナスカーのビジネスモデルのある重要な部分を妥協させたように，断固たる行動に出ることもある。

新しい契約のもとでの放送が行われた最初の1ヵ月，バドワイザー・シュートアウト・レースで数十秒間放映されたコンピュータグラフィックスで描かれたフォックスの車には，その広告時間を買ったスポンサーのロゴが描かれていた。前述のように，ナスカーにおけるスポンサー投資には，昔も今もスポーツの発展に資するという姿勢が不可欠である。フォックスは2度と同じ過ちを繰り返さなかったが，この場合，成長にともなう痛みを感じたのはフォックスであった。

　ビジネスが成長する時，それにともなう痛みを，株価の上昇をもたらす有益かつ長期的なビジネス関係に変えようとするならば，戦略的パートナーのニーズとウォンツを尊重するか，不本意ながらもそれらに従わなければならないのである。

1) Rovell, Darren, "Spirit of ABA Deal Lives on for Silna Brothers," ESPN. com, January 22, 2002
2) Adapted from TEC Worldwide, Inc., "Best Practices: Sustaining Growth."

第2章

顧客の獲得

【ポイント】製品やサービスを売るために，スポーツマーケティングを利用し，ビジネスを成功に導いている企業や組織がある。その理由は，あらゆる種類のマーケティング情報の伝達にスポーツを使うことが，いかに効果的かを明確に理解しているからである。スポーツ・マーケターとして成功した人々は，狙う市場がセグメント化できない限り，あるいはそうしない限り，マーケティング努力は無駄に終わるということを熟知している。

　成功が見込める市場のセグメント化ができれば，会社は需要を予測できるだけでなく，特定の市場へ進出するために，そしてマーケティング投資から充分な利益を確保するために，資金をいくら割り当てるべきかを正確に決めることができる。マーケターたちは，会社のブランドネームが，それを想起させるすべてのものに結びついていることをよく知っており，マーケティング活動の舞台を慎重に選ぶ。

1│顧客を獲得する

　いくらマーケティングを駆使しても，顧客を獲得することが容易であった試しはない。企業が広告料やスポンサー料のために年に何十億ドルも使うのは，日常生活にあふれる無数のマーケティング・メッセージの中で，自分たちの

メッセージが消費者に届くと期待するからである。この中には，地方の小さな町で，会社の名前をもっと知ってもらうために多額の予算を使う中小企業も含まれる。

　われわれは毎日無数のコマーシャル・メッセージの攻撃を受けている。あるものは直接に，他のものはサブリミナルに。大部分は気づかれずに終わるか，そうでなければ意図的に無視される。消費者に気づかれ，その会社や製品についてもっと知りたいと思わせるメッセージはほんのわずかである。ごくまれに，たまたまテレビで見たか，それとなく目に飛び込んだ広告の品を買ってしまうことがある。なぜか？　広告のためか？　それとも会社が熟慮したマーケティング戦略にはまったためか？

　テレビの時代が始まって以来，これまでに多くの記憶に残るコマーシャル，宣伝キャンペーン，キャラクターが登場した。偉大な広告はいつでも，ユーモア，恐怖，セックスなど，さまざまな感情によって心を刺激し，視聴者と親密で長続きする関係をつくりあげた。道端のインディアンが，車の窓から足元に投げ捨てられたゴミを見つめながら，一筋の涙を流す公共広告を覚えているだろうか？　無垢な少女が，原爆で破壊された荒地のヒナギクを摘むところを映像にした，有名な「デイジー」のコマーシャルはどうだろう。この政治色の濃い宣伝は，人々に恐怖を与え過ぎたため，たった1回の放映で終了してしまった。

　もうすこし軽いもので，あのなつかしのバートルズ＆ジェイムズが「いらんおせっかい，ありがとうよ」(Thanking for your support) と言いながら，アーネストとジュリオのガッロ兄弟にワインクーラーを投げつけるCMは誰も忘れていない。あるいは，ハンバーガーのウェンディーズ社がやった「ビーフはどこ？」(Where's the beef?) のCMはどうか。あるいは，マイキーと彼のライフ・シリアルは？

　これらの宣伝とマーケティング・キャンペーンをなぜ覚えているのだろうか？　強制的なメッセージだったからか，単に伝説のCMとして有名だったからなのか？

　他社より大きいから，クーポンを持っていたから，ウェンディーズ・チェーンのオーナーであるデイブ・トーマスが好きだから，という理由で，ウェンディーズのハンバーガーを買ったことはないだろうか？　あるいは単に，近くのウェンディーズが，単に別のファストフード・レストランより便利だから

だったかもしれない。それにもかかわらず，宣伝がなぜか役目を果たしたようにみえる。

1926年にラジオでジングル（調子のよい宣伝文句）を使ったはじめてのコーンフレーク商品が「ホイーティーズ」だった。しかしこの商品は，コマーシャルのおかげでコーンフレークス以上のものになった。どういうことと言えば，ホームラン王のハンク・アーロンやメアリー・ルー・レットン（女子体操ロス五輪金メダリスト）といったアスリートたちが，「チャンピオンの朝食」なしでは偉業を達成できなかったと述べたのである。

もし読者が，ある商品が欲しいという気になったならば，それは商品に結びついた広告やマーケティング・キャンペーンのせいだったのだろうか？　競争相手の商品ではなく，なぜその商品を買う気になったのだろう？　広告やマーケティング・キャンペーンが，その銘柄が好きになるように仕向けたのだろうか？　それともその宣伝が，忙しい日常の中で，ほっとした息抜きの時間を与えたのだろうか？

これらの広告が実際にものを買う決心に影響を与えたとすると，他に何が決定的な役割を演じたのか？　スポンサーか？　販売促進か？　それとも，もっとはっきりしないものか？　われわれは広告を知っているし，キャンペーンにも慣れている。しかし実際は，その背後にある戦略的マーケティングからより強く影響を受けているのである。潜在顧客を釣り上げるには，宣伝が決定的な役割を果たすが，それがマーケティングという仕事のすべてではない。

創造的で人を楽しませる宣伝は，例外なくスポーツを利用するか，背景としてスポーツを使ってきた。企業がスポーツを使ってメッセージを大衆に届けるために，バスケットや野球など，少なくとも4つのメジャー・スポーツが用いられてきたが，どれが最も有効かについては議論の余地がある。

一般的な消費者は，企業によって正しくセグメント化され，宣伝を通じて企業とコミュニケーションを確立し，包括的なスポーツスポンサー戦略の対象となる。スポーツ・マーケターは，効果的なTV宣伝を使って，より広範なマーケティング・キャンペーンを実施する。彼らのメッセージは明瞭であり，ストーリーは魅力的で記憶に残るものとなる。

ミラー・ライトは多くの有名選手を使ったが，コカコーラ社は癖のある選手であるジョー・グリーン1人を使った。アップル・コンピュータ社は，マッ

キントッシュの発表を行った第18回スーパーボウル（1984年）で使った広告を，その後も使い続けた。1990年代までゲータレード社は，「ビ・ライク・マイク」（マイクのように）という広告で消費者を勇気づけた。

　以下でいくつかの例を紹介するが，伝えたいことは，ひとつの優れたコマーシャルだけでブランドが確立される訳ではなく，偉大なブランドは，長い時間をかけ，進化するマーケティング・メッセージに合わせて異なるメッセンジャーを使い，人々に喜びを与え続けるという事実である。成功したブランドというものは，スポーツマーケティングを利用したものを含め，包括的なマーケティング・キャンペーンを構築し，それを進化させている。

2 | ミラー・ライト

　「ビールに求められているものはすべて，でも控えめ」（Everything You Always Wanted in a Beer and Less），「味は最高，カロリー控えめ」（Tastes Great, Less Filling）は，広告の歴史で最も輝かしい宣伝コピーの1つとして残っている。1973年から15年間，ミラー・ビールのブランド拡張商品であるミラー・ライトは，引退した選手を使い，低カロリービールの販売促進をするために大量の宣伝キャンペーンを行った。

　キャンペーンには，レギュラービールを飲む男たちが出演した。ミラー社が使ったのは，例えば，トミー・ハインゾーン，ブッバ・スミス，ディック・バトカス，ラリー・ソンカ，カルロス・パロミーノ，ビリー・マーティンたちだった。

　もうひとつのミラー・ライトのキャンペーンは，伝説的な野球選手ボブ・ユッカーを起用したもので，同じく記憶に残るものだった。あるCMで，「俺は最前列にいなければならないんだ」と，ユッカーはヤンキー・スタジアムの案内係に言い放った。ユッカーは，誰もが自分がプレーした日々を覚えていると思っていたため，当然好きな席をもらえるものだと信じていたが，彼の意に反して，野球場の一番遠い距離にある，今でもファンが「ユッカー・シート」と呼ぶ場所に連れて行かれてしまった。

　ミラー社は，自社製品を，主要なターゲット（週末の戦士で，ちょっとした無礼講を楽しむ熱烈なスポーツファン）に結びつけることに成功した。キャン

ペーンが有利であったのは，1世紀以上前にさかのぼるスポーツと酒造業の歴史的関係をテコに使うことができたからだ。この広告がうまく行ったのは，多量の製品属性をコアな消費者に瞬時に伝達しただけでなく，それを消費者が好む形で伝えたからである。

3 | コカコーラ

1979年，ピッツバーグ・スティーラーズの守備ラインマンであるジョー・グリーンを起用したCMで，グリーンは興奮する少年のコークを飲んだ後，ジャージをその子にプレゼントした。これはスポーツCMの中で，最も印象的なものとなった。

コカコーラ社のシンプルなCMは，感情的な状況によって，世代間と人種間をうまく結びつけ，大きなインパクトを生み出すことに成功した。このCMでは，グリーンが有名プレイヤーとしてスタジアムのトンネル通路をゆっくり歩いてくると，少年からコークを差し出される。グリーンは最初その申し出を断るが，結局は受け入れて，一気にコークを飲み干す。子供はその場を去ろうとするが，グリーンはニコッと笑い，OK，わかったという感じで，試合で着たジャージをその子に向けて投げるというCMであった。

この広告は，コークファンである消費者や広告業界から幅広い賞賛を受けた。その後コークは，ブラジルからタイにいたるまで，世界中でスポーツヒーローを用いたキャンペーンを展開した。

コークには，商品をスポーツの情緒的側面に結びつけ，商品と会社の関係を強化するだけの能力があったため，ターゲットとする市場から高い評価を得ることができた。CMを通して子供がスポーツヒーローから人生を学び，役割モデルとして崇拝する機会を与えたのである。

4 | アップル・コンピュータ

18回目のスーパーボウルの第3クォーター中，アップル・コンピュータの「1984」広告は，比類なき作品の完成度と映像スタイルによって，たった1度のテレビCMの威力を再認識させることになった。

当時の新進気鋭の監督であったリドリー・スコットが監督したCMは，空っぽの不気味な建物群をつなぐグレイの未来型チューブのネットワークで始まる。チューブの内部では，なまけ者の大群が，巨大な，得体の知れない講堂めざして行進していき，講堂に着くと「ビッグブラザー」風の人物（IBMの比喩）の前でお辞儀をする。その人物は，巨大なテレビスクリーンの中から彼らに演説をしている。その時1人の女性が，嵐のように追いかけてくる兵士の群れを尻目にテレビスクリーンに駆け登り，巨大なハンマーでスクリーンを叩き壊す。スクリーンが木っ端微塵に割れ，動転した聴衆の上に新しい自由の光がそそぐ。そこへナレーションが聞こえてくる。「1月24日，アップル・コンピュータはマッキントッシュを発表します。みなさんに，1984年が（オーウェルが小説で描いた）『1984年』ではないことをお目にかけましょう」

このCMは，カレッジフットボールで放映される予定であったが，アップルが新製品の発表時期に近いイベントにこだわったため，直前に変更された。

制作費を除いて，アップル社はこの1回の60秒スポット広告に1,500万ドルを使った。スーパーボウルは，現在も最高額のCM料が求められるスポーツイベントであり，通常の2倍以上のコストがかかる。

アップルは，包括的なマーケティングやスポンサーシップ・プログラムとは関係のない，単発の「1984」というCMによって，広告を打つタイミングと場所の重要性を再認識させた。

5｜ゲータレード

1991年，自社製品をエンドース（推奨）してもらうためにマイケル・ジョーダンと契約を結ぶ以前，2002年に35周年を祝ったゲータレード社は，すでに「ゲータレードは，身体の渇きをいやす救急品です！」(Gatorade is thirst aid, for that deep down body thirst !) という〈サースト・エイド〉と〈ファースト・エイド〉をかけた出来のいいジングルのおかげで大きな成功を収めていた。とはいえ，その販売は単にいくつかのスポーツ・リーグとの関係に頼っていただけで，一般の消費者が思い浮かべるようなイメージは欠落していた。

ゲータレード社がジョーダンと契約し，あの「ビ・ライク・マイク」キャン

ペーンを始めた時，商品をさらに個人的な感情で結びつけ，「時々僕は夢見る……彼は僕だ……」(Sometimes I dream...that he is me...)「おお，マイクのようになれたら……」(Oh, if I could be like Mike...) といった人をつかむ宣伝文句を使って，スポーツとのつながりをさらに拡大した。

　もしエア・ジョーダンを買ったら君は飛ぶことができる，とナイキがファンにほのめかす一方で，ゲータレードはこう言った。もし，あなたもスポーツで人に勝ちたいと望むなら，ゲータレードを飲むのがその答えだ。スポーツにおいて，勝利に喜ぶフットボール選手がゲータレードを監督の頭にかける以外に，本当の勝利を祝う方法があるのか？　一番手のスポーツ・ドリンク・ブランドが，世界トップのスポーツ選手と親密でパワフルな関係をもったことが，さらにゲータレードを強力にし，84％のマーケット・シェアを実現したのである。

　ミラー・ライトが教えたのは，消費者の得になることを，できるだけ早く説明するのが利益につながるということである。その一方コークは，単純なメッセージが，どれだけ説得力を持つのかを示した。メッセージはシンプルであるほど人を夢中にさせる。読者の会社が行うマーケティングは，複雑すぎて目標とする消費者がすぐに反応することのできないメッセージを伝達していないだろうか？

　アップルの宣伝は，これまでのどの CM よりも見る人の心をつかまえた。その後直ちに，新しいコンピュータに何が期待できるかを伝えることによって，関心を高めるための CM が流された。事業において，増え続ける雑多な宣伝費を避けるには，何が最も費用対効果比の高いマーケティングなのだろうか？　何がメッセージを，潜在的消費者の目に留まらせるのだろうか？　あなたの会社の商品にとって，何が最適の宣伝媒体かということだけでなく，宣伝の最適なタイミングはいつなのだろうか？

　マーケティング・キャンペーンを創造し，実行し，提供することは，この上なく挑戦的なことである。どのような会社であれ，ミラーやコーク，そしてアップルやゲータレードのレベルに達する前に，充分に理解しておかなければならないことがある。それは，マーケティング・メッセージを伝える際，どのような場合に，そしてなぜスポーツが効果的な媒体となるのかということである。

　スポーツというテーマを経営に取り込んだミラー，コーク，そしてコークの

ライバルであるペプシの所有となったゲータレードは，スポーツファンの目にそのブランドを定着させるために，スポーツ界の隅々に幅広い資源の投入を試みている。これらの会社は，単一のテレビ CM やキャンペーンだけでは不充分だということをよく理解しているのである。
　ミラーは，クアーズ社が NFL と 2002 年から 4 年契約の 300 万ドルでサインするまで，NFL の公式スポンサーを 18 年も続けた。しかしミラー社は，現在も多くのチームと個別のスポンサー契約を続けている。
　コークもまた，ペプシが 2002 年から 5 年契約の 160 万ドルでリーグとサインするまで，22 年間も NFL のオフィシャル・ソフト・ドリンクであった。ミラーと同様，コークもまた多数の個別チームに対する権利を保持している。
　ゲータレードも，自社の立場で，最新世代の選手たちに投資を続けている——インディアナポリス・コルツのクォーターバック，ペイトン・マニング，トロント・ラプターズのフォワードであるビンス・カーター，ニューヨーク・ヤンキースのショートを守るデレク・ジーター，そして全米女子サッカー協会のチームであるワシントン・フリーダムのフォワード，ミア・ハムなどである。付け加えれば，自社の存在を実感させるために，いまでもゲータレードのロゴ入りカップやクーラーが，サイドラインやベンチやダッグアウトを飾っている。さらに，ゲータレードは，ほぼ 35 年にわたって NFL のパートナーであったし，何十年も MLB や NBA のパートナーであった。
　読者の会社は，アスリートを広告に使用することや，スポーツイベントに協賛する考えなど，まったく持ち合わせていないかもしれない。にもかかわらず，前述したようなスポーツマーケティングに力を注ぐ会社から学ぶべきことは多い。
　マイケル・ジョーダンのような選手を起用して，自社製品のキャラクターにするのは，一握りのトップ企業にとってさえ困難な夢である。しかしながら，様々な地方や地域のビジネスが，自分の町のスポーツ・リーグやチーム，そして選手たちをマーケティング・キャンペーンに起用して同様の結果を成し遂げてきた。これらの会社は，地域のフットボール・チームのスポンサーになったり，地域のリトルリーグ球場の外野の壁の広告スペースを買ったりしながら，着実に業績を伸ばしているのである。

6｜自社の「ファン」をつかむためにスポーツを使う

　スポーツを使って，エンド・ユーザーの獲得を実践する企業から学ぶことは多い。米国の巨大ビジネスが，スポーツマーケティングを通して，ほぼすべての人口統計学的グループにおける消費者を，積極的に追い求めているのは否定しがたい事実である。この「ゆりかごから墓場まで」的露出——リトルリーグからシニア・リーグまで——がターゲットにするのは，購買力を持っている，あるいは持っているように見えるすべての消費者なのである。

　ある顧客層にターゲットを絞ったならば，企業はスポーツマーケティングを駆使して，大量の顧客を同時に獲得しようとする。視聴者はCMの度にチャンネルを変えるため，ファストフードの会社は，繰り返しCMを流してファンとの関係を強化しようとする。CMが意図するのは，カウチ・ポテト族を説得して，次に口にしたくなるファストフード・ミックスの中に，ハンバーガーやピザを入れてもらうことである。

　スポーツ会場に来る多くのファンを正しく認識していれば，携帯電話会社がファンに調査票を配り，彼らにマーケットの新商品を配り，製品開発の助言をもらおうとしても何ら不思議ではない。スポーツイベントは，会社にとって重要な接待の場所であることを知っているからこそ，多くの会社が大事な取引の際に豪華な特別観戦ルーム（ラグジャリー・ボックス）を使う。それは時に，会社に寄与・貢献した社員の慰労にも使われる。

　スポーツマーケティングの第1のゴールは，売り上げを伸ばし，株主の利益を増やすことである。この方法は，膨大な広告を通して，ターゲットとなる顧客が期待するスポーツと密接に結びついた強力なブランドイメージを，潜在顧客に提供し続ける場合に効果的である。

　スポーツを利用することが，マーケティングの実践に意味があるということを検討するために，企業は，組織の使命や目的を再確認し，内部と外部の利点や弱点を明らかにし，その上でスポーツマーケティングへの取り組みを本格化させる。この検討が，経営上満足のいくものならば，次はスポーツと結びついた顧客層へのアプローチが可能かどうかを確認しなければならない。次のステップは，マーケットのセグメンテーション（細分化）である。

7｜マーケット・セグメンテーション

　マーケットを適切にセグメンテーションするために，マーケターは，潜在的顧客を同質のグループに分けなければならない。この方法は，マス・マーケット手法をとるより金がかかり複雑になるが，会社を競争相手と違うものとすることによって，はるかに容易に顧客をつかむことができる。
　特定の顧客グループを，製品やサービスを売るための明確なターゲットにすることに加えて，マーケット・セグメンテーションがうまくいけば，会社は，価値あるフィードバックと情報を潜在顧客から集めることが可能となる。
　マーケターがマーケットをセグメント化するときに使う5つの基本的テクニックがある。[1] テクニックの中には，あるテクニックよりも時間や資源が必要なものがあるが，そのほうが価値ある情報が得られ，目標とする顧客を獲得を容易にする。5つの基本的なセグメンテーション・テクニックは以下のとおりである。

■地理
■人口統計的変数
■利用パターン
■ライフスタイル
■利益

　最も基本的なセグメンテーション・テクニックは，顧客を差異化するのに地理を利用する方法である。マーケターは，好みというものが国ごとに，そして地域ごとに大きく変わることを熟知している。マーケターは，地理的セグメンテーションを最初に用い，そこからターゲットとする顧客をさらに絞ろうとする。
　セグメンテーションは，例えば新しいビジネスが進出するとき，広告に使うことのできる地域の出版物がどれくらいあるか，そして宅配メニューを投げ込むことのできる郵便受けがどのくらいあるかを決める時に行われる。さらにその地域の人々と関係の深いプロ選手を店の開店記念に利用し，そのチームがプレーする地域をローカル・ケーブルのテレビ広告でカバーするのである。
　ニューヨーク州，ニュージャージー州，コネチカット州を網羅する家電販売店チェーンのウィズ社は，かつてのNYジェッツとNYジャイアンツのクォー

ターバックとして活躍したジョー・ネイマスとフィル・シムズをスポークスマンとして使ってきた。彼らは，そのチェーン店のテレホンカードに起用された。

　次のセグメンテーション・テクニックは，潜在的マーケットの人口統計的な性質を考慮する。すなわち消費者を，年齢・人種・性別・収入・学歴・職業によってグループ分けする方法である。

　エース・ハードウェア・アンド・ティンアクチン社の抗菌靴製品では，前のNFLの監督で，現在ABCのキャスターであるジョン・マッデンをスポークスマンに使っただけでなく，アメリカン・フットボールを見ている男性を明確なターゲットにして，試合中にもマッデンを起用したCMを流し続けた。

　しかし中年の男性層といったように，年齢によって市場を単純にセグメント化するだけでは充分ではない。しかしながら年齢を，ニュー・イングランド地区という地理的要因と結びつけることによって，適切にセグメント化されたターゲットマーケットが得られるかもしれない。

　地方のトヨタ・レクサスを売る販売店は，35歳から54歳までの年齢層にターゲットを絞ることができるが，同時に，広告を行うために，対費用効果の高い地域を決めなければならない。しかし販売店は，レクサスの販売店が少なくしかも遠いために，店に来る顧客が，30マイルも運転してきたことを知るデータベースを持っているだろうか？　どのような情報を，核になる区域外の他のディーラーと共有しているのだろうか？　同じ地域の他のカー・ディーラーとどのような関係にあるのだろうか？　敵対的関係なのか，それとも，レクサスのディーラーが近隣の町でボルボやサーブの販売権を持っているのだろうか？　これらの外車の潜在的購買層は同質のグループだろうか？　それを分析するにはどのくらいのコストがかかるのだろうか？

　マーケットをセグメント化するもうひとつの方法は，ライフスタイルによるものである。このテクニックは，一人ひとりを個人的価値と生き方に基づいてグループ化する方法である。この方法は，時間とコストがかかるが，成功すればマーケターたちにセグメントに関する豊富な情報を提供する。ライフスタイルによるセグメント化と，前述の地理やデモグラフィクスを組み合わせることによって，より明確な同質グループを発見することが可能となる。

　例えばある野球チームが，正面の特別席をブルー・カラーの労働者に売りた

いのならば，そこがいかに高くない席かということを強調すべきである。同じチームが，顧客の接待用にチケットを買いたいと望む小さな会社に，フィールドに近い席を売ろうとするときは，そこが選手といかに近く，迫力がある席であるかを強調すべきである。チームにとって最も富裕な潜在的顧客が，豪華な特別観覧室の購入を考えているならば，シートの快適さやウェイターのサービスの素早さ，そしてバラエティーのあるめずらしいオードブルといったアメニティの良さを強調すべきであろう。

ターゲット・マーケティングにおけるセグメンテーションは，消費者が特定の商品をどう使うか，あるいはどう消費するかに基づいてグループ分けすることによってさらに進化する。このセグメンテーション・テクニックは，どの顧客がブランドへの忠誠度が高いのか，あるいは顧客がなぜブランドを変更しようとするのかに関する情報さえも与えてくれる。

例えばクレジットカード会社は，カード会員がどこで，どの程度，そのカードを使ったかに応じて，カスタマイズされた販売促進キャンペーンを行うことができる。アメックスのプラチナカード所持者の請求書に同封される案内は，同社の「緑の」スタンダードカードの請求書の中身とは大きく異なる。

顧客が求める商品のベネフィットに基づいてマーケットを定義するのは，最も有効なセグメンテーション・テクニックである。この好例が，前述したミラー・ライト・ビールである。2人の顧客が，別々の理由で同じビールを買うかもしれない。6缶入りを，「味が最高」に魅せられて買う気になる人がいる一方，「カロリー控えめ」に引かれて購買を決定する人がいるかもしれない。

消費者の知覚と価値観はかつてないほど急速に変化している。なぜなら，消費者に露出される膨大なコマーシャル・メッセージがさらに増え続けているからである。ある会社が，顧客のウォンツやニーズにアクセスし理解することができるなら，理想的な市場セグメントに対して，バランスよく商品を売り出すことができるだろう。

これらのテクニックには，それぞれにメリットや有利さがある。マーケターは，最適なセグメンテーション方法を利用し，的確なフィードバックを得ることを心がけるべきである。理想的には，マーケターはまず，知覚された商品ベネフィットに基づいてセグメンテーションを行い，その上で，残りのテクニックを組み合わせて理想的なセグメンテーション・ミックスを作る必要がある。

いったん潜在市場がセグメント化されたならば，マーケターは，最良のターゲットマーケットの選択を心がけるべきである。マーケットの中の正しいセグメントの選択は，ビジネスが生き延びるために不可欠である。それゆえ，成功可能なマーケット・セグメンテーションには3つの重要な属性がある。
- ■数量的な把握が可能なこと
- ■到達可能であること
- ■充分な販売量が確保できること

優れたマーケット・セグメンテーションは，数量的な需要予測を可能にするだけでなく，特定のマーケットにアクセスでき，投資に見合う充分な販売量の存在を保証するためにどの程度の資源を分配したらよいかを教えてくれる。

マスターカードは，スポーツマーケティングの世界で常に上位25社に入っており，スポーツを使って，18歳から44歳までの中流から上流階層をターゲットにしてきた。そして「プライスレス」（Priceless）という宣伝キャンペーンで立証された通り，マスターカードは，自由になるお金を持っているだけではなく，地域で家族とともにスポーツやエンターテイメント関連のイベントを楽しむ親たちをターゲットにしてきた。

マスターカードのような会社を考察するのが意味深いのは，同社が広範囲にスポーツマーケティングを使ってきたからというばかりでなく，企業とスポーツの世界の関係性を深め，それを効果的に活用してきたからである。

8｜ケース・スタディ：マスターカード

ニューヨーク州パーチャスに本拠を置くマスターカード社は，スポーツマーケティングの積極的な活用によって，世界で最も知られ，かつ尊敬されるブランドに育った。この会社は，カード所持者，ビジネス，カードを受け入れる組織，そして金融機関との関係を取り持っている。

17億枚以上のマスターカード（およびその提携カード）のロゴが，クレジットカード，チェーン店カード，デビットカードに存在し，2,800万以上の加盟店が支払いを受け入れている。

マスターカードは，1940年末に，いくつかのアメリカの銀行が現金と同じ効力があり，地域の商店で買い物ができるカスタマー・ペーパーを渡し始めた

時にスタートした。数年の内に，ニューヨークの銀行が実際のクレジットカードの発行を始めた。他の大手市中銀行がそれに習った後で，「銀行間カード協会」——それが結局マスターカードになった——が1966年に設立され，国内を横断した支払いが可能になった。40年たった現在，マスターカードは30以上の国に会社を持っている。

マスターカードは1980年代の終わりごろ，マーケット・シェアの拡大には，全社的な戦略の見直しが必要なことに気がついた。まず焦点を絞り，どの地域をターゲットにするのかを決める必要があった。また金融サービス産業が，熾烈なセグメンテーション競争に突入したため，マスターカードは他のクレジットカード会社との差別化を図る必要性を感じていた。

マスターカードのマーケティング担当責任者がターゲットマーケットを決めた後，これらのマーケット内で競争に勝てるマーケティング・メッセージの発信が必要となった。

そのために会社上層部が決めたのは，莫大な人的・財政的資源をスポーツマーケティングに投入し，進化する金融サービスと会社のイメージをメッセージとして伝えるという戦略であった。同じ時期に——そして今日にいたるまで——マスターカードの最大のライバルであるビザカードが，スポーツの世界のあらゆる場所に進出しており，両社は新たな戦略的マーケティングを次々に実行に移している。

スポーツと手を組むことは，金融サービスを提供する会社にとって都合のいいことが多い。なぜならクレジット・カードのブランドにとって，顧客との関係を強化するチャンスが得られるからである。マーケティングの手段としてスポーツを使うこと（一般にはスポンサーシップやプロモーションの形で行われる）は，新しい顧客に近づくチャンスを生み，新しい加盟店やサービスがそのカードを受け入れるインセンティブとなる。

地元の子どもたちのローラー・ホッケーリーグの登録に社員をボランティアで提供するにしても，地元の野球場の改装費用を寄付するにしても，スポーツマーケティングには，規律あるプロセスが求められるということを理解しなければならない。

(1) マスターカード：スポーツの利用

　マスターカードは，国内外の商圏を拡大するため，積極的にスポーツスポンサーシップを利用した。会社上層部は，スポーツの利用が，世界中のスポーツファンに影響を与えることができると信じていた。現在同社がスポンサーになっているのは，ワールドカップ・サッカー，MLB，NHL（ナショナル・ホッケー・リーグ），カナダ・ホッケー・リーグ，PGAツアー，ジョーダン・グランプリ・フォーミュラ・ワン・オートレースなどである。2001年にこの会社は，スポーツスポンサーシップに5,280万ドルを使った。ニールセンの調査では，マスターカードは全米で第16位のスポーツ投資企業になった。しかし，グローバル・スポンサーシップ社のイベント・マーケティング担当の副社長ボブ・クレイマーは次のように述べた。「これは単に高額の小切手を渡すという話ではない。誰だって，（労働者階級が多い）ナスカー・レースのファンにキャビアを売ろうとは思わない。彼らは食べようともしないからだ」

　スポーツをスポンサードする会社は，イベント，リーグ，チーム，選手にかかわらず，スポーツとの関係を宣伝し，売り込むために，通常必要とされるスポンサー料の3倍から5倍の金を日常的に使う。

　その結果，例えばコカコーラのような大企業が，5,500万ドルでオリンピックの公式スポンサーになっても，オリンピックと自社との関係を深めるために，さらに2億ドルを払うのは不思議なことではない。オリンピックのような世界的規模のスポーツマーケティングの舞台を利用して優位性を確保しようとする一方，アンブッシュ・マーケティング（訳者注：寄生虫マーケティングとも呼ばれる）を用いて，自社の製品やサービスとオリンピックのイメージをダブらせ，顧客を混乱させることによって，公式スポンサーである競合他社のブランドイメージの低下を狙う会社も存在する。

　マスターカードの役員は，同社がチーム，イベント，スポーツ組織のスポンサーになることによって，同社のブランドイメージとブランド認知を強化し，カード利用の増加を促し，カード所持者に満足感を与えるに違いないと述べている。

　スポーツマーケティングを活用する会社は，選手をスポークスマンとして使い続けるようなリスクの多い方法よりも，イベントのスポンサーになることを好む。選手と違ってイベントならば，脚の骨を折ったり，足首を捻挫すること

もないし，ましてや薬物検査で陽性反応が出たり，6-0，6-0で負けたりすることはないのである。

マスターカードほどの大企業でなくても，地域の会社が，地元のゴルフトーナメントの1ホールだけのスポンサーになり，その売り上げを地元の小児病院に寄付することや，それを近所のYMCAに寄付して地域のスポーツ振興に寄与することは意義深いことである。

ターゲット・マーケティングとフィランソロピーのバランスをうまくとりながら，確固たる目標と洗練された方法によって，たとえ小さな会社でも，マスターカードが目指す3つの目的を達成することができる。

マスターカードの重役によれば，スポーツスポンサーシップは，ブランドの差異化に必要なツールであり，様々なクレジットカードの選択肢がある中で，業界内でのポジションを確定することの一助となる。マスターカードは，充分な時間とエネルギーを注ぎ，スポーツマーケティングのメリットを享受してきたばかりではなく，同社は測定可能なマーケティング目標を達成してきたのである。特筆すべきは，マスターカードが事業目標を達成してきたのが，サッカーのワールドカップと「プライスレス」キャンペーンを通じてであったという事実である。

(2) ワールドカップ・サッカー

1990年代までに，アメリカのクレジットカード産業は飽和状態になっていた。それゆえマスターカードとその競合他社であるビザやアメックスは，世界的な規模で勢力範囲の拡大にしのぎを削っていた。

マスターカードに必要だったのは，世界規模のイメージを構築し，拡大することであった。国内のカード会社からグローバルな金融支払い組織へと，業界内でのリ・ポジショニングが急務とされていた。

そのためマスターカードは，消費者が感じるイベントへの親近感と，マスターカード・ブランドとを関係づけることによって，競合他社との差異化を可能にするようなグローバル・イベントのスポンサーを求めていた。

同社が選んだのがワールドカップ・サッカーだった。同社が1990年と94年のワールドカップのスポンサーになった最大の目的は，そのブランド認知を世界的な規模で広めることだった。マスターカードが海外でのイメージの拡大

を決めたことは，小さな会社が地元のユース・サッカーやリトルリーグ，あるいは10キロマラソンのスポンサーになり，地域に貢献することと少しも変わらない。

マスターカードは，メガ・スポーツイベントを使って国際的な消費者へメッセージを届けるだけでなく，スポーツマーケティングの努力を実現するための統合された戦略とビジョンを持っていた。会社というものは，その規模にかかわらず，目標とするファンを，総合的なマーケティング・キャンペーンを通じて的確にセグメンテーションし活用できなければ，成功への道は遠い。

ワールドカップは，32ヵ国のチームが出場する4週間にわたるイベントである。1998年のワールドカップはフランスで開催され，200ヵ国で合計370億人がテレビで観戦した。2002年には，その数が400億人を超した。ワールドカップの視聴者は，同年のスーパーボウルを見ようとチャンネルを合わせた国内外の視聴者の数である8億人の50倍にのぼる。

このイベントの比類なき大衆性に加え，マスターカードの戦略的マーケット層におけるサッカー人気の高さが，同社のスポンサー参加を決定づけた。

これら2つの理由によって，マスターカードは，約2,500万ドルを払ってワールドカップの公式イベント・スポンサーになった。同社は，この初期投資をはるかに上回る額を使い，テレビを視聴する何十億人に対してブランド認知を実現したのである。実際1998年には，マスターカードだけが，ゴール裏に広告を出すフィールド内のスポンサーであった。

ワールドカップが回を重ねるにつれて，マスターカードは，スポンサーであることの意味を数量的に把握し始めた。1998年フランスのワールドカップでは，合衆国外でカード使用が倍増したと報告される一方，同社の株価も上昇した。場内の至るところに広告掲載権を持ち，トーナメントを通して無数のTVコマーシャルを流すのに加えて，マスターカードが自社を際立たせるためにとった手段は，ブラジルを3度優勝に導いたサッカー史上最大のスターであるペレを広告塔に利用することだった。マスターカードは，この世界的なスターをエンドーサーとして10年以上起用し，コレクター用の記念カードも作成した。

マスターカードは続けて，同社の重要なマーケットである日本と韓国で共催された2002年ワールドカップにおいても，スポンサーとなる決定を下した。この決定は間違っておらず，多くの成果が得られた。なぜなら，マスターカー

ドがこのイベントに協賛した1990年イタリア大会から，1994年アメリカ大会，そして1998年フランス大会にかけて，日本と韓国は新参者であり，開催国としてもほぼ未開拓の国だったからである。実際マスターカード社は，2002年時点で，クレジットカードを使っている東南アジアの人口は1％以下であると信じていた。

アジア・太平洋地域で，ワールドカップに関心を持つマスターカード使用者の購買額は，2001年の段階で約20％も増加した。多数の日本の銀行が外資系の銀行カードを受け入れないので苦戦を強いられたが，マスターカードはこれをスポーツマーケティングによって打ち破ろうとした。

企業の多くは，スポーツマーケティングをテコにしたビジネス展開などに関心を示さないが，マスターカードが使った考え方やプロセスは，小さなビジネスもまた日常的に利用している。例えば地域の保育園では，近隣の町とそこに住む潜在的消費者を分析し，地元のリトルリーグのスポンサーになっている。これはまさにワールドカップの縮小版である。

あるいは地域のボウリング場で配られたトーナメントのプログラムに，クーポン券をはさむドライ・クリーニング屋もいる。スポーツマーケティングの考え方は，マスターカードにとっても，町のハンバーガー屋にとっても，普遍的なものであるが，その適用と実行には，その地域の実情を把握しなければならない。

マスターカードは，ワールドカップのスポンサーになるメリットを慎重に分析し，明確に規定した戦略と，測定可能な目標を分けた。同社は，マーケティング・プログラムを実施するにあたって，すでにセグメンテーションされたマーケットへの浸透を促す戦術を利用した。マスターカードがシステマティックに計画した仕事と，その計画の実施がもたらした結果は実に印象的なものだった。

マスターカードと同じように，プログレッシブ自動車保険は，世間の注目を集めるスポーツマーケティングのキャンペーンを行ったが，結果は惨憺たるものであった。同社は，アメリカとカナダで保険業を営む従業員3万人の会社である。報道によれば，1999年スーパーボウルのハーフタイム・ショーの公式スポンサーになるために，300万ドルを使った。同社は，ショーの最中に社名を叫ばせたし，放映時間の広告枠を買ってテレビで社名を露出した。さら

に，ハーフタイムにスティービー・ワンダーとグロリア・エステファンが歌ったステージの足元にも社名を入れた。プログレッシブ社のCEOピーター・ルイスは，スポーツマーケティングの世界へやみくもに突進したことから多くのことを学んだと後にコメントした。1999年の投資家への説明会で，プログレッシブ社の役員は，「経験不足」と「おごり」から，会社は（スポーツマーケティングから）「適正な利益をえられず，重大な損失をこうむった」と詫びた。

　ピーター・ルイスは何を学んだか？　彼が学んだのは，視聴者はハーフタイム・ショーを見たからといって，そのスポンサーである自動車保険を買う購買意欲もわかず，したがって保険商品の売り上げも利益も上がらなかったという事実である。ターゲット・マーケティングについて，この大きな失敗から貴重な教訓を得たプログレッシブ社は，今ではローカル放送の交通情報のスポンサーになっている。こちらの方が適切な媒体であることは明らかで，潜在的消費者は，交通情報を通して同社と保険商品に関心を持つことができるのである。地方ビジネスの中には，宣伝の努力が実を結ばないことがわかると，使う金額を減らすところがある。しかしプログレッシブ社が示したように，配分するドルの総額が問題なのではなく，それがどこで使われるかが問題なのだ。

　ミラー・ライトもコカコーラもアップルもゲータレードも，コマーシャルのおかげでブランドネームが確立したとはいえ，不断の総合的セールスとマーケティングの努力こそが各社の今日を作り上げたのである。

　1回きりの大がかりな宣伝や，単一のビッグイベントを利用したセールスの拡大は，プログレッシブ社の例が示すように成功の可能性がきわめて低い。1984年にアップルが成功させた伝説的なコマーシャルをもってしても，それだけでマイクロソフトやゲイトウェイを凌駕したというわけではない。しかしもしアップルが，1984年のコマーシャルを起爆剤とせず，消費者のセグメンテーションを誤り，ブランドのプロモーションに適切性を欠けば，宣伝から得られる利益は急速に落ち込んだであろう。

(3)「プライスレス」スポーツマーケティング・キャンペーン

　マーケットのセグメント化に成功した後，マスターカードは，人を引き付けるという点で大きな成功を収めた「プライスレス」キャンペーンを実施した。

「世の中には値段を付けることのできないプライスレスなものがあります。マスターカードはそれ以外のすべてのもののためにあるのです」(There are some things money can't buy. For everything else, there's MasterCard) このキャッチフレーズの輝きは，その際立ったメッセージ性にあり，クレジット・カードの利用者であるスポーツファンの心を動かすメッセージ性が込められていた。

1997年に広告会社のマッキャン・エリクソンが，それ以後マスターカードの「プライスレス」キャンペーンとして知られる広告を創造し，世界に広めたのである。この広告キャンペーンは，4年間に36言語，80か国以上で放映された。

クレジットカード会社は，顧客がカード払いした金額によって財政的な成功を評価するが，マスターカードの広告キャンペーンは，顧客にとって本当に素晴らしい瞬間は，実は簡単に買うことができないことを世に知らしめた。同社が発見したのは，広告が本物で，目的が明確で工夫に富み，ファンに共感を呼ぶ内容であれば，期待以上の浸透度が達成できるという事実である。

最初の広告では，野球観戦にきた父と息子が登場する。父親は，マスターカードを使って，チケット2枚（28ドル），ホットドッグ2個，ポップコーン2つ，ソーダ2杯（18ドル），サイン入りボール（45ドル）の支払いを済ます。ここでマスターカードは隠れたメッセージを送る。すなわち息子と父親の会話，これこそがプライスレスなのだ。

これに続く広告では，「プライスレス」の体験例として，田舎のリトルリーグのチームが初めて大きなリーグのゲームへ出場したことを取り上げ，別の広告では，マーク・マクガイアとサミー・ソーサの1998年ホームラン・ダービーを目撃するという「プライスレス」体験を利用した。

さらに別のコマーシャルでは，母親が，夫と子供2人がスポーツ観戦に出かけるところをビデオカメラで写すところから始まる。ビデオカメラとビデオテープ，そしてバッテリーの費用を計算した後で，野球殿堂入りしたハンク・アーロンとウィリー・メイズと子供たちとの会話がテープの最後に録画されており，これこそが「プライスレス」であることを印象付けた。

これらの野球を題材にしたキャンペーンは大きな成功を収めたが，他のスポーツや他のイベントを利用する会社は，突然起きる問題によって，時に不利

益を被るかもしれない不測の事態に備えるべきである。

　本当はマーケティングに問題があるのだが，時にスポンサー企業が問題の共謀者だとみなされることがある。マスターカードがこれを最初に経験したのは，MLBのオール・センチュリー・チームが不評となった1999年だった。それから3年もたたずに，MLBのストライキの可能性を予測して，マスターカードは1,000万ドルの宣伝費の縮小を余儀なくされた。

　1999年のワールドシリーズの第2戦の試合前のイベントで，過去100年に活躍した25人のトップ・プレーヤーが紹介された。選手たちはマスターカードがかかわった宣伝の一環として選ばれたのだが，その中にピート・ローズがいた。ローズは1989年の永久追放以来，大リーグの球場に許可を得て登場したのだが，NBCのレポーターであるジム・グレイが，賭博の報告書についてローズに厳しい質問を浴びせるや否や状況は一変した。

　ローズが野球の賭けをしたことを認めようとしないとみると，グレイはしつこく質問を浴びせ，視聴者がうんざりするような空気が生まれた。その状況とグレイの対処の仕方はすぐさまマスターカードに跳ね返った。

　5千人のファンがマスターカードに電話をして不快感をあらわにした。同社は，NBCとグレイに対し，謝罪を求めるプレス・リリースを出すことが必要だと感じた。

　たとえ，イベントが（選手と違って）骨折せず，足首を捻挫せず，薬物検査に引っかからず，6-0，6-0で負けたりしないからといって，主催者のコントロールの及ばない意外な展開によって，ブランドが傷つく危険性がある。だからこそ，スポーツやヒューマンエラーが介在するイベントには，入念な準備が必要であり，潜在顧客や株主の満足の獲得に腐心せねばならないのである。

　ほぼ3年後，マスターカードはまたもや不安定な状況に直面した。2002年のシーズンを通して，同社は，ファンに30項目のリストから球史の中で最も記憶に残る瞬間のランキングを決めてもらい，ワールドシリーズの間にそのリストを公表するつもりだった。そして投票したファンの中から幸運な人が1人，2002年のワールドシリーズ観戦10日間の旅行が当たることになっていた。

　しかしこのキャンペーンは，ミルウォーキーでの不運なオールスター戦のため台無しになった。この試合は，両チームが選手全員を使い切り，11回に7対7の引き分けに終わり，関係者一同を失望させた。さらに9月にストライ

キが予想されることによって，リストのお披露目が危うくなった。これはリスト公開のわずか1ヵ月前のことである。

ストライキはギリギリになって回避されたが，選手とオーナーの間で新しい4年間の団体交渉契約が成立したこともあり，マスターカードは宣伝費を削減し，殿堂入りした選手たちのプレス・インタビューをキャンセルした。さらに同社は，ワールドシリーズが行われなくなる場合に備えて，すべての不測の事態を予測しなくてはならなかった。結局，同社の宣伝キャンペーンは，カル・リプケンの連続試合出場記録達成が，最も記憶に残る瞬間としてファンに選ばれたことで幕を閉じた。

スポーツマーケティングに携わる企業は，このようなリスクから多くのことを学んだ。すなわち，大きなリスクを抱えず，充分な露出機会を保証してくれる地域密着型のイベントへの回帰である。

マスターカードのケースでは，このような先駆的な試みが別の問題の引き金となった。それは訴訟である。

(4)「プライスレス」メッセージを守る

模倣は，本物に対する最高の敬意だという考え方もある。しかしマスターカードは，数年にわたる「プライスレス」キャンペーンの後，それを模倣した多くの類似キャンペーンに悩まされることになった。

自社のブランドだけでなく，キャンペーンのブランドネームを守る努力を続ける中で，マスターカードは，法的措置をとることを決めた。同社の許可なく「プライスレス」のフォーマットを使用したり，同社の同意や許可なく，キャンペーンのトレードマークとキャッチフレーズをコマーシャルに使って利益を得た企業を訴えたのである。

同社は模倣を中止させるために，「プライスレス」キャンペーンの成功には，類似のキャンペーンとキャッチフレーズを宣伝目的に使おうとする競合他社からの隔離が不可欠であるという申し立てを行い，論争を法廷に持ち込んだ。

マスターカードは，「プライスレス」キャンペーンのイメージやメッセージを守ることに神経をとがらせることが，全体のマーケティング・プログラムの統一性を保持するために不可欠であることを理解していた。マスターカードは世界的規模で訴訟を展開したが，会社の大きさに関係なく，中小企業にも同じ

対応が求められる。

　例えば，食事メニューの豊富さで人気を呼ぶ下町のコーヒー・ショップでも，マーケティング・メッセージの発信には細心の注意を払う必要がある。実際，入り口に家族の名前が書かれているような小さなファミリー・ビジネスこそが，オリジナルなマーケティング・メッセージを守ることに努力を傾注しなければならない。

　「プライスレス」キャンペーンのコピーは至るところに出現し，アダルト・サイトやジョーク系サイト，さらには政治家たちにも使われた。マスターカードは，模造品の多くが悪趣味で，ブランド名を傷付け，結果として消費者の心に深刻な害を及ぼすと主張した。

　例えば，ある模造パロディーでは，コロラド州コロンバインの高校生大量殺人事件を利用し，別のものでは高校スポーツを茶化した。すなわち，スター選手のクォーターバックに妊娠させられたチアリーダーが，堕胎手術のためにカードをどう使えばいいかといった話がパロディ化された。

　マスターカードは，緑の党の大統領候補ラルフ・ネーダーを相手に，彼が，政治的対抗馬のジョージ・W・ブッシュとアル・ゴアを標的にした「プライスレス」キャンペーンのパロディーを展開したとして，「不当競争」と「でたらめな商取り引き」の申し立てによって500万ドルの賠償訴訟を起こした。

　マスターカードの弁護団はネーダーの選挙事務所に手紙を送り，同社は，ネーダーの選挙運動とは何の関わりもないと説明した。マスターカードは，カード会員がネーダーの立候補と同社の間に何らかの関係があるという誤った印象を持つことを懸念したのである。しかし2000年9月，連邦裁判官は，マスターカードは損害を立証できなかったという判決を下し，同社は敗訴した。

　多くの人は，同社がパロディーに過敏すぎた，あるいはもっと気楽にユーモアとして受け取るべきだったと感じたが，マスターカードは，そのような考えこそが問題であると感じていた。

　今回のように，高度にセグメント化されたマーケットを狙ったメッセージに対し，これほど強い共感が生じたケースは珍しい。マスターカードが，世界中で模倣されるような独創的なキャンペーンによって，顧客に効果的にメッセージを伝えたという事実は，同社のマーケティング能力の高さを物語っている。

　「プライスレス」キャンペーンを守るために同社が行った治安行為は，独創

的で高い価値のマーケティング・テーマを開発した会社は，持てる資源を総動員してその知的財産を保護するという決意の実践に他ならない。サベイランス・テクノロジー社やデラエー・メディアリンク社をはじめとする各社は，今や，自社のブランド名やロゴが，無許可のウェブサイトに現われた時，それを追跡するために必要な技術を備えた会社を所有している。

(5) 完璧なマーケティング・パッケージ

マスターカードは，感情に訴える宣伝キャンペーンを創造する力と，統合されたマーケティング・プログラムを構築する力によって，長期間にわたって成功を収めてきた。

この中には，5年ごとの再契約で8,100万ドルを支払うMLBのスポンサーシップが含まれる。フォックスやESPNで，試合中に「プライスレス」の広告を流すよりも，マスターカードはむしろ，MLBの国際的な市場拡大戦略やインターネットを使ったマーケティング戦略との結びつきを重視しながら，MLBのキャンペーン活動の支援に力を入れている。

組織は，ステークホルダーの財産価値を高めるためにスポーツマーケティングを使おうとするが，そのためには，スポーツマーケティングの利用が会社のミッション（使命）と合致しており，しかもそれを実行し継続するための充分な資源を持っていなくてはならない。

会社の規模，資質，資産にかかわらず，充分に練り上げたマーケティング・メッセージを届けようとする前に，マーケットをセグメント化するための努力が不可欠である。このセグメンテーションは，地理，人口動態，使用パターン，ライフスタイル，商品ベネフィットなどに基づいて行われる。

マスターカードは，マーケティングの舞台としてワールドカップとワールドシリーズを活用した。比較的小さなビジネスでは，同じやり方で，少年サッカーや10キロ市民マラソンを使うことができる。

マーケティングの広範な利用を通して顧客を獲得することは，容易な仕事ではない。しかしマスターカードが示してくれたスポーツマーケティングのレッスンは，われわれに勇気と可能性を与えてくれる。

---

1) Tellis, Gerard, Advertising & Sales Promotion Strategy (p.21). Addison-Wesley, 1998

第3章

顧客サービス

【ポイント】会社や組織は，その大きさに関係なく，顧客サービスの重要性を忘れることがある。今日の会社経営においては，真心のこもったカウンター越しの接客がビジネスの成否を分けることがある。しかしながら，人気プロスポーツにおいても，他の産業と同様に質の低い顧客サービスが問題となっており，最近のスポーツのホワイトカラー化とともに悪化する傾向にある。

マイナーリーグ・ベースボールは，顧客サービスこそが組織のボトムライン（最重要課題）であることを教えてくれる。マイナーリーグでは，一人ひとりの顧客を獲得することからビジネスが始まり，着実に顧客のニーズやウォンツに応えていくことが何よりも重要とされる。マイナーリーグ・ベースボールで働く人々は，ロイヤルティの高い顧客が何よりも大切で，顧客サービスを提供することがスタッフ全員の責任であることを自覚している。

1│顧客サービス

多くの企業にとって，顧客サービスは口先だけのリップサービスであることが多く，利益の源泉である顧客とのデリケートな関係に，不必要かつ長期的なダメージを与えている。

スポーツの顧客サービスは，レプリカ・ユニフォームを着た家族をミニバン

に押し込むところから，あるいはフェイス・ペインティングをした仲間を中古のジープに詰め込んでスタジアムに向かうところから始まる。いずれの場合も，ゲームに向かうために家を離れる時から，そして最後に家族をスタジアムの駐車場に連れてくるまで，顧客サービスの問題はついてまわる。

しかしそのことは，ほとんど認識されていない。交通渋滞，8ドルのビール，粗悪なチームマネジメントがあらゆるところに顔を出している。駐車場の警備員，チケット販売員，売店の販売員，そして選手までが観客をぞんざいに扱う。ファンが，巨大スポーツビジネスから取り残されそうになると感じても不思議ではない。

しかしながらマイナーリーグは，庶民的でコミュニティ志向の雰囲気を保ちつつ，低価格と顧客志向のサービスによるファミリーエンターテイメントの提供によって，メジャースポーツに対抗している。

マイナーリーグ・ファンと違って，メジャースポーツのファンは，スタジアムに着いたときの扱いから，自分たちの特権を剥奪されたように感じている。それでもまだ少数のファンは，まだ個人的にチームを見に行く費用に余裕がある。過去10年間以上にわたってチームマーケティング・レポートは，ファン・コスト・インデックス（FCI）[1]を報告してきた。このインデックスは，4人家族が1ゲームで使う平均費用を示すものであり，平均的な価格のチケット4枚，Sサイズのソフトドリンク4つ，Sサイズのビール2つ，ホットドッグ4つ，ゲームプログラム2冊，駐車代，フリーサイズの帽子2つにかけた費用が含まれている。表3-1は，スポーツ観戦にともなう出費を示している。

表3-1　4大プロスポーツリーグのファン費用指数

シーズン	リーグ	FCI（ドル）
2002	NFL	290
2002－03	NBA	255
2002－03	NHL	240
2002	MLB	145

これらのFCIの別の見方は，FCIと，家族の時間やお金の他の使い途との比較である。ある家族はNFLのゲームを観戦することもできるし，スーパーで数週間分の買い物をすることもできる。NBAのゲームを観に行くこともでき，ミニバンのローンの支払いに充てることもできる。同じ家族がNHLのゲームを応援することもできるし，子どもが所属するボーイスカウトの団全員をハリー・ポッターの映画に連れていくこともできる。MLBはまだ安いほうだが，それでも過去5シーズンでFCIは36％増えている。

　チームマーケティング・レポートが好んで使う架空の4人家族は，多くのプロスポーツ・イベントにおいて激減している。スポーツの企業化やホワイトカラー化は，チームやリーグが企業をスポンサーにすることによってより多くの金を儲けることに目覚めた1990年代に始まった。企業は，ボックスシートやシーズンシートをビジネスの拡大に用いたのである。その影響によって，FCIの平均的な家族は，便利な駐車場や，手ごろな価格の場内販売，そして快適なシートを失った。

　加えて，これらのことがまるで悪くなかったかのように，プロスポーツは労働争議を繰り返すようになった。選手によるストライキやオーナーによる選手の締め出しによって，スポーツはファンとの関係を悪化させることに躍起になってきたのである。

　テーブルの端に座る億万ドル長者のオーナーは，百万ドル長者の選手が，自分たちからすべてをしぼり取ろうとすると非難する。もう一方の端に座るスポイルされた選手は，自分たちの安い賃金を嘆く。しかし，テーブルにさえ座れないファンは，両方が金銭的にうるおっているものだと信じている。

　すべてのスポーツではないが，メジャーリーグのように，最低の顧客サービスで，高い商品をパッケージにしてもうけているスポーツがあるのは事実である。ビル・ビーク（1950〜1970年代，セントルイス・ブラウンズ，クリーブランド・インディアンズ，シカゴ・ホワイトソックスのオーナー）は，最高の顧客サービスを提供することによって，従来の観客動員記録を達成した。現代的なプロモーションの父は，自分がエンターテイメント・ビジネスの中で競い合っていること，そしてその戦いに勝つには，ファンの心の中に，金を使うべき最高の場所がここだという気持ちを抱かせることが重要であることを知っていた。

ビークは自伝の中で，ベースボールチームは利益のために活動する商業ベンチャーであると述べ，ゼネラル・モーターズが製品をパッケージしたほど自分たちの製品を魅力的にパッケージする必要はないという考えや，ゼネラル・モーターズが製品を売るためにハッスルしたのと同じようにハッスルする必要はないという考えは，ベースボールにとって極めて有害であると指摘した。
　ビークは1951年に，身長120cm足らずのエディー・ゲーデルを雇った。エディーは四球だけを選んで出塁し，それ以外はまったくプレーをしなかった。
　ビークは，彼の商品が目立つためには手段を選ばず，常に新聞の見出しになるように自分のチームのポジショニングを考えていた。それは，何ダースもの生きたロブスターや，100キログラムの氷でできたケーキ，そしてスミスやジョーンズという名前の人はすべて無料といったユニークなプロモーションによって実践された。
　ビークについてわれわれが記憶に留めるべきことは，顧客に対するサービス精神であり，彼が行った様々な試みが，ファンが苦労して稼いだお金と，貴重な時間の価値ある使いみちとなった。ビークは，ベースボールが女性を軽視してきたことに触れ，女性ファンを「女装した男」と見なし，男性ファンと同じように扱ってきたと強く批判した。
　ビークは，ボールパークが女性にとってよい経験の場になるように，自分なりのやり方で努力した。スタジアムでは，女性のためにナイロン製のストッキングや蘭の花，あるいはハワイアン・レイがプレゼントされた。彼がチームをマネジメントしているときは，常にスタジアムの女性トイレは完璧に美しく清掃された。彼は，明らかに他の男性マネジャーとは違う視点を持っていたのである。
　クリーブランドでは，託児所を改装するために4万ドルを費やし，ゲーム中に子ども達をケアしてくれる十数名の有資格の保育士を雇い入れた。託児所の子どもがベースボールを楽しめるように，ミルクやクッキーが用意された。
　ビークは，ビジネスにとってプラスになることは何でもやった。ファンが満足したとき，ファンはより多くのお金を使うことを，売店の売り上げから数値化した。[2]
　表3-2が示すのは，ビークが導きだしたゲームの結果とプロモーションの有無，そして効果である。xは最小限の金である。彼の本では，勝っている

表 3-2　試合後の収入

結　果	プロモーション	効　果
敗戦	なし	x
敗戦	花火	1.4x
勝利	なし	2x
勝利	花火	3x

ゲームは，負けているゲームに比べて試合後の売上が2倍になると示唆している。しかしながら，試合後の花火ショーを提供することによって，ビークはゲームの結果に関係なく売上を伸ばすことができたのである。

　過去数十年にわたって，マイナーリーグ・ベースボール・チームは，ビークのアイデアである花火をショー化し，ファンを幸せな気分にすることによって関係を強化してきた。チームは，ファンが気軽に低廉な価格で，ボールパークに向けて楽しい家族の小旅行ができるように努力してきた。マイナーリーグでは，古き良き時代の思い出が経験できるよう，案内係は顧客の名前を呼び，選手は無料で気軽にサインに応じてくれる。

　マイナーリーグ・ベースボールでは，観客数が過去10年で50％増加し，年間の観客動員数が4,000万人に届くなど，利益を確保し，フランチャイズ・バリューを増加させるチームが増えた。

　シカゴのあるホテルに，ベースボール関係者が集まったのは，100年前のことである。彼らは，7つのマイナーリーグのオーナーたちで，会議は，選手の引き抜きやテリトリーの奪い合いで生じた損害について話し合うためのものであった。数回の会議の後，7つのマイナーリーグは，全米プロ野球リーグ（NAPBL），すなわち今ではマイナーリーグ・ベースボールとして知られる新リーグを結成した。

　社長たちは，経営可能なスポーツリーグをつくることの重要性を理解していたが，彼らの仕事は単なる組織づくりにとどまらなかった。契約に敬意を払い，違反には罰則で臨むとともに，ホームタウンでの地域興行権の確立，給与システム，選手ドラフト，レベルの異なるリーグの区分システム，各チームの

控え選手の人数など，新しい組織にふさわしい制度を次々に整備していった。

これらは，現在もマイナーリーグに不可欠な制度として残っている。マイナーリーグが，大恐慌や自然災害，あるいは戦争を乗り越えて100年も続き，さらなる発展を迎えることができたのは，まさに彼らの功績である。

初期のマイナーリーグは，自分たちの権利を保護するために戦う孤立した組織であった。しかし100年後の現在，メジャーリーグへの選手の供給源となっただけでなく，皮肉にも，他のプロスポーツや他のビジネスに対して，どのようにファンを扱えばよいかの手本となることで，メジャーリーグの強力なパートナーへと成長を遂げたのである。

2 | 顧客サービス101

「顧客サービスとは何か？」という問いに対する答えは何百もあるだろう。誰にたずねるか，あるいはどちらの立場に立つかによって，様々な答えが返ってくる。これらの多様な答えからは，以下の3つの基本原則が浮き彫りになってくる。

第1にすべての会社は，顧客サービスの重要性や役割を自分たちで決めなければならない。第2に，すべての従業員は購買プロセスに価値を付加しなければならない。そして第3に，付与されたサービスの価値を最終的に決定するのは顧客である。

これらの原則が会社全体で理解され，強化されたならば，現在の顧客ベースが維持されるだけでなく，さらに伸ばすことが可能となる，次元の高い顧客満足を引き出すサービスが提供できる準備が整ったことになる。顧客リテンションの専門家であるジョアンナ・ブランディ，ハワード・ハイデン，チャック・リーブスは，顧客サービスに優れた企業が，以下の8つのサービスの原則，信条，問題をよく認識し，かつ考慮していると指摘した。[3]

■顧客ロイヤルティの構築
■「真実の瞬間」
■サービスの価値
■従業員：内なる顧客
■顧客サービスが差異を生む

■あなたの顧客はどのように考えるか？
■苦情を愛情に変える
■逃げた顧客

(1) 顧客ロイヤルティの構築

　顧客ロイヤルティを構築することは，ビジネスを成功させる際に最も見落されやすい重要な要素の1つである。会社は伝統的に，顧客を維持することよりも獲得することに熱心である。顧客を獲得した時，彼らのロイヤルティはさらに高められなければならない。なぜならば，失った顧客を補充するコストは，維持するよりもはるかに高額であるからである。

　もし読者が顧客のもてなし方を知りたいと望むならば，イリノイ州のジェネバを本拠地とし，フロリダ・マーリンズの提携下にあるシングルAリーグのミッドウエスト・リーグに属する，ケイン・カウンティ・クーガーズが必見である。このチームは，シカゴのコミスキィ・パークとライグレイ・フィールドから車で1時間以内に位置し，1991年の発足以来，ほぼ全試合でチケットを完売している。

　クーガーズは初年度，1試合平均3,500人のファンを集め，スタジアムのキャパシティ（可能集客数）を4,800シートに拡張した。だがその拡張でさえ充分ではなかった。立見席やその他の特別チケットを含めると，1試合平均5,000人のファンが集まった。クーガーズ発足以来，5シーズンの平均観客動員率は97％にのぼった。それ以降，チームは毎年シングルAのチームとは思えない高い観客動員率を記録し続けている。現在では常にマイナーリーグにおける観客動員トップ15に入っており，1試合平均観客動員数は約8,000人に迫る勢いである。

　クーガーズには優秀な選手が所属していたが，ファンは多数の選手に魅せられていたわけではない。マーリンズのドラフト1位のピッチャーであるチャールズ・ジョンソンは，クーガーズに所属する唯一の注目選手である。マイナーリーグのチームは，容易に選手を売買することができない。なぜなら，リーグ本来の機能が，メジャーリーグに選手を送り込むために選手を育てることにあるからである。

　マイナーのチームは，大きく2つに分類することができる。すなわち，明

らかに優れた選手によって勝利しているチームと，選手が移籍しても何の問題も生じない，顧客の欲求を満たす方法を知っているクーガーズのようなチームである。しかしそのチームは，2001年までシングルAのチャンピオンシップで勝利したことがない。しかしながら3シーズン前，スポーツビジネス誌は，クーガーズがマイナーリーグで最もファンをもてなしているチームであると発表した。マイナーリーグ・チームの1998年度興行面での業績は，次の4つのカテゴリー：平均観客動員数，チームの記録，エリアの人口，スタジアムのキャパシティで分析された。

　では，その秘訣は何か？　それはまず手頃なチケット価格にある。5ドルから10ドルという安いチケット価格は，試合当日の，楽しさに満ちた〈ゲームデイ・エクスペリエンス〉を含んでいる。ゲーム中のイニングとイニングの間は，家族向けの素晴らしいエンターテイメントが提供される。例えば，水風船が巨大なパチンコでスタンドに放たれる。ダイヤモンド犬のジェイクは，ファウルボールを審判のために回収している。その他にも，ピーナッツバター・サンドイッチ・コンテストや，衣装を着た豚がベースランニングをすることもある。

　ベースボールがゆっくりと流れるゲームであることを逆手にとって，クーガーズは家族連れが飽きを覚えるニッチな時間を，楽しさで満たすように努力している。チームは特に，子どもたちや母親に対して何かをしなければならないと自覚している。クーガーズの商品名はベースボールであるが，そのアイデンティティはエンターテイメント・ビジネスであると認識している。

　クーガーズのためにプロモートされたスターがいるとするならば，それは子どもとベースの回りを競争し，いつも子どもたちに勝たせようと努力するチームマスコットのオジー・Tである。すなわちクーガー——（顧客関係の）勝利の化身—である。

　クーガーズは，ファンをつくる方法を熟知している。しばしば両親を連れてくるのは子どもである。しかしそれによってチームは，子どもが遊び，父親が試合を観ている間，母親に何かを提供しなければならない。

　はじめての顧客を引き寄せるため，オジーはシカゴエリアにある40の学校とともに1990年代半ばに始まった読書プログラムを主催し，ボールパークにオジーを見に行きたいと両親にねだる約12万5,000人の潜在的な顧客を，

10倍に広げた。

　子どもに楽しい経験を思い出させるせるため，球場からオジーの何かを家に持ち帰らせるようにすることも重要である。2001年シーズンの間，クーガーズは無料でオジーのラッパや，身長を測るチャート，ベースボールカード，バブルヘッド（首振り人形）などを提供した。

　ロイヤルティの構築は，球場での観戦経験の後に展開される。積極的かつ持続的な経験を顧客に提供することは，チームに光をあて，顧客のトップ・オブ・マインド（最も気になる商品）の位置を確立することにつながる。

　マイナーリーグのチームにとって，ファンが試合で楽しんだ時間や，チームとの一体感を楽しんだ時間を，帰路につきながら思い起こさせることは，重要なプロモーション・アイテムである。他の会社は，住所や電話番号を記載したカレンダーやマグネットを無料で配布するかもしれない。ノードストームのようなデパートにとって，その特別の何かとは店員個人の名前を書いたビジネスカードである。そのカードは販売後に顧客との関係を構築するだけでなく，顧客が財布の中のそのカードを見ると，店員を明確に思い起こさせることに役立つ。

　顧客ロイヤルティを構築していくためには，たとえそれが取るに足らないと考えられたものでも，迷わず実践していくべきである。それをしないということは，みすみすチャンスを逃すことを意味する。

(2) 真実の瞬間

　よく知られている「真実の瞬間」は，ロイヤルティを獲得するために必要な企業のチャンスを，生かしも殺しもする重要な概念である。顧客が企業に接触する瞬間は，常に生涯の顧客を獲得するか失うかの瞬間なのである。顧客には，常に特別だと感じさせることが必要である。人はイベントの最中ではなく，最初と最後を覚えているといわれるが，スポーツチームはまさに，顧客サービスを向上させるために，ゲーム前後の「真実の瞬間」を最大限に活かすチャンスを得ているのである。

　ファンがチケットを無くしたり置き忘れたりした時，チームはいかにして「真実の瞬間」を経験させることができるのだろうか。カナディアン・フットボールリーグに所属するサスカチュワン・ラフライダーズのシーズンチケット

ホルダーは，例えばチケットが無いことを伝えれば一度は観戦することができる。2回目からは，前回のチケット代を支払わなければならないが，もし2週間後にチケットを見つけたならば，そのお金は払い戻されることになっている。もしチケットを盗まれたときは，警察の報告書のコピーを持って行けば，大抵のチームはチケットを再発行してくれる。

　南カリフォルニア大学には，1950年から観戦に来ているバスケットボールのシーズンチケット所持者がいた。しかし彼が，トロージャンズ（チームの愛称）の2001年シーズンチケット支払いのためクレジットカード送金すると，さらに2,000ドル支払って後援会に加入しなければ，スポーツアリーナがオープンした1959年以来購入してきた彼の指定席が移動されると，大学が手紙で知らせてきた。

　そのチケット所持者は癌の末期症状にあり，明らかに病状が重すぎて自分では南カリフォルニア大に電話することができなかった。そこで彼の息子が大学に連絡をとり，父親の病状を告げたが，他に選択肢はないと言われた。明らかに学校は一つの方針を持っており，この場合がそれだった。大学は，彼が2,000ドル支払うか，非優待席を再び割り当てるかだと息子に伝えた。

　学校の職員は，『ロサンゼルス・タイムズ』紙がその事件を調べていることに気づくと，素早く対応して，それ以上の損害を被らないよう，2,000ドルの支払いを求めず，20席離れたところにチケット所持者の席を移動させた。しかしオールドファンは，すでにその時点で損害を被っていたのだ。南カリフォルニア大は，事情が軽減されたので報道されないと信じていたにもかかわらず，顧客サービスの大失敗を新聞にとりあげられ，それによって生じた敵意とマイナスのパブリシティによって生じた多額の出費は，大学が予定した収入増加分をはるかに越えた。

　2000年シーズン，サンノゼ州立大学のフットボール選手，ニール・パリーは，チームメイトがプレー中に彼の右足に倒れ込み，膝から下を切断せざるをえなくなった。2シーズン後，パリーは20回もの手術に耐えて，たとえ義足になっても復帰してプレーすると決心した。彼が復帰する1ヵ月前，NCAAの保険業者であるミューチュアル・オブ・オマハは，万一彼が復帰しても，すでに40万ドルを支払った医療費の，これ以上の支払いは無理であるとパリーに伝えた。

パリーの現状が公表されると，国中のスポーツトーク番組で憤慨の声が上がった。この時，「真実の瞬間」を創造するチャンスだと気がついたミューチュアル・オブ・オマハは，その翌日NCAAから了解を取り付け，パリーの医療保険の内容を生涯適用範囲を含むものに改め，危険な事態を回避した。

(3) サービスの価値

　顧客サービスの3番目の原則は，サービスそのものの価値である。企業は顧客サービスを大事にしなければならず，それは製品に劣らず重要であるという認識を持たなければならない。企業は一貫してサービスの需要に応えるか，あるいは顧客関係から生じるダメージというリスクを負わなければならない。セールスだけが重要な顧客サービスというだけでなく，企業が真のロイヤルティを得るには，販売後のサービスを充分に提供しなければならない。

　地元の家電ショップで商品を購入したとき，販売員は，商品の無料保証期間が終わった後も，有料で保証期間の延長をするかどうかを聞いてくる。このようなサービスを提供する小売店は，顧客との長期的な関係を構築するための機会を逃がしている。なぜなら，家電ショップが損害を被る可能性は最小限なのだから，その店は，同じ製品を売る何百もの他の家電ショップとの差別化をする代わりに，わずかな保証費用の支払いを躊躇すべきではない。

　顧客が修理のために製品を持ってくると，何が起きるだろうか？　顧客は再び店に足を運ばなければならず，彼らが好む何か他のものを見つけるかもしれない。追加料金制の保証を選択する人々は多くないので，一度初期の保証期間が切れると（顧客が他のものを何も買わなかったとした場合），店はその特定の顧客との関係を危うくすることになる。

　商品に何の問題もなければ，無料で保証期間の延長を行う電気店は，それだけで新しいポジショニングを確立できるのである。購買時にその店は，他の店では達成できない，顧客との関係構築に成功するのである。なぜなら，他の店は，忠誠心の高い顧客が生む長期的な収入の代わりに，商品保証を売ることによるわずかな収入に固執するからである。

　カンザス・シティを本拠とする電気小売店のブランズマートは，この考えをもう一歩先へ進めた。1999年10月31日から1週間，ブランズマートはあるスポーツ保険会社の「条件付き払い戻し保険」に加入した。それはすなわ

ち，もし日曜の試合でNFLのカンザス・シティ・チーフスがサンディエゴ・チャージャーズをシャットアウトした場合（サンディエゴは7年間，零点で抑えられたことがなかったが），水曜日からゲームの時間までにブランズマートで買った399ドル以上の買い物はすべてが無料になり，商品に支払ったお金をすべて払い戻すというプロモーションのためであった。

その週のビジネスは順調であり，このプロモーションのおかげで，ゲームの前日は史上最高の売り上げがあった。しかし，チーフスがチャージャーズを本当に34-0で完封したため，同社は大きな注目を浴びることになった。325人の顧客が，電気製品の購入価格の総額に値する42万5,000ドルを儲けて家路についたからである。ゲームが終わってから，チーフスのロッカールームではこのプロモーションの話で持ちきりだったし，ブランズマートは，ESPNの「スポーツセンター」ショーで名前を売ることができた。

ブランズマートのように，サービスの価値を量的に把握することは簡単ではない。しかしながら，サービスに関係した投資に対し，そのリターンを数量的に測ることが，他の量的に把握可能なビジネス指標をチェックするのと同じくらい重要になってきている。

(4) 従業員：内なる顧客

顧客サービスは，人が命である。サービスは，適任者によって適切に運用されなければならない。会社は，雇用と同時に，従業員のトレーニングに費用をかけるべきである。最初のステップは，企業文化の中で成長する可能性のある人を雇い入れることである。会社は，従業員のトレーニングを続け，彼らがエキスパートになるチャンスを与え続けるのである。この訓練は顧客に焦点を当てたものでなければならず，顧客にとって価値あるものを創造する方法を，従業員に考えさせるものでなければならない。

研修生を雇った会社は，まず組織全体の多くの仕事を経験させる。2,3ヵ月もすれば，各部署でかなりの時間を過ごし，多くの人とコミュニケーションをとり，ビジネスの現状について中間管理職より詳しくなることができる。

優れた研修プログラムは，参加者のレベルに関係なく，会社のビジネスの全体像を働く者に理解させるものである。従業員が会社について，そして会社が扱うビジネス環境について知れば知るほど，顧客への適切なサービス提供が可

能となる。

　マイナーリーグの野球チームは，組織のあらゆる側面を学ばせることで従業員を訓練する。シングルAチーム担当のラジオ・アナウンサーは，しばしば，試合当日のプログラムをデザインし，試合の見どころを書き，同時にプログラムの広告欄を売る役割を担う。チケットのもぎり担当が，グッズや割引券を売ったりもする。

　ゲームの進行のすべての面を管理することに加えて，マイナーリーグ・ベースボールのオーナーたちは，ホットドッグの品質からトイレの清潔さにいたるまで，すべてのサービスについて情報を提供してくれるファンを大切にする。

　マイナーリーグは，新しい従業員にシステム全体がどう動くかを見せることの重要性を認めているため，ファンの望みや要求をよりよく把握できる理想的な環境をつくっている。

　ビジネスオーナーや管理職は，社員が仕事に熟練し，協力してどのような仕事でも成し遂げることが，会社にとってどれほど重要であるかを充分に認識すべきである。このことはサービスを売る会社，例えばコピーサービスのキンコーズ（Kinko's）のような会社にとっても重要である。一般の人は，キンコーズが世界で一番の設備を備えているから利用するのではなく，自分ではできない，あるいはする時間がないという理由によってサービスを利用する。しかし，もし5人いる社員のうち，1人か2人が，ある仕事を熟知していないとしたら，仕事が停滞して深刻な事態になるし，急いでいる顧客に不満を抱かせることになるだろう。

　キンコーズのような会社は，提供すべき最も重要な商品が，従業員の能力であるということを仕事で示している。これらの会社は，顧客の言葉に耳を傾け，問題を即座に理解し，会社の持つ全知識を動員して，創造的な解決策を見つけ出そうと試みている。

(5) 顧客サービスが差異を生む

　5番目の原則が示唆するのは，顧客サービスが差異を生むということである。今日，商品の品質を改善するだけで，競争的優位性を確立できる訳ではない。技術に改良が加えられた結果，特定商品の品質間の差異はむしろ小さくなった。会社は，サービスが競争的優位性をもたらし，顧客のロイヤルティを高め

ることを認識している。平均的な顧客の手が届く，多くのエンターテイメントについては，プロチームが顧客サービスの面で優位に立つことが必要である。実際，顧客本位の新しいスタジアム，数多くの場内スタッフ，さらには付加価値のついたサービスなどを用意して，顧客に価値ある経験を与えようとするチームは多い。

デイトナ・カブスのGMであるバック・ロジャーズは，デイトナで経験した試合のことを忘れることができない。デイトナは，ビーチへの旅行が簡単なことで知られる。あるとき，ロジャーズがスタンドを歩いていると，年配の男性が持っていた4杯のビールを全部誤まってロジャーズにかけてしまった。その男性が謝りながらビールを拭きとっていると，ロジャーズはこぼしたビールの銘柄は何かとたずねた。男性はなぜそんなことを気にするのかといぶかりながら，「バドワイザー・ライトです」と答えた。2,3分してロジャーズは自己紹介し，その人に4杯の新しいビールを差し出した。ビール代の3ドル12セントで，ロジャーズは生涯の顧客（ファン）を獲得したのである。この事件では，それ以上のことが起きた。その年配の男性は近くの会社の社長で，次の週の役員会でこの話を披露したのである。

スタジアムやアリーナで増えている顧客サービスは，ここ10年間のグルメ食品の質的向上にも見ることができる。スポーツ・イベントにおけるグルメ志向は，1990年代初めの新しいスタジアムと特別観戦室とともに始まったのだが，その後，料理配達の高級店リーヴァイ・レストランとスポーツサービスの2社が20以上のスポーツ施設にそれぞれ店舗を拡大した。

フィラデルフィアのベテランズ・スタジアムでは，特別観戦室のファンはローストした野菜のナポレオン・パイを注文することができる。セントルイス・カージナルスの試合では，もし（1ゲームあたり1万2,000個も作る）ラビオリのフライが気にいらなければ，フード・サービス会社は，事前連絡に応じてどのような食事でも提供することが可能である。

アウトバック・ステーキハウス・チェーンにとって，価値あるものを提供することの中に，ドライブインのサービスというものがある。注文した商品を受け取りやすくするために，国中のアウトバックのレストランでは，自前のパーキングエリアの他に，建物の横に60平方フィートの入り口をつくった。注文をすると，顧客は自分の車のメーカー，モデル，色を聞かれる。出発時には礼

儀正しい従業員が顧客に注文の品を手渡す。ファストフードでないレストランがドライブスルーの窓口をなぜ持ってはいけないのか，と会社の上層部は考えたのである。このサービスを顧客に提供することで，アウトバックはテークアウトの注文が増えているのがわかった。顧客が車から出なくてもよいだけではない。アウトバックもレストランの混雑が緩和され，中で食事をする人々のために充分なパーキングスペースを確保することもできるのである。顧客サービスの差異化は，商品やサービスの中身とは別の話である。特にどこでも簡単に見つかるものでない場合，会社は購買経験に付加価値を与えることによって，競合する他社に差をつけることが可能となる。

　経営者が顧客サービスの大切さを従業員に伝え，常日頃から強調していなければ，顧客と直接接触する最前線の従業員は，顧客サービスに必要な価値を付け加えることをしなくなる。例えば，シアトル・スーパーソニックスの一従業員が，彼らのオーナーでスターバックスのチェアマンであるハワード・シュルツの行動を見た後では，顧客サービスの重要性を理解しないでいるのは難しい。シュルツは時間をかけて，昨シーズンは買ったのに，今シーズンのシーズンチケットを買わなかったファンにその理由をたずね，若いファンにはゲーム前のウォームアップの時に，コートサイドに入ることを許してきた。彼らには，ゲーム後にコート上で遊ぶことさえも許可したのである。

(6) 顧客はどのように考えるか？

　会社は，顧客に従いながら正しいことをしていると思っているかもしれないが，決して100％の自信を持っている訳ではない。だからこそ管理職や意志決定者は，顧客から常時フィードバックを得て，自分たちの信じることを確かなものにしなければならない。顧客も最前線で働く従業員も，あるいは昔の顧客でさえも，このフィードバックの大切な資源になる。フィードバックの受け方が問題なのではなく，受け続けることが大切なのである。

　大部分の会社は成功を利益で測るが，顧客本位の会社では，顧客の満足度が成功を測る尺度でなければならない。明確なフィードバックに加えて，会社は満足度を測る次の段階へ進まなければならない。

　ワシントン・キャピタルズのオーナーであるテッド・レオンシスと，NBAのダラス・マーベリックスのオーナーであるマーク・キューバンの2人は，

スポーツビジネス界のリーダーである。それは，彼らがファンの意見に耳を傾け，定期的に e メールで直接コミュニケーションをとるからである。

レオンシスとキューバンが得をしているのは，それぞれ顧客と接点があることを公表しているからだ。ある日にキューバンに出されたファンからのメールは，すぐにチームのウェブサイト DallasMavericks.com にアップされる。

レオンシスはしばしばこういう話をする。あるファンが，売り子の歩くルートを変えてもらえないだろうか，そうすれば第 2 ピリオドに綿菓子を買えるからと彼にメールしてきた。彼はそのメールをすぐに施設部門に転送し，メールを出したファンに「すぐに対処します」というメモをつけて送付した。その後レオンシスは，「施設部門から，『次のゲームから実行します』という返事がきました」と書いてファンに送り返した。2 日後，そのファンはレオンシスにメールを返してきた。そこには，（レオンシスからのメールを）15 人の友達に転送し，「ワオ，僕の希望をこんなに早くこんなにテキパキやってくれたなんて信じられません」と書かれていた。レオンシスは，勉強からよりも，ましてや自分の従業員からよりも，直接ファンのフィードバックから学ぶことがたくさんあると言う。フィードバックの中には，アリーナのサウンドシステムや売店の待ち時間，そして出場希望選手リストなども含まれている。

レオンシスにとって，自分がよい仕事をしているかどうかを知る手段はメールだけではない。「私もボックスシートを持っていて，ときどき大スクリーンに自分を映させることがある」「そこでブーイングが聞こえたら，何かを変える必要があるということだ」と彼は述べている。

マーク・キューバンもまた，アリーナでのサービスに敏感なオーナーの一人である。キューバンのチームであるマーベリックスは，アメリカン・エアラインズ・センターでプレーする。このアリーナ（キューバンが 50％所有）は，2001 年に 4 億 2,000 万ドルかけてオープンしたアメリカ史上最も高価な屋内スポーツ施設である。アリーナには，最高で年会費が 30 万ドルもする特別観戦室が 142 あり，7,000 ドルから 1 万 8,000 ドルの価格帯のクラブシートを 1,936 席提供するなど企業的な経営が行われている。

アリーナの企業的経営と外見にもかかわらず，キューバンは自分のチームとファンとの間に親密な関係を保っている。彼はまた，ビジネスを所有することとビジネスを経営することとの間には大きな違いがあると信じている。彼は，

マーベリックスにおいて両者を実践しており，顧客へのサービス提供の過程に特に注意を払っている。

ファンこそが，誰もがうらやむオーナーという職業についている理由のすべてであることをキューバンは知っている。ファンの喜びが増えれば増えるほど，選手の喜びも増えるという関係も理解している。キューバンは，試合に勝つためのシュートを1本も決めることはできないが，ファンに関しては，いかなる問題にも対応することができる。彼は，自分のファンこそ，最良の品質管理システムであると信じている。だからこそ，できる限り広くメールアドレスを公開し，フィードバックを得ようとしているのである。ファンは，座席にチューインガムがくっついていたら，すぐにキューバンにメールを送る。駐車場の表示が足らないために車を探すのに苦労したファンもまた，キューバンにメールする。彼はそれらのメールに対し，即座の解決を試みる。キューバンは，彼の間髪を入れない対応が，NBA全体に広がっていくだろうという希望を捨てていない。

キューバンは，たとえスポーツ・フランチャイズを所有しても，顧客に耳を貸すことがなければ，長期な利益が得られるとは限らないということを理解している。様々なスポンサー企業が運営費の大部分を提供してくれるが，それはマーベリックスが彼らに大きなマーケティング機会を提供しているからだということも充分に認識している。もしキューバンがマーベリックスのファンを見放したならば，ビジネスにとって深刻な事態が生じる。協賛企業もまた，自社ブランドとチームのブランドを結ぶことに興味をなくしてしまうだろう。

チームが，ファンのことを常に考えているということを知らせることは，極めて重要である。組織が自分に注意を払っていると信じないファンから，重要なフィードバックを得ることはできない。

退院した患者や，ホテル滞在を終えた顧客に送られるアンケートの回収率はそれほど高くない。返信先のアドレスがただの企業名だけで，専任の顧客サービスの代表者の手書きの名前もないアンケート用紙を誰かが見たとしても，そこで抱く感情は，「なんでわざわざ読みもしないものを」といったものだろう。

シングルAの野球チームであるケイン・カウンティ・クーガーズと同様，デイトン・ドラゴンズも，チケットがいつも完売するチームであるが，彼らもまた顧客からいつもフィードバックがあるとは考えていない。文句が言いたい

ファンや，助言をしたいファンは，ただ「ワン・ツー・ワン」という連絡表を埋めるだけでよい。それが直接，チーム代表のロブ・マーフィーのもとに届くのである。チームの方針では，すべての手紙やメールへの返事・返信と，すべての電話メッセージへの返答は，1営業日内に行われると決められている。心のこもったサービスをやりとげた従業員は表彰されるし，顧客へのサービスを格別うまくやったマネジャーは，チームの管理職から表彰を受け，デール・カーネギーの特別研修に参加することも選択できる。

　顧客からのフィードバックを読むのに苦労した会社の一例が，ホール・フーズ・マーケットである。この会社は，1980年にテキサス州オースチンの小さな店から始まり，今や合衆国中に120以上の店舗を有する世界最大の有機自然食品の小売店チェーンである。

　ホール・フーズの店に入ると，顧客のコメントが書き込まれた大きな掲示板が目につく。その中には，買い物客の質問に対するスタッフの的を射た返答もある。このサービスは，ホール・フーズの営業と顧客が一体であるという価値ある安心感を与えるばかりでなく，買い物客のいかなる関心にも，一生懸命向き合っているという姿勢を他の顧客にも見せる役割を果たす。

　伝統的な掲示板の現代版がインターネットである。人気のオンライン・オークションサイトのeBayは，1日に100万件以上の販売ポスティングがあるが，これは人々が他の人の品物をせりにかける「市場」に過ぎない。実際の品物の交換においては，一銭のお金もこの会社に入るわけではないのに，eBayがドット・コム崩壊を生き延びてオンライン・オークションのリーダーになった理由は，同社の顧客サービスが，競争相手の追随を許さなかったからである。

　初期のサイトに掲げられたメッセージ・ボードからのフィードバック・システムのおかげで，eBayは効果的な応答システムを徐々に構築していった。もしある顧客が，売り手から受けているサービスについて不満があると，否定的なフィードバックをサイトに残すことができる。そのような否定的なコメントは，売り手の販売力に悪い影響を及ぼすことになる。その逆にeBayは，売り手のために，これも悪い評判が立つと困る買い手に対して支払いの督促状を送る機能も合わせ持っている。このようなサイトの機能がなければ，信用を確立できず，取引を見合わせる顧客も現れ，結局eBayの成功はおぼつかなかったであろう。

スポーツ界におけるインターネットは，これまで売れ残ったグッズを処分するために利用されてきた。シカゴ・ベアーズに不満を持つファンは，www.tradecade.com というサイトを立ち上げ，愛するベアーズに対し，シカゴでの最初の2年で3勝12敗の記録しか残せなかったクォーターバックのケイド・マクナウンを首にしろと要求した。

　2001年，8ヵ月間で1万5,000以上の署名がサイト上に集まり，同年の8月に，マクナウンはマイアミ・ドルフィンズにトレードされた。そのおかげか，次のシーズン，ベアーズは1994年以来初めてプレーオフの出場を果たした。ベアーズのフロントは，オンラインの陳情に影響を受けてトレードを行ったのだろうか？　答えはもちろんノーであるが，顧客に対し，商品についての不満を表明するチャンスを与え，それが経営陣の意思決定に影響を与えたのもまた事実である。

　ファンからのフィードバックにお金を使うのも悪くないアイデアである。2001年シーズンの終盤，デイトナ・カブスのGMであるバック・ロジャーズは，100ドルに満たない金でソーダ，ホットドッグ，ビールを用意し，ファンに試合後のフィードバック・セッション（反省会）に来ないかと呼びかけた。5～60人のファンが集まったセッションから，ロジャーズはそれまで一度も思いついたことのない問題点や関心について学んだ。例えばあるファンは，シーズンチケットを持っているが4試合が雨で流れたと言い，ロジャーズは次シーズンのチケットの4試合分を無料で進呈した。ビールとホットドッグという少ない投資で，大企業のインターネットサービスからは得られないような貴重な意見を得ることができる。

　顧客が，会社と会社が提供する商品について何を考えているかを理解するのは重要であり，あらゆる手段を講じて正確なフィードバックを得るように努力すべきである。

(7) 苦情を愛情に変える

　苦情を献身に変えるのは，会社が顧客から学ぶまたとないチャンスである。苦情から学び，状況を変化させ，素早く対処すれば，顧客との関係を維持することができる。

　ある木曜日の夜（その日はデイトナ・カブスが99セントのビールを売る日

だった），1人の母親がロジャーズのところにきて，自分と子供の前にいる男が汚い野次をやめそうにないと不満をぶつけた。ロジャーズは席を代えましょうと申し出たが，このうるさいファンは大声なので，球場のどこにいても野次が聞こえるし，こんな経験をするくらいなら，2度とここには来ないと言った。ロジャーズは，その男を追い出すことはできなかったが，その母親に自分の電話番号を渡し，私がチケット代を持ちますから息子さんとまた一緒に球場に来てくださいと伝えた。それだけではなく，ロジャーズは，今度来てくださった時には，息子さんに始球式をしてもらいましょうとも言った。その母親と息子は，その後何度も球場に足を運んでいる。

　顧客の関心は，購買を決める前に表れることもあり，組織の成長に重大な結果をもたらすこともありうる。

　コンチネンタル・バスケットボール協会のチームであるグランドラピッズ・フープスの役員，ティム・イアニスは，2001－02年シーズンのフープスの開幕試合で，チケット窓口に15分から20分待ちの行列ができるとは思ってもいなかった。長い行列を我慢して待っているファンをじっと観察していた。1人の父親と家族がチケット売り場のすぐ近くまで来て，長い行列を見てあきらめたのを見ると，彼は家族を追いかけ，チケットなしで座らせたうえに，ホットドッグとソーダをサービスした。イアニスいわく，「あの家族は，最初の7試合のうち最低6回はやってきた。正直に言うが，もし僕が彼らを追いかけなかったら，恐らく戻って来ないだろうと考えたんだ」

　内部に強力な苦情処理システムを持つのは賢いやり方である。そうすればむしゃくしゃした顧客が広場で文句をぶちまけることもないだろう。ユナイテッド航空によるハワイと日本への旅行中のサービスについて，苦情を訴えた2通の手紙に対し，まともな返事がもらえなかったジェレミー・クーパーストックは，United.com という名のウェブサイトを始めた。

　「ユナイテッド航空でいやな経験をしたことはありませんか？」United.com の苦情フォーラムは次のように言う。「文句を言うのがひとりではないとわかれば，ちょっとした慰めになるかもしれません。United.com が苦情を集め始めて以来，あなたのような人々から何千通ものお便りをいただいています。皆さんは，航空運賃で儲けた会社から見下したような扱いを受けているのです。このページは，あなたの問題の解決にはなりませんが，このフォーラムがあれ

ば，他の人と経験を分かち合うことができ，もしかしたら，ユナイテッド航空に反省を促し，欠点を改めさせることができるのです」

United.com には，1日におよそ5件の苦情が寄せられ，その内容は払い戻しの問題や機内食，そして乗員の横柄さにまで及んだ。ユナイテッドのスポークスマンは，即答を得たいなら直接ユナイテッドとコンタクトをとってもらうのがベストだと述べたが，その方法はうまくいってないのだろう。なぜなら，このサイトへのアクセスが，その後も減る様子はないからである。

ユナイテッドが適切なフォーラムを設けて顧客の苦情を吸い上げていたならば，クーパーストックのサイトが2万のヒットを受けることはなかっただろう。クーパーストックが言うには，1日あたり20ヒットが，ユナイテッドの経営陣によるものだった。

2001年10月，ユナイテッド航空の会長ジェイムズ・グッドウィンが退任した時，クーパーストックは，サイトは反ユナイテッド・サイトのつもりではないと言い，新会長のジョン・クレイトンがもっと適切なシステムを作って苦情に対処するならば，それを手伝うと提案した。しかし，このサイトは相変わらず苦情を集めており，ユナイテッドの顧客関係担当者に転送されている。

顧客を維持する方が，新しい顧客を獲得するよりもコストがかからないということを忘れないで欲しい。顧客の苦情のわずか10から15％が会社に直接伝わるが，これらの苦情が解決され，顧客の満足に結びつかなければ，会社のブランドとバランスシートが深刻なダメージを受けることになる。

苦情を認識し，行動を起こし，適切に対処すれば，会社は不満だらけの顧客を愛情を持つ顧客に変えることができるのである。

(8) 逃げた顧客

会社が考慮すべき最後の原則は，どの顧客が「逃げようとしているのか」である。会社にとってより好ましい顧客と取り替えられるならば，ある種の顧客は去ってもいいと考えても良いだろう。もし会社に戦略があれば，どの顧客を失ってもいいかを決めることができるし，個々の顧客をランク付けるための枠組みを設けることもできる。マイナーリーグは，試合ごとのファンを大切にするが，その一方でメジャーなスポーツの多くは，企業関連のファンに重きをおき，試合ごとのファンは逃げてもいいと考えているように見える。

ロサンゼルスのステープルズ・センターは，驚異的な成功を収めてきた。1999年の開業以来，ブルース・スプリングスティーンやイーグルスが出演するコンサートから，メジャーな国際大会，例えば2000年の民主党大会やラテン・グラミー賞まで，スポーツ以外の多様なイベントが開かれてきた。NBAのロサンゼルス・キングスやロサンゼルス・クリッパーズの試合を何百と主催する他，3度のNBAディフェンディングチャンピオンであるロサンゼルス・レイカーズを主要テナントとして持っている。

スポーツとエンターテイメントという最強コンビのイベントを年間200以上開くことによって，この場所は最強かつ最高の「娯楽の殿堂」としての市場価値を持つに至ったのである。

スポーツとエンターテイメントの殿堂としての地位を確立する前に，ステープルズ・センターは，企業とロサンゼルス市の両方に向けて，そのビジョンを創造し提示しなければならなかった。スポーツに多額の税金を分配することを好まない市民感情を考えると，ロサンゼルスに世界規模のエンターテイメント施設を建設しようする人々は，企業の出資に頼る必要があった。

この決定がなされると，影響力も金の力もない一般のファンは，逃げられても仕方がない顧客という位置づけを与えられた。全体的な計画において，彼らよりも，企業関係者のほうが重要であると見なされたのである。

ステープルズ・センターの収支計画における収入カテゴリーを見れば，これがいかに企業からの収入に偏っていることがわかる。

■特等観戦室：33％
■企業スポンサー：29％
■プレミア席：17％
■ネーミングライツ：11％
■コンセッション（飲食）：9％
■チケット：1％

ステープルズ・センターは，企業顧客によって企業顧客のために建設された施設であり，その結果，キングスとレイカーズのオーナーの利益を守るための施設マネジメント・チームが必要になり，そのチームが長期間のキャッシュ・フローを保証してくれる企業顧客の要求を常時満たす機能を果たすことになった。多くのスポーツの場で，一般のファンが隅に追いやられる光景は，決して

歓迎されるものではない。このことは，長い間アメリカのスポーツを支えてきた，伝統的なファン層が長期間の侵食にさらされることを意味する。

　フランチャイズ・オーナーの多くは，ますます企業顧客を頼りにするようになり，一般のファンは，チケットの高額化によって，市場から締め出され始めている。このような事態を招いたのは，今のオーナーの多くが，短期間の収入の最大化に躍起になり，自分のチームが所属するリーグの長期的な成長を見守ろうとしないことが原因である。

　顧客サービス関係を作り上げる上で本質的なことは，誰がコアになる顧客であるかを正確に理解することである。一度コアになる顧客が得られ，維持されたならば，次は，さらなる顧客ベースへアクセスすることが可能となる。マイナーリーグ野球の場合，まず家族に始まり次に企業へと広がる。メジャースポーツでは逆のケースが多い。ビジネスの繁栄のためには，一般のファンであれ企業顧客であれ，両者とも適切なサービスを受けなければならない。

1) Team Marketing Report's Fan Cost Index. For more visit www.teammarketing.com.
2) Veeck, Bill, with Linn, Ed, *Veeck as in Wreck* (p. 120), G. P. Putnam and Sons, New York, 1962. Reprinted by permission of Sterling Lord Literishi, Inc. Copyright 1962 by Bill Veeck, Estate O.
3) Adapted from TEC Worldwide, Inc.'s, "Best Practices: Customer Retention."

第4章

パーソナル・ブランディングの過程

【ポイント】 スーパースター・アスリートであれビジネス・エリートであれ、誰でもパーソナル・ブランドというものを持っている。現代のビジネス環境においては、キャラクター（性格）や評判や名声を意味するレピュテーションが貨幣的価値を持ち、ビジネスで成功しようと望む人は、パーソナル・ブランドの開発が最優先事項となっている。今日のビジネスの世界において、パーソナル・ブランドの理解にアスリートが果たす役割は大きい。

エンドーサーとしてのアスリートたちのプロ選手しての人生を見ると、パーソナル・ブランディングの過程について多くのことを学ぶことができる。偉大なパーソナル・ブランドは、スターアスリートに関するものであれ、尊敬される経営者に関するものであれ、積極的にマネジメントされるかどうかに関係なく進化していくものである。最大の尊敬を受けるプロは、自身のパーソナル・ブランドをあらゆる手段を行使して守ろうとする。少しでも油断すると、それがどんなに些細なことでも、長期にわたるブランド崩壊のきっかけとなるからだ。

ビジネスマンにとって重要なのは、自分のキャリアを、スターアスリートのように私人ではなく公的な人物としてマネジメントすることである。アスリートの無分別な行動が、リーグのブランドを傷つけるのと同様、ビジネスマンの不注意な行動が、会社の評判を傷つけることがある。このことは、シニアマネジメントの場合にとりわけ重要である。彼らは公的にも私的にも、日常的に会

社を背負っているのであり，記者会見や株主総会はもとより，重大局面に立たされた時は，会社を代表する公的な立場に置かれる。

1｜パーソナル・ブランディング

　子どものころから，お気に入りのアスリートの真似をするのはアメリカ的な文化である。テッド・ウィリアムズ，ロジャー・ストーバック，クリス・エバート，ウェイン・グレツキー，ミア・ハムになることで，スポーツファンは夢を追い，パーソナル・ブランディングについて学んできた。子どもの成長過程で，自転車のスポークにジョニー・ベンチのルーキー・カードを付けるのはごく普通のことだった。私たちは皆，自分がスターになりたかったばかりではなく，スター選手と特別な関係を持っていることをみんなに見せびらかしたかったのだ。

　スポーツマーケティングとは，あらゆる種類のスポーツや，スポーツに関連した活動を用い，企業の商品やサービスをプロモートし，属性について消費者とコミュニケートすることを意味する。ファンとスター選手の親密な関係をベースとしたエンドースメント（訳者注：推薦や推奨の意味）は，通常のコミュニケーション・プロセスに，〈パーソナルな味覚〉を加えることによって成立するのである。

　消費者は，アスリートがエンドースした商品やサービスについて，またたく間に意見や信念を形成する。アスリートの言葉が，企業に関する消費者自身の感情を強化するのである。だからこそ，アスリートのパーソナル・ブランドと企業ブランドとの間のマッチングが重要となる。今日のビジネスや産業は，組織の価値を身につけ，企業が念入りに作り上げたイメージと価値を反映できるような人材を獲得しようとする。

　多くのアスリートは，スポーツ・エンドースメント・モデルを活用して企業と提携を結び，パーソナル・ブランドを構築してきた。このようなプロセスから，我々はどうすればパーソナル・ブランドを形成できるのか，そして企業ブランドを高めるスポークスパーソンをどのようにして選ぶことができるかを学ぶことができる。

　アスリート・エンドースメントの役割を知ることは重要である。人目にあま

り触れることのない企業重役と違い，有名アスリートからは，人々の話題にのぼる公的なパーソナル・ブランディングを学ぶことができる。その中でも特に，パーソナル・ブランドの進化，ポジショニング，そしてブランド・マネジメントといった側面から学ぶことは多い。

たとえ有名アスリートが広告に登場しても，それはアスリートの特質のほんの一部分が輝いているに過ぎない。同じことは，ビジネスの世界でも言える。すなわち社員がつくりあげる管理職のイメージというものは，その人物のほんの一部分でしかないのである。それゆえ管理職は，自分のイメージ形成に気を配らなければならない。よく言われるように，「第一印象が悪ければ二度目のチャンスはない」のである。ビジネスマンは，日ごろの行動をじっくり顧みて，最初の信用であるエンドースメントを，同僚や上司，そして会社から勝ち得なければならない。

アスリート・エンドースメントが，なぜパーソナル・ブランディングの過程を反映しているのかを疑問に思う人がいるかも知れない。企業が選んだアスリートが，アスリートのイメージではなく，商品について念入りにつくられたイメージを発信しているとしても，事の本質を理解しているアスリートは，代理人やスポーツ・マーケターの助けを借りて，本人と会社の両者に同じ効果をもたらす企業と契約を結ぼうとする。最も効果的なエンドースメントとは，すでに確立したパーソナル・ブランドと手を組むことである。

ビジネスマンのエンドースメントは微妙に異なる。何かの商品をプロモートする訳でもなく，たとえそうしたといってボーナスが支給されたり，エンドースメントのCMが世界に向けて放映される訳でもない。

パーソナル・ブランドの確立を自覚しているビジネスマンは，自分自身についての一貫したメッセージを打ち出すチャンスを知っており，努力を重ねて時とともにそのメッセージを形にしていく。有名アスリートのパーソナル・ブランディングは，アリーナやスタジアム（職場）で確立されるが，有能なビジネスマンは，同じだけのブランドが，アリーナやスタジアムの外（会社の行事や外でのつきあいなど）で確立されることを知っている。

商品をエンドースした最初のアスリートは，「駿足の亡霊（Galloping Ghost）」と呼ばれたレッド・グレインジで，イリノイ大学を卒業後NFLで大活躍した。1925年，グレインジは遠征9試合で当時としては法外な10万ドルを稼いだ

といわれた。グレインジのエージェントであった C.C.（Cash and Carry「札束でさらう」）パイルのおかげで，グレインジはエンドースメントの仕事を手に入れた。ミートローフやジンジャーエール，そしてキャンディー・バーなどのエンドースメントが主な仕事であった。彼はまたラジオ番組に出演し，3本の映画に役者として出演した。スポーツマーケティングの黎明期に，2人は合計で100万ドル以上を稼いだのである。

彼がエンドーサーとして成功した理由はいくつもあるが，彼の名声と地位がアメリカ中のファンに知れ渡っていたことが第一の理由である。彼の人気は，人々が野球の試合結果を1日遅れで読み，ラジオでしか彼の声が聞けない時代だからこそ築かれたものである。現在の24時間スポーツ番組や，短い広告サイクルとは違う時代であった。

1930年になると，グレインジに遅れること数年，ベーブ・ルースがスポルディング，クエーカー・オーツ，ピンチ・ヒット・タバコ，全米アスレチック・アンダーウェアの広告で7万3,000ドルを稼いだ。ベーブ・ルースは，今で言うビジネスマインドを持っており，急速に発展するメディアに乗じて全米ヒーローの地位を獲得した。ほとんどすべてのものを売ることができるヒーローが誕生したのである。

エンドースメント市場の黎明期，最大の投資企業はタバコ会社であった。ベーブ・ルースとシカゴ・カブスは「オールド・ゴールド」と，ジョー・ディマジオとアーリー・ウィン，そしてボブ・レモンは「キャメル」と，ウィリー・メイズは「チェスターフィールド」と，そしてフランク・ギフォードとブルックリン・ドジャースは「ラッキー・ストライク」と契約した。当時，成功した有名アスリートと喫煙が結びついて生まれたのが上品で高級なイメージであり，それが理想的なマーケティング関係を生み出したのである。

ディマジオは，タバコの契約に加えて，出来高に応じたエンドースメント契約を結んだ最初のプロ選手であった。ハインツ社は，57種類におよぶ商品を売っていたが，もし57試合連続でヒットを打ったならば，10万ドルをディマジオに支払う計画を立てていた。

2｜ジャック，ジョー，マイケル，タイガー

　過去40年の間に，4人のアスリートたちがエンドースメントの状況を大きく変えた。それは，ジャック・ニクラウス，NFLのスターであるジョー・ネイマス，神と言われたマイケル・ジョーダン，そしてタイガー・ウッズの4人であり，それぞれがアスリートの商品やサービスへのかかわり方を洗練させ，新しい枠組みを誕生させた。今日の企業経営者と同じように，それぞれが他に勝ることのできるパーソナル・ブランドを作り上げたのである。

　これらのアスリートたちは，正しいマーケティングの利用が，自分のキャリア向上に役立つことを認識していた。さらに，自分がエンドースした商品やサービスが，その会社のアピールにつながるとともに，自分自身のブランドにも影響を及ぼすことを知っていた。

　国際マネジメント・グループ（IMG）の創立者であり，現代のスポーツ・ビジネスの基礎をつくったマーク・マコーマックの教えにしたがって，ジャック・ニクラウスはスポーツ界最大のブランドをつくりあげた。ニクラウスは，マコーマックのもうひとりのクライアントであるアーノルド・パーマーと，1960年代から80年代にかけてゴルフ・コース上で熾烈な戦いを続け，多くの観客を魅了した。

　その間，彼のブランド力によって数々の企業と良好なビジネス関係を打ち立て，主として40代以上の男性をターゲット・マーケットとしたビジネス展開によって，毎年10万ドル以上の売り上げを獲得した。

　プロ・デビュー後40年の間に，ニクラウスの名前は約30の会社および商品と結びついた。リンカーン・マーキュリー，ローレックス，VISAカード，ペプシ，ドレクセル・ヘリテージ（家具），ガルフストリーム・エアロスペース（ビジネスジェット機）などがそれである。これらは，どれも中流か上流階級向けの商品やサービスである。ニクラウスは，ゴルファーであったおかげで，そのパーソナル・ブランドをファストフードやクリーニング会社と結びつけられることはなかった。ニクラウスはその後も，年間ベースの広告出演によって，PGAツアーの全試合で得た金の2倍の金額（約570万ドル）を稼ぎ続けた。

NFLのジョー・ウィリー・ネイマスは，次世代のスーパースター・スポークスマンとして期待されるが，彼はジャック・ニクラウスではなかったし，そうなりたいとも思わなかった。ネイマスはショーマンであった。自分のポジションを，アスリートであるとともに「パーソナリティー」であるとした。ニューヨーク・ジェッツのクォーターバック（QB）でうぬぼれ屋の独身男が，スーパー・ボウルⅢでNFLのボルチモア・コルツに18点差で勝つと明言したことで，彼は記憶に残るプレーヤーとなった。

　この男はミンクのコートを着て，副業で3本の映画に主演した。彼は，常軌を逸することでポケットに金が入ることに気がついた最初のアスリートのひとりだった。ネイマスは自分のセックス・アピールが注意を引くことも知っていた。彼のもっとも有名なスポット広告は，1974年，ヘインズ社のビューティーミスト・パンティー・ストッキングのそれだった。そこでアピールしたのは，実際には身につけてはいなかったが，もしビューティーミストが彼の足を素敵に見せることができれば，女性の足はさらに美しく見えるということだった。

　ネイマスをパンストのエンドースメントに使ったのは，フットボール・プレーヤーとしての仕事とは無関係だと言うことはできるが，ネイマスが勝つと約束したことで——その時はまったく馬鹿げたことだったが——野生的で風変わりなキャラクターが生まれたのである。

　ネイマスは，この国最大のメディア・マーケットで勝つことの重要性と，自分の生意気さ，そして，発展途上のメディアであるテレビと結びつくことによって，新しいマーケティングの舞台に立つことができるということを充分に理解していた。企業もまた，勝利とマーケティングの力強い結びつきを評価し，スポーツの勝利者と商品を関係づけることによって，商品もまた，勝利の段階を登り続けていくことができることに気づいていた。

　テレビは，ジョー・ネイマスは突飛な奴だが，かわいい個性の持ち主であるというイメージをつくりだしたのである。その一方，80年代後半から90年代を通してのCMスターであるマイケル・ジョーダンは，一歩先を行った。ジョーダンは，テレビ視聴者をまるで友達のような気にさせたのである。

　究極のパーソナル・ブランドは，人が，ひとつの名前で知られるようになった場合である。スポーツにおける「マイケル」がそれだ。彼こそ，世界がかつ

て見た最強のアスリートであり，すべての人が尊敬する人物となった。

しかし，マイケルには柔らかい面もある。スパイク・リーと組んだ（1989年）ナイキのマーズ・ブラックモンの「You know? You know?」という遊び心に満ちたCMや，ラリー・バードと一緒に，マクドナルドの「ネットの他には何もない」のCMで見せた一面がそれで，マーケティングに新しい味を加えた。これらのCMは，ジョーダンをずっと人間味あふれる人間に見せ，多数のファンや消費者が，彼に対して普通の人間として親近感を抱いた。ジョーダンは，ネイマスと同様，映画に転向することによってさらにパーソナル・ブランドを拡大した。1996年の映画「スペース・ジャム」では，ワーナーブラザーズの漫画であるルーニー・テューンズのキャラクターたちと共演し，総額2億2,000万ドル以上の興行収入をあげ，ビデオを8,500万ドル以上売った。

すべての世代を含むテレビ視聴者にとってジョーダンは，スーパースター・アスリートでありTVタレントでもあった。彼は双方を行き来しながら，自身のブランド価値を大きく拡大した。実際，ジョーダンが必要としたのはエンターテイメント産業との共生関係であり，エンターテイメント産業もジョーダンのような素材を求めていた。

タイガー・ウッズは，1996年の最初のプロ・シーズンに，ナイキの「ハロー・ワールド」広告に起用されたが，頭角を現したのは，ほぼ3年後のジョーダンが2度目の引退を表明した時期であった。彼の才能と世界的な人気にもかかわらず，あまりにも強い鋼のような精神力のために，タイガーがマイケルと同じレベルに達するのにはしばらく時間がかかった。確かに，この心の強さがあったから，彼はメジャーのトーナメントを総なめにし，時代を超えたナンバーワン・ゴルファーになることができたのだが，皮肉なことに彼の生真面目さが，消費者と親密な関係を築く障害となっていた。

ジョーダンの人柄は，彼のプレー・スタイルと人を誘い込む笑顔で，さらに磨かれていった。一方タイガーは，誰もが彼のものだと想定するその人柄を，時々表面に出すだけであり，全体のイメージは固かった。

タイガーが直面した問題は，朝一番にオフィスへ行き，夜は最後にオフィスを出るモーレツ社員のイメージで，彼の心の強さはゴルフ・コースでの成功に寄与したが，その完璧主義がマーケティングの可能性に制限を加えた。彼は他

の誰よりも集中力があった。彼は群集を意識から締め出し，ショットに焦点をあわせ，周囲を忘れることができたのである。ゴルファーはその集中力を尊敬するかもしれないが，タイガーがスポーツの限界を超えるには，ゴルフ以外の何か他のものを伝えなければならなかった。それは面白みである。

　ジョーダンと同様，ブレークしたのはナイキがきっかけである。ウッズがクラブでゴルフボールをポンポンさせ，空中に浮いたボールをそのまま打ってロング・ドライブをビシッと決めるビデオがある。ウッズもゴルフで遊ぶことができるということを「証明」し，何百万の人に新しく近づきやすいウッズを紹介した。タイガーは，ナイキのコマーシャルで面白がることを始めたばかりではない。ビュイックやアメリカン・エクスプレスのコマーシャルでも，やや軽めのセリフが用意された。

　ニクラウスとパーマーのブランドを築き，タイガーも所属するIMGのエージェントであるマーク・スタインバーグは，タイガーにこう話した。君がファンに本当の姿を見せるのは問題ない……でも，微笑み，大笑いし，ジョークをとばす君はもっと魅力的だ。サイボーグのようなスイングや，完璧なドライブ・ショットだけでは充分じゃないんだ。

　IMGがお膳立てしたTV向きのイベント，例えば「ビッグホーンの闘い」は，ウッズがずっとリラックスした快活な面を見せることができるものだった。デビッド・デュバル，セルジオ・ガルシアを相手にジャック・ニクラウスとチームを組んだこの番組は，ABCのゴールデン・アワーに放映されウッズの個性を輝くものにした。

　自分でブランド化を試みるビジネスマンは，スタインバーグの忠告をしっかりと心にとめるべきだ。真剣なビジネス状況の中で，クライアントに対し，息を抜いた人間的な側面を，いかにして，いつ，どう見せるかを熟知すべきである。

　ニクラウス，ネイマス，ジョーダン，ウッズらは共同でエンドースメント産業を生み出したし，その過程で，これまで影に隠れていたパーソナル・ブランディングという考え方に光を当てた。

　どの商品を，どのアスリートがエンドースしているかを知り，なぜサービスや商品が彼らの支援を必要とするのかを学ぶことによって，アスリートがどのようにブランドを確立し，発展させ，強化しているかを理解することができる。

　我々は自転車のランス・アームストロングの名を，彼の素晴らしいカムバッ

クの話によって覚えているし，バリー・ボンズはわがままでいやな奴だということを知っている。終始一貫して変わらないカル・リプケンから，多くのことを学びたいと考えている。ときどき，アンドレ・アガシの派手なスタイルと人を引き付ける個性を自分のものにできたらと思う。だれも認めたくはないが，私たちにはアンナ・クルニコワの成功を——たとえそれがアスリートとしての能力に何の関係もないとしても——ねたましく思うことがある。

　これらのアスリートは，全員がブランド・イメージを形成するのに成功したが，その過程では，プレーするフィールドの中で，あるいは外で，何らかの決定的瞬間があり，それが長い道のりを経て，パーソナル・ブランドの確立と強化に役立ったのである。

　会社のエグゼクティブもまた，このことを理解すべきである。管理職は，自分自身のブランド名を確立し，育て，守るために日ごろ何をすべきか自問しなければならない。

　アスリートのエンドーサーは，ファンやチームメイト，そして企業がどう見ているかに気を配っている。同様にビジネスマンも，顧客や同僚や，そして雇い主がどう見ているかに注意を払うべきである。

3｜コーポレート・アメリカとアスリート・ブランディングの技術

　企業が人を雇う時，それがエンドースメントのためのアスリートであれ，販売活動を促進するための経験豊富なビジネスマンであれ，個人のパーソナル・ブランドが雇用の決め手となる。会社の責任者は，単にリストを眺めて，「誰が一番安いか」とか「誰が自分の好みか」などと言うことはない。

　企業が，マーケティング・ミックスにアスリート・エンドースメントを使うのは，会社の利益増大と株価の上昇が目的である。アスリートをスポークスピープルとしてマーケティング・チャネルの開拓と強化に使うのは，会社が行うスポーツマーケティング活動の要の部分である。

　ある会社が，スポークスピープルとして有能なビジネスマンを雇い，企業ブランド名の強化を試みるが，その人の仕事もまた，アスリートのスポークスピープル同様，利益を増やし株価を上げるという目的に沿ったものである。

　企業とは本質的にはパーソナル・ブランドの集合体であるため，雇い主は，

特定の志願者がいかに組織に共感し，ブランドに影響を及ぼすかについて正しく評価しなければならない。スポーツにおいては，いかに偉大なアスリートでも，チームに溶け込めるのか，わがままを言わないかなど，監督はいつでも契約には慎重である。

　企業は，優秀なセールスマンを使って商品を販売するのと同じやり方で，スターアスリートを利用して，商品やサービスの属性を広報・エンドースメントし，顧客とのコミュニケーションを行う。正しいアスリートを雇うことは——正しいセールスマンを雇うのとまったく同じことで——その組織の知名度を高め，販売量を増やし，利益の増大を誘導する優れた方法である。

　企業がアスリートを使って商品やサービスを販売する理由は，アスリートの数ほど多岐にわたるが，強力なパーソナル・ブランドを持ったアスリートたちは以下のことに役立つのである。

　　■組織のブランドを確立する。
　　■組織の商品やサービスについての認知度を高める。
　　■特定の商品やサービスと消費者との結びつきを強める。
　　■小売業者との信頼関係を強化する。
　　■商品開発を支援する。
　　■顧客と企業の積極的な関係を生み出す。

　一般に消費者は，エンドースメントのない商品やサービスよりも，スターアスリートなどの有名人がエンドースする商品やサービスを購入したがる傾向にある。

　本質的には，勝者としての商品を勝者——この場合はあこがれのアスリート——と結びつけることによって，消費者と購入する商品との間に，購買意欲が生まれるのである。

　もしこれが正しくないならば，何百万ドルものエンドースメント契約が存在するはずもない。付け加えれば，注目すべきエンドーサーの起用が視聴者の注意を喚起し，マーケティング・キャンペーンの威力を増しているのである。

　ヒューストンの郊外で，巨大チェーン店と同じ商品を販売する地域のホームセンターのオーナーについて考えてみよう。もしこの店が，他店よりも立地条件が良く，価格も低く設定され，顧客サービスもより良いということなら，この単体の店は差別化に成功するかも知れない。しかし，地方紙の無料の折込広

告で，ヒューストン・アストロズの選手に，いつもその店で買っていると言わせたら，小さな商売とはいえ，アスリートと会社とを結びつけることが消費者にとってのもう1つの差異化の方法になる。

　小規模なビジネスでは，アストロズのジェフ・バグウェルのようなスターアスリートを起用することはできないが，ランス・バークマンやビリー・ワグナーのように，地域社会ではすでに名を知られているローカルな2番手アスリートを起用することは可能である。

　ただアスリートを起用して商品をエンドースするのは，コストがかかり過ぎるばかりではなく，小規模で地域に密着したビジネスでは，エンドースメントが最悪のパブリシティに転じることもある。同じことは，誤った人間を雇ったために事が裏目に出て，費用を切り詰めざるを得なくなった会社についても言えることである。

　例えば，かつてダラス・カウボーイズの名レシーバーであったマイケル・アービンは麻薬と売春で逮捕された。ナイキは，アービンとは緩やかなマーケティング関係しかなかったので，ダメージは最小限で済んだ。しかし，13店舗からなるトヨタの小ディーラーたちは，アービンを50万ドルで雇い，コマーシャルのシリーズにも起用したために大きなダメージを受けた。雇用に関する直接的損失だけではなく，キャンペーンをやり直すための追加コストも必要となったのである。

　企業がアスリートと契約してスポークスパーソンの仕事を依頼する時，あるいは，組織が外部から新たに販売担当の副社長を雇う時，数多くの基準が考慮される。どの基準が評価の対象になろうとも，アスリートのパーソナリティを企業のイメージに合わせること，両者の関係を強調すること，そして競争において優位に立つことが求められる。

　アスリートのマーケティング・メリットを分析する時，以下の4つの基準が考慮される。

　　■親しみやすさ
　　■関連性
　　■尊敬
　　■差異

　これらの属性のそれぞれが，企業が特定の仕事に対して，正しい候補者を雇

う際の基準となる。候補者のプロとしての経歴やパーソナル・ブランドの特性が等しく秤にかけられ，全般的に最高の適性を示した候補者が仕事を得ることができる。

　大事なことは，ターゲットとする顧客がそのアスリートを熟知していて，彼あるいは彼女が親しみやすく，好ましく，信用がおけると理解されていなければならない。さらにアスリートと商品，そしてアスリートと観客との強い結びつきが確立されなければならない。エンドースメントが効果を上げるには，顧客がアスリートに高い関心を持ち，尊敬し，信用していなければならない。つまり，アスリートを巻き込んだスポーツマーケティング・キャンペーンが成功するには，カリスマ性や競技成績，あるいはメッセージの伝達能力など，とにかく大衆の間で際立つ存在であることが必須条件である。

　このことは，一般のビジネスでも同じことである。雇用者は，人柄，誠実さ，商品知識について最適のパーソナリティ・ミックスをすべて兼ね備えた候補者を好む。さらに大切なのは，会社の顔としての成功を目指すのなら，潜在顧客にこれらの特徴を知ってもらう必要があるということである。

　しかし，ここで2点注意すべきことがある。まず，人気は軽蔑を生むことがある。エンドースメントされる商品やサービスの数と，エンドーサーの信用との間には，負の関係が存在する。エンドースメントされる商品の数が増えるにつれ，アスリートの信用度は下降する。スーパースターたちが，企業との関係において，量よりも質を重視するのはこの理由による。2番目のポイントとして，エンドースメントのマーケットには例外があり，前述したルール適用が困難な時もある。つまり，女装や刺青などの奇行で知られたNBAのデニス・ロッドマンのような「個性」などは，例外中の例外であろう。もちろん彼の奇行は，メディア露出におけるポジショニングのための意図的な行為だったかもしれない。

　ツール・ド・フランスで前人未到の7連覇を達成したランス・アームストロング，メジャーリーグで連続試合出場記録を達成したカル・リプケン，テニス界の生きる伝説と呼ばれたアンドレ・アガシ，そしてバスケットボール界の神様と呼ばれたマイケル・ジョーダンは，皆優れたマーケティングの特性を備えていた。彼らは，スポーツファンや消費者とユニークな関係を築いた。彼らはパーソナル・ブランドが何であるかをよく理解しており，単なるプロ選手と

しての役割を超越したパーソナル・ブランド構築の方法を理解していた。

4｜人気のランス・アームストロング

　自転車を乗り回す男が，世界の注目を集めたことは驚くべき事実である。なぜなら，北米での自転車の人気は低く，あのツール・ド・フランスでさえ，生放送が行われるのは，アウトドアライフ・ネットワークというニッチなケーブル・チャンネルだけである。ランス・アームストロングの人生は，競技成績に限らず，とにかく信じがたいものである。彼は偉業を達成したスーパースターというだけでなく，フレンドリーで好感度も高く，信頼のおけるプロという評判が定着している。彼は，ひとつのことに集中すれば何事も達成できるということを示すシンボル的存在となっている。

　アームストロングは，1999年から2002年の間，ツール・ド・フランスで4連勝したことで，有名アスリートの中でも特に目立つ存在である。多くの自転車乗りがいる中で，彼の完璧な業績はアメリカ人を魅了したが，彼のカムバック物語はそれ以上のインパクトを与えた。

　1990年にアームストロングは，脳と睾丸と肺に癌があることが明らかになり，生き延びるチャンスはほとんどないと宣告されたのである。しかし彼は生き延びただけでなく，競技にカムバックして再び世界一偉大なアスリートになった。彼の豪快な走りを見た一部のファンやマスコミは，何か不正があるのではないかと疑ったが，薬物検査にひっかかることは一度もなかった。

　彼の物語はよく知られており，メディアはその話を繰り返し報道し，癌患者や癌を克服した人々は，自分の人生に希望を与えてくれたことを感謝した。アームストロング自身も彼の生と癌について語り続け，『自転車のことではない：生還の旅』(It's Not About My Bike: My Journey Back to Life) というベストセラーも出版した。

　スポーツ・コンサルテイング会社のバーンズ・スポーツが，2002年に出版したリストによると，スポーツ界で最も求められるエンドーサーの中で，アームストロングの前にいるのは，タイガー・ウッズ，マイケル・ジョーダン，コービー・ブライアント，そしてアンナ・クルニコワだけである。

　アメリカではほぼ無名の自転車選手が，NBAスターのシャキール・オニー

ル，テニス・プレーヤーのアンドレ・アガシ，そしてセレナとビーナスのウィリアムズ姉妹より前にランクされているのだ。

　アームストロングのエンドースメントには，ナイキと食品会社のウィーティーズがあるが，これだけで年に約 1,000 万ドルの価値がある。これに彼のスピードと信頼性に注目した郵便局（US ポスタルサービス）が加わり，年間 200 万ドルの稼ぎとなっている。アームストロングは，エンドースメントしてくれる会社のために，自分の人生を語り続けているのである。

　彼の 2 番目に大きいエンドースメント契約は，癌の薬を作っているブリストル・マイヤーズである。彼はまた，ブレインラブのような製薬会社や医療情報プロバイダー の WebMD と契約している。

　ツール・ド・フランスは年に 3 週間行われるが，アームストロングの名前が消えて久しい。にもかかわらず，アメリカが彼とこれほど親しいのはなぜか？　それは単に，彼の物語が素晴らし過ぎるからである。アームストロングを悪く言おうものなら，非アメリカ人の扱いを受ける。アームストロングは，ブランド力を守るために，その名前や評判を過度に商業ベースに乗せることを禁じられている。彼は，メディアや企業，そしてすべての職業の人々に，最も魅力的なスポーツと人間味あふれる物語を提供してきた。何の誹謗中傷もなく，これほど大きな人気を勝ち得たアスリートはこれまで存在しない。

　ビジネス・マネジャーもしかりで，努力して自分の「物語」を正確に，そして洗練させなければならない。その物語は，面接でも会議でも，日常生活においてさえも伝えられなければならない。自分のことを上機嫌で話し，その話を顧客のニーズに合わせることのできる CEO にとって，感情的かつパーソナルなブランディングは，強力な競争優位性を彼に与える。

　要約すれば，ビジネスの世界で活躍する人々は，いかなるバックグラウンドや仕事であろうとも，一定の時間と資源を投資して，自分に合った人物像を創造しなければならない。

5 | バリー・ボンズ：逆アームストロング？

　アームストロングは，努力を重ねて自分のパーソナル・ブランドを確立し，それを管理してきた。しかし，いつも難しい顔をしているサンフランシスコ・

ジャイアンツの野手のバリー・ボンズについては，同じことは言えない。ボンズは，間違いなく最高のアスリートの1人である。73本のホームランを打ってマクガイアのシーズン記録を破った時，最高潮に達した球場での信じがたいパフォーマンスと，サンフランシスコ湾地域のメディア・マーケットの規模からすれば，将来殿堂入り一番乗りのアスリートが，人気を集めるスポークスマンになると期待しても無理はない。

しかし5回のMVP，11回のオールスター選手であるバリー・ボンズは，何年にもわたってマディソン街の広告界と距離をおき，エンドーサーとしての自分の価値を抑制してきた。

これはもちろん，彼なりのパーソナル・ブランド構築への意図的な行為なのだろう。ボンズはファンへのサインもめったにしない。彼は一貫して，大衆に向けて彼の個性をアピールしてくれる人々，とりわけマスコミに対して礼儀を尽くすことさえしなかった。チーム本位を欠く姿勢もまた，一緒にプレーする多くのアスリートの怒りを買ってきた。

確かにパーソナル・ブランドを築き，維持し，拡大することが，すべての人にとって大切だというわけではない。2001年シーズンの終盤，メディアは1シーズンのホームラン記録の達成を追いかけていたのに，ボンズは自分のパーソナル・ブランドにひどく無頓着なように見えた。しかしそれは，彼がブランドにならなかったということを意味しない。もしボンズがホームラン競争を通して，自分のポジショニングを変えたいと願っていたならば，自分の言葉や行動が失敗であったことに気づいたかもしれない。基本的に，自分というものは，自分で決めるか，他人に決めてもらうかのどちらかである。

ボンズは，人々を遠ざけるのは自分のパーソナル・ブランドではなくて，メディア——とくに白人メディア——の人物評であり，それがパーソナル・ブランドを傷つけた原因なのだと主張した。

ボンズは，自分のブランドを築くのに淡白・無関心であったにもかかわらず，なぜいろいろな会社がボンズを使って企業ブランドを築こうと試みたのだろうか？ 彼は，ジャイアンツのクラブハウスである「バリー・コーナー」に黒皮のマッサージ椅子を持ち，他にも4つのロッカー，ビデオセット，そしてテレビを持っている。ボンズは，2001年のオールスター戦でチームメイトとの関係を聞かれた時，記者に対して，皆は他の記者と仲良しかい？ と逆に

質問し，俺もあんた達と一緒さと答えた。

　このそっけなさのせいで，ボンズは，マクガイアのホームラン記録を破りそうな時にもかかわらず，突出したエンドースメント契約がなかった。コナグラ冷凍食品のアーマー・ホットドッグにスポーツ用品メーカーのフィラ，それに電話会社のパシフィック・ベルだけであった。

　15年以上もかけて構築されてきたブランドが，数ヵ月で生まれ変わることなどめったにない。しかし，代理人のスコット・ボーラスや，新しいスポーツマーケティング会社の助言のもと，ボンズはのんきで楽天的という新しいキャラクターで，ケンタッキー・フライドチキンやチャールズ・シュワブ（オンライン証券取引会社）のエンドースメントを獲得し，マスターカードのコマーシャルの中では，彼の成し遂げた偉業が注目を浴びた。しかし，ボンズにはやはり危なっかしいところがあり，ジェフ・ケントとクラブハウスで喧嘩をしたり，2002年のストライキはゲームに大した悪影響はないといった余計なコメントを残した。

　彼から得る教訓は，月曜の朝のミーティングで，自分が会社のバリー・ボンズにならないように努力せよということである。その逆に，管理職は，会社に数多くいるバリー・ボンズのような社員を扱わなければならない。すなわち，莫大な数字をあげるのに，その過程ですべての人を遠ざけてしまう，有能で一匹狼のセールスマンたちである。ビジネスの世界で，アスリート（あるいは被雇用者）と関係を結ぼうと考えるときには，その人物の個性を研究し，他の人がその人物をどう思っているかを把握し，その人物の運動能力（販売能力）だけを頼りにしない，ということを肝に銘じるべきである。

6｜素晴らしきカル・リプケン

　レーシングカーのドライバーたちが，優勝パレードでスポンサーに感謝を捧げるずっと以前，野球の初代鉄人であるルー・ゲーリッグは，ある会社とのエンドースメント契約の締結に忙しかった。1935年春，連続出場記録が10年目を迎えたとき，当時の雑誌の読者に対し，ルー・ゲーリッグは，どうすれば成功するかについて語っている。ゲーリッグが教えたのは，どんな少年も少女も，さらにはママもパパも，毎朝山盛りのホイーティーズ（コーンフレーク

を食べるのが，1日を正しく始める方法だということだった。

　ゲーリッグは，ホイーティーズの箱に登場した最初のアスリートだった（1934年から36年の間に3回登場した）。ところが，ゲーリッグの2,130試合連続出場記録を更新したカル・リプケンが，今やスポーツ産業の最も信頼されるスポークスマンの1人となった。

　2001年のシーズン，リプケンは広告出演で約600万ドルを稼いだ。リプケンのエージェントは，ボルチモア・オリオールズでの殿堂入り確実のキャリアが終わりに近づくに従って，250を越す会社がリプケンとの関係を持ちたいと申し出，それによってリプケンは，自分の名前が持つ長期間のマーケット性を信じるようになったと述べた。

　彼は，正しい意志決定と演出のおかげで，スターとしての地位を獲得し，最も多くのスポーツファンの視線を集めたのである。多くのアメリカ人は，大金持ちのロックスターの生活にあこがれるが，それと同じように，多くの人は自分とよく似たブルーカラー的なスターにあこがれを抱く。後者の代表であるリプケンは，自分の持っているすべてを，毎晩のゲームでファンに与えてくれたのである。すべてのファンは，リプケンが，自分の給料を払ってくれるファンに対し，感謝を行動で示す男だということを知っている。だからこそ多くのファンがリプケンを見習いながら，いつか自分の孫にカル・リプケンのことを語る日を待ち望んでいるのである。

　リプケンの球場での一貫性は，球場を離れたときの一貫性とぴったり一致する。リプケンが，1人の完成されたアスリートとして，あるいは父親，さらに信頼できるエンドーサーとして注目されるようになったのはここ10年のことである。その理由のひとつに，彼の商品選択がイメージに合ったものであり，一つひとつのエンドースメントが類のない高い信頼性を発揮したということがある。

　彼にはまた，必要以上に情報を発信してしまう傾向がある。リプケンは，常に自分自身とエンドースメントする商品の間に強い絆を作る。この絆が視聴者を魅了し，彼の職業倫理を光輝かせ，彼の父親としてのオーラを解き放つのである。

　リスクを避けたい企業にとって，リプケンのような人間は，上品さと威厳，そして仕事と家庭に対する責任も持った偉大なアスリートとして，強いアピー

ル性を持つ。

　彼は，マクドナルド，コカコーラ，ジョン・ディーア（農業機械メーカー），センチュリー21，そしてシボレーからミルクまで，ほとんどすべての商品のエンドーサーになった。リプケンはメッセージの中に家族まで登場させた。コークの「人生はおいしい」（Life Tastes Good）キャンペーンで，リプケンは球場のダイヤモンドを娘と手に手をとって歩く姿を見せた。まさにノーマン・ロックウェルの絵そのものである。

　彼のブランド力のおかげで，彼が買った新しいマイナー・リーグであるニューヨーク・ペン・リーグ（シングルA）のアバディーン・アイアンバーズのチケットは，2002年のシーズン開始を待たずにほとんど完売した。

　リプケンは，キャリアの早い段階で偉大なパーソナル・ブランドを創造し，維持すれば，球場の中でも外でも成功することに気づいていたため，野球というスポーツの偉大な大使として振る舞うことができた。

　リプケンの全試合出場を目指すメンタリティーと職業倫理は，チームへのコミットメントという具体的な行動に姿を変えた。彼のキャリアから言えることは，成功への近道などは存在しないという事実である。リプケンの成績は，最後の10シーズンで打率が3割を越えたのが1度だけと，引退に向けて下降線をたどったが，彼が毎日出場することで，まわりで仕事をするすべての人が元気づけられたのである。

　多くのスモール・ビジネスが，それぞれ「個性」を持ち，地域社会で認知されている。それゆえ会社は，信頼できる関係を生み出せるアスリート（組織の顔）を持っていなければならない。それゆえ，コミュニティの中で尊敬されるコーポレート・シチズン（企業市民）であることを求められるビジネスにとって，その役にぴったりの役員を選び，ロータリー・クラブやキワニス・クラブでスピーチをさせることは非常に重要なことである。

7｜スティーブ・ガービイ：逆リプケン？

　リプケンと違って，普通のアスリートは，エンドーサーにふさわしい人間になろうと努力する。その試みはもちろん報われるかもしれないし，実際は信頼できるような人物に見えるというだけのことである。

適例をあげる。1974年のナショナル・リーグのMVPで，10回のオールスター出場，19年間活躍したベテラン選手であるスティーブ・ガービイは，1998年と99年，エンフォーマ・システム社の商品である「Bottle and Fat Trapper」という痩せ薬の販売に協力し，100万ドルを稼いだと推定されている。

連邦貿易委員会によれば，そのコマーシャルは，10ヵ月で3万回，1日に100回流された。ガービイは，ロサンゼルス・ドジャーズで長年スター選手として活躍したが，栄養おたくと称するラーク・ケンドールと一緒に，その商品は，エクササイズをしないでも肥満を防ぎカロリーを燃やす助けになるとメッセージを送り続けた。

エンドーサーとしてのガービイは，自分はアスリートだからどのようなエクササイズが体にいいか知っていると述べ，後にこの錠剤を飲めば，誰でもエクササイズの必要なしにスッキリしたボディーを保つことができるとも言い放った。

もちろんピザパイまるごと，フライド・チキン数箱，食べたいだけのハンバーガーも平気である。この真に革命的な商品は，69.90ドルという驚くべき低価格と，2ヵ月に1回の補充で，郵便で手に入れることができた。

会社が顧客ベースで100万ドル以上の利益を得た後になって，商品に含まれるサプリメントの量が少なすぎて，約束した効果が期待できないということが明らかになった。それでもガービイは，自分と妻も適量を服用しているが，効果があると主張した。つまり会社は，ガービイとケンドールを使って，誇大広告を行っていたのである。

2000年4月，会社は商品を買った人々に対し，1,000万ドルの払い戻しを命ぜられた。ガービイは，連邦裁判によって実刑は免れたが，商品についての破廉恥な言明は忘れられなかった。ガービイのような著名アスリートは，信用が劣る商品でも，それにお墨付きを与えることができるが，結局のところ，信用を欠くブランドに関わりを持ったことで，彼のパーソナル・ブランドに傷をつけてしまった。

「Bottle and Fat Trapper」とカービイの公的な関係が示したのは，ほんのわずかの判断ミスが，パーソナル・ブランドに対し，いかに破壊的に働くかという事例である。

ビジネスマンは，自分のキャリアを充分に評価し，日々の仕事の中に，信用

を欠く側面がないかをよく見定めなくてはならない。名刺にはひとつのことしか書いていないのに，日々の業務がまったく違うということはないだろうか？

8｜尊敬されるアンドレ・アガシ

　エンドースメントが効果的であるには，アスリートは，潜在的顧客からの強い関心，尊敬，信頼のすべてを有しておかなければならない。これらの特性に，わずかのスマートさと，個性の色合いがにじみ出れば，素晴らしいスポークスマンの素質を持つことになる。

　1980年代後半と90年代前半のテニス界は，アメリカの男子選手が牛耳っていたが，大きな問題がひとつあった。それは個性的な選手であったジミー・コナーズやジョン・マッケンローと比べて，スターとしての力が凡庸だったという点である。

　テニス選手はたくさんいて，マイケル・チャンもジム・クーリエもピート・サンプラスも勝つことはできたが，ある種のスタイルを確立したのはアンドレ・アガシだけであった。ビジネスでは，多くの経営者が数字上の成功を収めてきたが，それを，アガシ風のスマートさと個性の絶妙のブレンドで成し遂げる人間はごくわずかである。

　アガシはランキングを昇るのが速かった。1986年にプロに転向した後，世界ランキングは91位から25位に急上昇した。1988年には，74試合で63勝し，7回の決勝の内6回を制した。世界ランクも3位に上がり，賞金と広告で200万ドルを稼ぐまでになった。

　若い選手の中で，彼だけが積極的にギャラリーに向かってプレーした。それをしながら，セックス・シンボルとしての自分のステータスを目一杯利用した。試合に勝つと，ブリーチした長髪をかきあげ，ギャラリーに投げキスをし，ピンクと黄色のナイキのシャツと，使わなかった予備のデニムの短パンを客席に投げ込んだ。

　ライバルでアメリカ人のジム・クーリエは，アガシはラスベガス出身だからショービジネスのことがわかり，人が何を望み，どうすればそれを満たすかを知っていると信じていた。アガシは，人々が何を望んでいるかを理解できる稀有なアスリートであった。クーリエとしては，ほとんどの選手がギャラリーを

喜ばせる術を知らないのに，アガシだけが知っていると考える他なかったのである。

1988年，マイケル・ジョーダンはもう25歳になっていた。10代の若者たちは，18歳のアンドレ・アガシのほうに強い親近感を抱くようになった。ボシュロム社のノーム・サリクはこれを察知して，全米オープンの会場にブースを用意したところ，若い人たちが，アンドレ・アガシのかけているレーバンのサングラスを求めて群がった。

キャノンのコマーシャルでアガシは，ファンに「イメージがすべて」（Image is Everything）と語りかけた。若さと華麗さのゆえにアガシは，1980年代後半にナイキの最高に売れるスターとして，ジョーダンやボー・ジャクソンと肩をならべるに至った。

1993年から98年まで，偉大なピート・サンプラスがテニスのトップランクを維持していたが，ファンはアガシに強い親近感を抱いていた。後に妻になるブルック・シールズを含め，ファンはアガシのガールフレンドにも興味を持っていた。

サンプラスは90年代，いかなる時もトップ・テンから落ちたことはなかった。しかし，話題を提供したのはアガシの方であった。1997年，手首の損傷でアガシは世界ランキング141位に転落した。27歳の時，引退の危機を脱し，頭を剃ってコートに戻ってきたが，ファンは彼のカムバックを待ち望んでいた。1998年には，8位に駆け上がり，99年の全仏オープンと全米オープンで優勝した。

彼は人気があり，15年間アメリカのスポーツ界でのスターだった。アガシは，とにかくテニスに勝ち続けたため，ファンの心の中では常に新鮮な存在だったし，ファンは彼を本物と認識していた。ただ一方で，彼はこの認識と闘っていたのである。

アガシの初期のマーケティング露出は，彼が自分を正しく表現しているとは思えないキャッチフレーズと結びついていた。アガシは，キヤノンのコマーシャルで使われた「イメージがすべて」というフレーズは，その時でさえ，彼の人となりを正確に反映していないと指摘した。アガシによれば，このフレーズを口に出し，CMの撮影をしている時でも，まったく実の覚えのないことを言わされたり，表現されたりすることは悲しいことだった。本質的に彼は，尊

重されたいと望み，いつかはこの評価を受けることができると信じていたが，トレンディーなキャッチフレーズをともなうポップ・カルチャーのアイドルとして描かれることが，いずれポップ・カルチャーを超えたマス・マーケットの領域に進出した時，真の評価の妨げになることを知っていた。

　アガシの考えは，パーソナル・ブランディングの過程を考える上で重要な意味を持つ。ちょっとしたコメントや，政治的に正しくないメール程度は害がないように見えるが，ビジネスマンにとって大切なのは，自分のキャリアを，あたかも毎日『ニューヨークタイムズ』の一面トップに掲載されるかのようにマネジメントすることである。自分のパーソナル・ブランドを決定づける小さな事柄の扱いを間違えると，マネジメントすべきパーソナル・ブランドやエンドースメント自体が消滅してしまう可能性がある。

　ビジネス界において，センスの良さとパーソナリティによって尊敬を集めるエグゼクティブたちは，同僚と顧客の両者から高い評価を受けている。

　（訳者注：アンドレ・アガシは 2005 年の全米オープンで決勝まで進出し，最後は世界ランク 1 位のロジャー・フェデラー〈スイス〉に 3-1 で敗れた。36 歳となる 2006 年はデビュー 20 周年を迎える。）

9｜アンナ・クルニコワ：逆アガシ？

　我々はアガシを，テニスプレーヤーであり，強く，ファンの多くが彼のようになりたいと考えているといった理由で彼のことを知っている。

　我々男性も，別の理由でアンナ・コルニコワを知っている。しかし，それはコートでの彼女の能力のせいではない。1999 年の秋にライコスのサーチ・エンジンが週単位でアスリートを追いかけ始めて以来，彼女は常にもっとも多くヒットされるアスリートの 1 人になった。

　『スポーツ・イラストレイテッド』誌は，クルニコワに「ポルニコワ」とあだ名をつけた。他の雑誌はもう少し外交辞令的で，アンナは，技術が秀でていなくとも充分に丸みを帯びていればそれで充分だと書いた。スポーツ・マーケターのなかには，才能はもはや人気の駆動力ではなく，ジェニファー・ロペスやブリトニー・スピアーズのように，クルニコワをいかにパッケージングするかがすべてだ，とまで言い切る者もいた。

彼女は，ライコスのファンタジー・スポーツのアドを含む，多くのテレビ広告に出演した。スポット広告の1つは，「ファンタジー」という言葉を前面に出すが，代理店も大多数の男性も，クルニコワは「ランジェリー・テニス」をプレーすると信じていた。ABC放送の「マンデイ・フットボール」で最初に流れた広告で火がつき，ライコス・ファンタジー・フットボールの登録数は前年の3倍になった。

彼女はセックス・アピールによって新しいポジションを手に入れ，エージェントは，巧妙にエンドースメントする商品を選んできた。コンピュータ・ウィルスに彼女の名前が使われた他，2000年6月5日号の『スポーツ・イラストレイテッド』の表紙には，ベッドで悩ましげに枕をつかんでいる彼女の写真が使われた。ビリー・ジーン・キングは，このようなことをしただろうか？　仮にしたとしても，雑誌が増刷分まで売れたかは疑問である。

クルニコワの名前は，テニス選手の12枚のトップレス写真が載っているとされた2002年6月の『ペントハウス』の表紙にも現われた。実際には，写真は彼女ではなく，そのため名誉毀損で1千万ドルを要求する訴訟を起こした。

彼女はエンドースメントによって，長年のダブルス・パートナーで，世界ナンバーワンを維持するマルチナ・ヒンギスより大金（年間1,000万ドルから1,500万ドル）を稼いだ。しかし商品エンドースメントにしても，彼女がプロ選手としては，平均よりやや上程度であることは周知の事実である。

クルニコワは偉大であると思われていた。1998年から2000年まで，このロシア人の美人選手は，世界ランキングで13位から8位に上がった。しかし，女子テニス協会（WTA）のシングルスのタイトルは一度も取ったことがなく，怪我をしてウィンブルドンと全米オープンには出られなかった。その結果，2001年の終わりにはトップ20からも落ち，さらに73位にまでランクを落とした。

クルニコワはテニスを超越して，テニス消費者のみならず，スポーツに興味を持たない男女を市場に取り込んだと，アディダス社の幹部は述べている。

クルニコワは，コービー・ブライアント，マルチナ・ヒンギス，セルジオ・ガルシアなどのスーパースターたちと並んで，アディダスの8つの「ブランド・シンボル」の1つとなった。ブランド・シンボルとは，商品が，選手のスポーツのカテゴリーを越えて売れるエンドーサーのことである。しかしスー

パースターの中で，彼女だけが個人タイトルもチャンピオンの称号も獲得しておらず，アディダス社の幹部は認めようとはしないだろうが，そこには記録だけではない別の理由が存在するのだろう。

経営者は，中身がともなわないのに，外見だけがきらびやかで，自信満々な態度をとる社員をどう見るだろうか？　そのような見かけ倒しの社員が，顧客や納入業者，そして株主に対して会社を代表する立場にある場合，会社はどう思われるだろうか？　そのような社員に依存する会社は，万一これが裏目に出たときの結果を覚悟しなくてはならない。

10 | そして，マイケルがいる

アスリートをスポークスマンとして評価する際に考慮する4つの基準の最後は，差異化である。差異化とは，大衆の間で際立っているアスリートの能力であり，彼あるいは彼女のカリスマ性，アスリートとしての競技成績，そして，メッセージを伝える能力をどの程度パッケージ化できるかで決まる。マイケル・ジョーダンは，この差異化が人格にまで高められた人物である。彼は，人気，適切性，尊敬といった他の3つのカテゴリーにおいても，他のすべてのアスリートより優れている。彼は完璧なパッケージであった。

マイケル・ジョーダンは，これまでの最高のバスケットボール・プレーヤーであっただけでなく，これまでの最高のコミュニケーターの1人だったかも知れない。

NBAの世界的人気の助けもあって，ジョーダンには世界的な規模で様々なファンをつかむチャンスが与えられた。彼はそのチャンスをフルに活用し，その過程で，最も富をもたらすパーソナル・ブランドを確立した。ファストフード・レストランの窓にアーノルド・パーマーのポスターを貼ってもハンバーガーは売れないが，マクドナルドの入り口にマイケル・ジョーダンの姿があれば，かなりの数のビッグ・マックが売れるだろう。

1993年にジョーダンがラリー・バードと組んだマクドナルドの「ネットの他はなにもない」（Nothin' But Net）というコマーシャルの中で，2人はH-O-R-S-Eというまわりくどいゲームをしたが，その面白さは，ニューヨークからカリフォルニアまで，そして金持も貧乏人も，親も子どももすべての人を虜に

した。

　彼がエンドースした他の商品も，同じ様にカテゴリーの枠を越えた。エア・ジョーダンは単なるスニーカーではなく，年配者と若者に共通のファッションアイテムとなった。2002年モデルのジョーダンXVIIに，顧客が100ドル以上，時には200ドルも払うのは，靴を買うということだけでなく，ジョーダン・ブランドの資産を手に入れることを意味する。

　エンドースメントを通して大衆は，ジョーダンをひとりの人間として知っていると信じていたし，彼の信じられない実績との関係づくりを行った。本物の実力者であり，特異な才能があった彼は，圧倒的な差異化をてこにして，1年あたりほぼ5,000万ドルを稼ぐようになった。

　1997年にナイキは，ジョーダンのブランド名があまりにも大きいので，会社の中にジョーダン部門をスタートさせ，ブランドの靴と衣料のすべてに人気の高いジャンプマンのロゴを付けることを決断した。

　もしある商品を買えば，それは会社ではなく，マイケル・ジョーダンのブランドの存在を買うということを意味する。例えばビジャン・オーデコロン社は，1996年，彼のサイン入りオーデコロンを生産する契約をジョーダンと交わした。そして販売計画では，商品よりも彼の属性を強調した。最初の2年で，1億3,000ドルに達する売り上げをあげたジョーダン・オーデコロンのエンドースメントに際して，ビジャン社はコロンの香りに関することをほとんど何もコメントしなかった。

　5年後も，同社のウェブサイトは商品特性に関してまったく何のコメントもしなかった。むしろ強調したのは，ジョーダンの個性，性格，コート外でのライフスタイルの本質を，「香り」がいかに記憶してきたかということだった。このコロンは，ビッグになることを夢見るだけでなく，それを成し遂げる男たちの理想の商品である。ビジャンの幹部たちはそう信じていた。

　最初からジョーダンの目的は，強いパーソナル・ブランドを開発することにあった。それは時間がたてば完璧な形になるようなブランドである。ジョーダンは，マクドナルドという会社のように，魅力的な家庭イメージを作り上げることを求めた。ルックスの良さと，例えばオリンピックのような国際的なステージでのアスリートとしての実績をブレンドした彼の個性が，商品を「アメリカ代表」に位置づけたいシボレーやコカコーラのような会社を魅了したので

ある。

11｜ショーン・ケンプ：逆ジョーダン？

　もし企業幹部が自分のパーソナル・ブランドを傷付け，会社や会社の評判をおとしめたりすれば，その代償を払う覚悟をしなければならない。なぜなら，ブランドというものは，積極的に自分自身を守ろうとするからである。
　アスリートにとっても，ある企業をエンドースメントする時には，細心の注意を払う必要がある。アスリートの失敗が，直接重大な結果を招くことになるし，彼自身のパーソナル・ブランドに害を及ぼすことにもなる。
　企業（雇用者）は多額の費用を出して，著名アスリート（被雇用者）に自社の製品や会社をエンドースさせる。それゆえ，自社の商品やサービスをエンドースしているアスリートが競合他社のブランドを持ち上げたり，エンドースしている自社のブランドを傷つけたりすれば，会社は直ちに介入してくる。市場での混乱を許すゆとりなど，企業にはないからである。ブランドが傷ついた場合，会社には混乱した時間の修復や，無駄な資源の投資が必要となる。それゆえ企業がアスリートに対して，特定の商品とサービスとを排他的にエンドースメントするように要求するのは当然である。
　アスリートや代理人が，エンドースメント契約において適切な配慮を払わない場合，企業は法的行為に訴えることによって，契約の重要性をアピールしてきた。
　2000年9月にNBAのクリーブランド・キャバリアーズに所属するショーン・ケンプは，リーボック社が2年前に結んだ1,120万ドルの5年契約を根拠なく打ち切ったという理由で，訴訟を起こした。
　1992年にシアトル・スーパーソニックスにドラフト入りした時から，ケンプはリーボック社のエンドーサーであり，彼のサイン入りの2種類の靴，レインマンIとレインマンIIが販売されていた。
　ところがリーボックは，『アクロン・ビーコン』誌の2000年4月16日号での彼のコメントを見て契約を打ち切ったのである。400足の靴を所有し，「NBAのイメルダ・マルコス」と記事で呼ばれていたケンプは，お気に入りの靴は何かと聞かれて，永遠のお気に入りはまちがいなくナイキのエア・フォー

スⅡであると答えてしまったのである。これはダレル・グリフィスやモーゼス・マローンも履いていたシューズである。

　ケンプは，エア・フォースⅡを履いていると，学校では一番カッコよかったと競争相手の靴への賞賛を惜しまなかった。皆にボールプレーヤーだということを知らせたくて，いつもそれを履いていたとも述べた。さらにケンプは，去年のモデルに比べ，今使っているシューズの質はもうひとつであると余計なコメントを残したのである。

　2ヵ月後にリーボックは，彼のコメントは契約違反だと主張した。ケンプは，自分は本当のことを言っただけで，同社が，契約にサインした時ほど自分が活躍していないので，契約を解除したいがためにこのコメントを利用したのだと反論した。

　陪審裁判が始まると，ケンプはすぐに訴訟を引っ込め，リーボックと決着をつけた。リーボックのスポークスマンであるデニーズ・カイグラーは，同社はケンプが行った信用を失墜させるコメントを決して許さないとAP通信に語った。

　スポーツエンドースメントの世界を分析することによって，アスリートたちがどのようにして自分のパーソナル・ブランドを作りあげたかが理解できる。特定の大企業のリーダーたちは，パーソナル・ブランディングを援助してくれるスピーチライターや情報操作のプロを抱えているが，そのような個人的な助言者を持っているビジネスマンはほとんどいない。したがって普通のビジネスマンは，2倍努力して他者の目に自分を位置づけなければならない。

1) Dyson, Amy, and Turco, Douglas, "The State of Celebrity Endorsement in Sport." The Cyber Journal of Sports Marketing, Vol. 2, No. 1, January 1998

第5章

雇用関係

【ポイント】従業員と経営陣，またオーナーと労働組合のように，職場で生じる対立は摩擦の原因となり，時に組織の収益にマイナスの影響を与える。このような対立は，スポーツ選手が商品であるスポーツでは，さらに強力なものとなる。このため，スポーツ産業における雇用の問題は，労使関係というデリケートな問題の取り扱いについて，一般のビジネスに多くの教訓を与えてくれる。

　スポーツ産業における雇用者と被雇用者の関係は，特に労働組合の役割に関して，他産業における労使関係と異なる点が多い。しかしプロスポーツの雇用関係は，一般的な企業における人事マネジメントの参考になる点が多い。
　労働者と経営者が，相互依存する関係にないビジネスは存在しない。従業員の多くは，ひどい待遇，承諾しがたい労働条件，全体的なモチベーションの欠如等について，仲間内で常に話し合っている。
　原子力発電所の技術者という設定で，アニメの主人公になったホーマー・シンプソンによれば，もし仕事が好きでなければストライキをする必要はまったくない。単に毎日仕事場に行き，適当に仕事をすればよい。シンプソンは，このアメリカ流の考えを体現している。
　とは言っても，マネジメントについて忘れてはいけない。マネジメントは，ボスを取り巻き，部下を威嚇し，自己の利益だけを追求する，嫌われる管理職なしでは効力を発揮しない。

スプリングフィールド原子力発電所を所有し，シンプソンのボスである気難しいモンゴメリー・バーンズなどがその典型である。バーンズの哲学は短くてわかりやすい。彼は，もしビジネスの成功を望むならば，家族，宗教，友達付き合いという3つの悪魔のような存在を絶たねばならないと信じている。

社員と上司の間でしばしば見られる敵対関係は，ビジネスにおける不可避の要素で，スポーツとビジネスの世界でもよく話題にされる現象である。

ニューヨーク・ヤンキースのオーナー，ジョージ・スタインブレナーと，被雇用者である強打者レジー・ジャクソン，そして喧嘩っ早い監督ビリー・マーティン（13年間でヤンキースの監督に5回就任した驚くべき人物）は，スポーツの歴史において，経営者 vs. 被雇用者の不仲を示す最適の事例である。

ヤンキースの前二塁手であるビリー・マーティンは，チームを1975年シーズンに，56試合残したところで監督としてデビューした。76年と77年，彼はチームを2度ワールドシリーズに導き，レッズには敗れたが，ドジャースには勝利を収めた。しかし，76年のオフシーズン，スタインブレナーはマーティンの反対を押し切って，オークランド・アスレチックスの外野手レジー・ジャクソンと5年間290万ドルの契約を交わした。

マーティンとジャクソンの仲は，1977年のチャンピオンシップのシーズン中，ボストン・レッドソックス戦の緊張感が高まるにつれて悪化していった。マーティンは，ジャクソンがフライに対して怠慢なプレーをしたとしてジャクソンをゲームからはずしたが，その直後，2人は，テレビカメラが回っているとも知らず，ダッグアウトの外で殴り合っていた。彼らは仲の悪い被雇用者たちであるが，スタインブレナーにとっては，あまりにも才能豊かな人間であったため，そのまま球場外に放り出すことはできなかった。その後マーティンは最優秀監督として，そしてジャクソンは1回のワールドシリーズで5本のホームランを打った唯一の選手として，2002年ヤンキースタジアムのモニュメント・パークで記念銘板（プラーク）を受け取り，リビング・ヤンキース・レジェンド（生きたヤンキースの伝説）となった。

マーティンの最初の監督としての任期は，1978年7月，マジ切れしたマーティンが，ジャクソンは生まれつきの嘘つきであり，スタインブレナーは有罪判決を受けた受刑者だと叫びまくった時に終った。マーティンが言ったことは，1974年のリチャード・ニクソン大統領の再選に際して行った違法献金に

課された1万5,000ドルの罰金のことだった。

　スタインブレナーは，マーティンの豊かな才能を認めており，関係が悪くなった後でも，彼を頻繁にチームに呼び戻した。マーティンは79年，83年，85年，88年とヤンキースの監督を続けた後，89年に交通事故で亡くなる前にチームのコンサルタントになった。

　1981年，マーティンがオークランド・アスレチックスの監督として好調な2年目のシーズンを迎えた時，1万7,500人の空港管制官のうち1万3,000人以上が給料アップ，就業時間短縮，退職後年金の改善を訴えてストライキを起こした。この最大規模のストライキは，連邦政府との契約上，認められるものではなく，時のロナルド・レーガン大統領はストライキが始まった直後に，もしストに参加した管制官が2日以内に仕事に戻らなければ自動的に仕事を失うと通告した。

　連邦航空（FAA）と空港管制官組合（PATCO）が問題解決に向けた交渉を試みる一方，ストライキに加わらなかった空港管制官と，応援に駆けつけた空港管制官が仕事を続けた。これらの管制官たちは，とりあえず仕事には戻ったものの要求は受け入れられず，問題も未解決のまま残された。このストライキは，1年で最も忙しい時期に始まり，多くの航空会社がフライトの遅れやキャンセルにより，1日あたり3千万ドル以上の損失を被った。ビジネスは結局通常に戻ったが，FAAはPATCOの交渉代表権の解除により，6年間も反抗してきた組織を事実上無力化することに成功した。

　雇用者と被雇用者の間に生じる憎悪に満ちた争議や労働訴訟交渉は，何も公共部門や大企業の専売特許ではない。10年の間プロスポーツは，このように対処してはならないという，雇用関係についての教科書的悪例を多数提供してきた。

　すべてのメジャー・スポーツリーグは，表面化した多くの労働紛争を経験してきたが，その中でもMLBは別格である。実際野球では，2002年まで，1972年，1973年，1976年，1980年，1981年，1985年，1990年，1994年〜1995年と，団体交渉協定の再交渉ごとにストライキが行われてきた。

　1994年9月，すでに緊張感が高まっていた当時のMLBコミッショナー代理のバド・セリグ（現コミッショナー）とメジャーリーグ選手協会（MLBPA）の関係は，セリグがワールドシリーズを含めたシーズンの残り試合をキャンセ

ルすると発表するほど最悪な状態に達していた。選手たちが進展しない交渉に業を煮やし，次の1ヵ月間のストライキを決断したひと月後，セリグの決断が下された。

アナリストたちは，スポーツの世界で起きた内輪もめが，世界大戦や大恐慌をもってしても止めることができなかった国民的娯楽を，突如中止に追い込んだことに注目した。

キャンセルの衝撃は，スポーツ，ビジネス，そして政界にまで影響を及ぼした。MLBに見込まれていた4億4,200万ドルの利益損失に加え，ストライキは，放送局，地元企業，商品販売店，そして慈善事業にまで混乱をもたらした。

ストライキにかかわるオーナーと選手はともに欲の塊であり，自分達に無関心であることを知ったファンは，心底ベースボールに幻滅し，興味や関心を他のスポーツに移した。このことは，スポンサーや広告主にマーケティング費用の再配分を考えるきっかけを与え，その結果MLBの経済的価値は低下した。

1995年4月，MLBは，選手会（MLBPA）が提起した多くの要求には従わなくてよいという命令を出し，選手は職場に復帰した。本章の後半で述べるように，ビジネスと労働に関する問題が未解決のまま職場復帰するという中途半端な決定が，2001－02年シーズン中のMLBを絶えず悩ますことになった。

1│雇用関係のための構造

組織と労働力は相互に依存しており，ビジネスを成功させるために最良の関係を築かなければならない。4大スポーツリーグのように被雇用者が労働組合に属している場合も，そうでないケースも，雇用関係を安定させるために熟慮すべき問題は多く存在する。雇用者と被雇用者は，株主やファンの利益を最大化するために，これらの問題を正確に分析し，問題点を洗い出さなくてはならない。

労働の現場において考慮すべき6つの一般的問題は，以下のとおりである。[1]
- ■長期間の関係づくり
- ■変化への対応
- ■過激な反応への対応
- ■試合のベスト・インタレストのために行動する
- ■手本によって導く

■関係のマネジメント

(1) 長期間の関係づくり

　被雇用者との長期的な関係をつくることは，どのような企業や組織においても，成功のために不可欠な要因である。プロスポーツにおいては，リーグが長期的かつ平和的な労使関係を構築できない限り成功はおぼつかない。そのような平和的な労使関係がなく，リーグの中断で生じた損害は全額償うと書かれた項目が契約に入っていない限り，リーグは数十億ドルの放映権料を払うTV会社を納得させることはできない。ネットワークは，不安定なリーグが起こす労働争議や視聴率の低下によって，スポンサー企業のメッセージが視聴者に伝わらなくなることを恐れる。実際，一年中労働者が騒動に巻き込まれているリーグや会社は，利益を極大化することはできない。

　良好かつ長期的な雇用関係の確立がもたらす好影響は，個人レベルの雇用関係からも理解することができる。

　ボー・ジャクソンやディオン・サンダースのように，2つのスポーツに秀でたスーパースターを除いて，リーグ経営では，リーグからリーグに移籍する選手について心を悩ます必要はない。なぜなら，メジャーなプロスポーツリーグは，強力な競合他社のない独占企業と需要独占（ここではプロリーグという，選手にとっての唯一の〈バイヤー〉が存在する）という特徴を持っているからである。しかしこのことは，契約終了後に雇い主を変える可能性のある高額のフリーエージェント選手を扱う場合，個々のチームが特別な雇用問題に直面せざるを得ないことを意味する。

　被雇用者を充分な報酬でもってプロとして扱うのと同じように，選手やコーチを正しく扱うことは，提示されている金額が競争相手より明らかに少ない時でさえ，チームに残留する気持ちを強めるものである。それはまた，長期的で双方が満足する雇用関係の確立にも結びつく。

　NBAのベスト・オーナーの1人であると言われるダラス・マーベリックスのマーク・キューバンは，選手たちに充分な報酬を与えている。しかし，実際に違いを生ずるのは，彼が選手たちに提供する心地良さかもしれない。キュービンは，長期ロードで使用するNBAのチャーター機が，疲労から選手を完全に回復させるには快適さが不足しているとして，新しいボーイング757をチー

ム専用機として購入した。

マーベリックスは新築のアリーナでプレーし，キュービックは，コートサイドで使うタオルをより豪華にすることから，選手のために快適なレザーチェアーの製作を依頼するまで，彼なりのやり方で些細なことまで目配りをした。キュービンが選手のためにしたことは，1999年と2000年に多くのドット・コム企業が，金銭的な利益が生まれる前に，被雇用者に長時間働くことを要求した時の状況と似通っている。インターネット企業は，被雇用者間の摩擦を防ぎ，モチベーションを維持させるために，プールテーブル（玉突き台）やビデオゲーム，そしてカスタマイズされたオフィス家具を提供することで「埋め合わせ」をしたのである。

リーグ優勝する可能性とそれを実現できるだけのコミットメントのあるチーム，すなわち成功した組織のために働くオプションがあれば，選手は低い年俸でも我慢する。業績がよく，その目標に向かって深くコミットしている成功した組織は，被雇用者を維持し，獲得することが容易であり，目に見える競争的優位性を備えることになる。

高い能力のあるサポート・スタッフの存在は，長期間の関係構築を助けてくれる。アイスホッケーのジョー・サキック，パトリック・ロイ，そしてロブ・ブレイクは，2000－01年のスタンレー・カップでコロラド・アバランチの勝利に貢献した後，移籍市場で他の有利な契約を探す前にチームを辞めることを決めていた。もちろん，当時NHL史上最高の契約でサキックをチームに留めることは可能であったが，彼の決断の原因のひとつは，周りのスタッフの低いコミットメントにあった。

互いに有益で，関係強化を目的とした長期的な労使交渉は，組織と被雇用者間の争いを最小限にとどめてくれる。1度このような理想的な仕事関係がつくられたならば，衝突を避け，衝突を回避する能力が増大する。

その逆の場合，経営陣と組合の反目が増長するだけでなく，顧客からの信頼も裏切ることになる。NHLとオタワ・セネターズのスター選手アレクセイ・ヤシンは，彼のエージェントであるマーク・ガンドラーと相談の上，1999－2000年シーズンの契約に同意した。5年契約の最後の年に360万ドルの収入を得る予定であったヤシンは，最後のシーズンが始まる前にチームからの給料アップの打診を待っていた。ヤシンはリーグMVPの最終候補者にもなり，そ

の活躍は給料アップに値すると考えていた。

　しかし突然，チームの宣伝材料のすべてを担っていた目玉選手が，プレーしないことになった。突然の移籍と驚きの中で，1万1,000人の年間指定席の購入者が，ある特定の商品（ヤシンがプレイするチーム）を購入したのに，別の商品（ヤシンがいないチーム）を与えられたと主張し，ヤシンがプレーしないという損害に対する賠償金として2,750万ドルを取り戻そうと試みた。しかしながら裁判官は，他の多くの労働問題と同じく，契約はオタワ・セネターズとヤシンの間のものであって，ファンには法的な原告適格（訴訟提起できる資格）がないという裁断を下した。

　結局セネターズは，ヤシン抜きでプレーオフ（1回戦で敗退）に進出したが，彼の契約不履行がもたらした結末は大きな混乱を生んだ。最後の年を合法的に渋々同意させられたヤシンは，やがてチームを去る選手としてプレーを続行したが，チームを混乱に陥れ，ファンからも完全に見放されていたため，チームはシーズン終了後直ちに彼をトレードすることは明白であった。予想通りヤシンは，2001年のNHLドラフトの2巡目でアイランダースに拾われ，10年8,750万ドルの契約でサインした。

　オタワの人々は，ヤシンの契約更改保留が口の中に残した苦い味を決して忘れないし，リーグでのこれからの活躍が期待されるにもかかわらず，ヤシン自身にも契約時のトラブルの記憶がついて回るだろう。

　会社の中には，顧客との関係にどれだけ悪い影響が出るかということを忘れ，内部の雇用関係の紛争によって社内を混乱させている会社がある。社員がたとえどれだけ才能豊かで価値があっても，その価値には限界がある。組織そのものや，得られたブランドネームよりも重要な社員などは存在しないのである。

(2) 変化への対応

　組織とそこで働く労働者は，いかなる変化に対しても，できる限り積極的にかつ継続的に対処しなければならない。変化に対してポジティブな姿勢で臨む環境をつくることは，両者が結果を素直に受け止め，最良の結果を得ようと努力し始めることを意味する。

　最高のエグゼクティブとは，会社を良い方向に導くため，変化の脈動をモニタリングすることに不断の努力を傾ける人々のことである。尊敬されるマネ

ジャーとは，働く人々に変化を説明し，経営方針の転換をスムーズに実践するためにベストを尽くせる人たちである。

スポーツ界における大きな転換には，監督やコーチの雇用と解雇が含まれる。一般に，たとえ監督やコーチを解雇しても，プレーするのは選手であり，チームパフォーマンスは向上しないと言われるが，スポーツ経済学者のジェラルド・スカリーは，特に野球とバスケットボールにおいて，トップの交代がチームパフォーマンスの向上と関係が深いことを実証した。

しかしながら，変化すること自体が問題なのではなく，ましてや新しい監督が誰であるかという問題でもない。どのように交代がなされるかが重要なのである。以下に述べるのは，実際に起きた，現代スポーツ史における史上最悪の経営陣交代劇である。

アーカンソー州立大学のアスレチック・ディレクターであり，アメリカンフットボール部のヘッドコーチであるジョー・ホリスが辞めなければならなかった理由は，すでに多くのファンの知るところであった。ホリスは5年間で13勝42敗の記録しか残せず，2001年シーズンの最終戦を前に，彼のチームは最近の21試合中18試合が負け試合であった。学長のレス・ワイアットはホリスに対し，シーズン終了後に解雇するという由を伝えた。ホリスにとって，それは最終戦の翌日を意味していた。しかしワイアットにとっては，なぜか最終戦が終わる前を意味していた。

アーカンソー州立大対ニコルス州立大の最終戦，第4クォーター終盤，試合後の記者会見の前に，解雇についてマスコミに告知したいと考えたワイアットは，メディアに対して以下のメモを配布した。

> アーカンソー州立大学は，新しいアスレチック・ディレクターを募集することを決めました。ジョー・ホリス氏は，2000年3月以来，その仕事に暫定的な立場で携わってきました。新しいアスレチック・ディレクターには，新しいフットボールのヘッドコーチの採用を委任します。ジョー・ホリス氏は，ヘッドコーチを解職されますが，アーカンソー州立大とホリス氏は，アスレチック・ディレクターの交代業務が滞りなく進むように互いに協力することになります。

試合終了まで1分を切り，「ギブミー・スリー・ステップス」の歌がスタジアムに鳴り響いた。もし誰かが「スムーズな交代」を望んでいたとしても，その考えは，試合終了後，ホリスがすでに配られたプレスリリースを見た時点で打ち砕かれた。彼は記者会見で自分の解雇について話すのを断り，解雇のことを尋ねられた選手も，そのことは聞いていなかったと答えた。2002年7月，アーカンソー州立大は，新しいアスレチック・ディレクターを任命し，同校のスポーツ史にぶざまな1ページを残した。

　もしある従業員が解雇されたならば，その人と会社の関係は悪くなると考えるが，問題はそれだけにとどまらない。もしある組織が，アーカンソー州立大学がジョー・ホリスを解雇したのと同じ方法で他のスタッフを解雇したならば，ダメージは個人の問題を越えて大きく広がる。このケースでは，すぐに新しいアスレチック・ディレクターとコーチが雇われたが，もし将来的に，新しい仕事の候補者が，かつての雇用者がどのような扱いを受けたかを知ったならば，間違いなくこの仕事につくことを躊躇するだろう。

　スポーツの成功には，労使関係の安定と富をもたらすTV放映権が不可欠である。NFLは常に変化を予測し，NFL選手協会（NFLPA）と協力関係にあったため，両者は長期間にわたる安定的な労使関係を確立した。その見返りとして，この安定はNFLにスポーツ史上最高額のTV放映権契約をもたらした。NFLは，バイアコム社のCBS，ニューズ社のフォックス，ウォルトディズニー社のABC，そしてESPNと183億ドル（1998－2005年）で契約した。リーグへの支払いは，98年の17億5,000万ドルから始まり，8年目の最終年度は28億ドルにまで増加した。

　この金額は劇的なものであるが，本当に驚かされるのは，NFLとNFLPAの協力関係に見られる前向きな姿勢である。リーグ収支の細部について口論するよりもむしろ，協働することによってどのリーグよりも財政的に潤い，大きな経済的利益を生み出すことができることを両者は理解している。

　例えば両者は，現在のTV放映契約が，2005年シーズン後に終了し，テレビ収入が一時的に減少する可能性を見越して，2002年から2005年に3億4,200万ドルを内部留保することに合意した。これは，NFLとNFLPAが，テレビ放映権から得られる収入源の縮小という「まさかの時（rainy day）」に備えるためである。

歴史的に見て，スポーツの放映権料は，各チームの選手給料をまかなうのに充分な資金を提供してくれる。ところがNFLとNFLPAはきわめて良好な労使関係を確立させているため，チームは他の収入源に関係なく放映権収入だけで収支均衡を実現させている。これがフランチャイズ価値の急上昇に寄与し，NFLを常に最大利益をもたらすプロリーグにしたのである。
　1980年の空港管制官のストライキについては先に触れたが，エアラインの中で最高の従業員定着率を誇るサウスウエスト航空のように，エアライン産業においてもまた，素晴らしい労使関係の事例を見つけることができる。
　NFLのオフィシャル・エアラインであるサウスウエスト航空は，従業員に他の航空会社に比べて平均以下の賃金しか支払っていない。しかし従業員は，利益分配制の年金プログラムに加えて，質の高い研修や徹底したパフォーマンス・インセンティブによって評価の高い仕事ぶりを発揮している。アメリカの多くの企業で消滅した会社と従業員の間に存在した強い絆が，サウスウエスト航空には残されているのである。
　1997年12月，サウスウエスト航空の客室乗務員は，航空産業における最高の労使契約のひとつとされる6年契約に合意した。1998年9月になると2,800人のパイロットは，ストックオプション，利益分配制，賃金増大などをまとめ，異例の長期労働契約の後期分の継続を投票によって決めた。契約の最初の5年間は賃金の増大がない代わりに，パイロットは契約期間中，毎年サウスウエスト航空の共通株の315万株券を獲得するオプションを受け取り，その契約の後半は3％の賃金アップ（1998年の再交渉では5％にアップ），さらに会社の利益率に基づいた調整手当てを受け取ることができるようになった。そして交渉の一部として，会社のCEOであるハーブ・ケラハーは，自身の4年間にわたる給与額の凍結を求めた。その結果，2000年1月にサウスウエスト航空は，アメリカのフォーチュン100に名前を連ねる企業となった。
　しかしながら，これを実現するためには，労使間で友好的な関係が構築されていなければならない。
　サウスウエストの株は，2001年の9.11テロ攻撃の後でさえも，低コスト経営のおかげで買い得のままであった。そのため，サウスウエストの交渉相手である地上整備員，フライト・アテンダント，パイロットは，2002年の上半期の正当な配当を支払うように要求した。ただ関係者にとっては不幸なこと

に，この事件と同じ時期，株式市場は劇的に下落し，サウスウエストの長期にわたる安定した労使関係にも亀裂が入りそうになった。

　従業員の給料が下がる中で，彼らを幸せな気持ちにすることは困難である。しかし，サウスウエストはそれを成し遂げた。ニューヨークとワシントンがテロリストによって攻撃された翌月，破産を避けるために，多くの航空会社は何千人という従業員を解雇しなければならなかった。実際2001年1月から2002年8月までに，100億ドル以上の損失を被った航空産業には，連邦政府からの巨額の援助が行われたが，従業員と良好な関係を保っていたサウスウエストは，大量解雇や巨額の損失をある程度避けることができたのである。

　労働力や経営問題における変化に対応することは，会社を維持するために重要であるが，変化を予測し，対応するために力をあわせて働くことは，繁栄には不可避の要因である。

（3）過激な反応への対応

　従業員とマネジメントの依存関係における第3の課題は，労使関係の法的問題である。一般に，賃金，福利厚生，労働条件に関する労使間の問題は，多くの場合労使交渉にまで発展する。

　このような場合，礼儀正しいギブ・アンド・テイクの雰囲気はもはや存在しない。互いに生活がかかった闘いとなり，相手側に余裕を与える雰囲気でもない。弁護士が絡んでくる時は特にそうである。

　ユニオン（労働組合）の中には，訴訟を頼りにするのではなく，圧力団体を使って本業に影響を与え，意志決定プロセスに影響を与えようとするものがある。

　ニュー・エラ・キャップ社は，MLBの公式キャップメーカーであるが，200人の従業員が，賃金改定と生産ノルマの緩和を求めて，ほぼ1年間仕事をボイコットする行動に出た。これに対しニュー・エラ社は，国内生産を強化することによって，何とかスト中の労働力を確保することに成功した。

　しかしストライキに入った人々は，コミュニケーション・ワーカーズ・オブ・アメリカをエージェントとして，低賃金反対学生同盟，および労働者権利コンソーシアムの支持を取り付けた。多くの主要大学の学生活動家の働きで，12以上の大学が，ニュー・エラ社が従業員の待遇を改善するまでは取引をス

トップすると表明した。

　7月になり，従業員たちは新たな4年契約にサインした。ゆるやかなノルマ，健康保険の改善，年功に基づく勤務時間の決定などが決まった。

　このケースでは，特別利益団体のような外部ステークホルダーがいて，問題が前もって適切に対処されていない場合，問題はより大きく，そしてさらに複雑になっていく可能性のあることが示唆された。

　しかし，緊急度の少ない問題では，両者は努力して調停をはかるべきであり，そのような姿勢が対話を促進させ，両者が関係を前進させるべく協働することを可能にする。

　1995年に，NHLのコミッショナーであるゲリー・ベットマンが直面したのはまさにそういう状況であった。彼は，NHL選手協会（NHLPA）の専務理事ボブ・グッデナウと，緊急の問題をめぐって交渉したのである。残念ながら交渉の結果は問題の引き伸ばしに終わり，数年後には続けざまに労使関係を見直さざるをえない状況に陥った。

　オーナーたちは交渉を始めるにあたって，年俸の上限が必要だと主張した。しかし，選手協会は予想通りこの申し出を退けストに突入した。オーナー側は対抗案としてぜいたく税（ラグジャリー・タックス）を提案した。しかし，ぜいたく税は，チームが選手に支払う額を制限することが目的ゆえ，ユニオン側はそれを本質的に年俸の上限設定と解釈して受け入れを断った。この混乱によってNHLは，シーズン半ばまでゲームを無駄にした後，オーナー側は試合がもたらす収入を確保するため，その提案をしぶしぶ棚上げにしたのである。

　もしサラリーキャップやぜいたく税が本当に必要だったら，少なくとも1シーズンを失う覚悟が必要だったであろう。結果として，リーグの運営委員会もオーナーたちも，本質的な問題を先送りしたに過ぎなかった。

　103日におよぶロックアウトは終わり，シーズンのスケジュールは48試合に減った。選手年俸をめぐる緊急問題を棚上げにする過程で，NHLもNHLPAも，またとないチャンスを逃がしてしまった。ファンやTVネットワーク，そしてスポンサーに対して，両者が友好的な交渉を通して，NFLが享受しているのと同じレベルの安定性を誇示するチャンスを逃したのである。

　（訳者注：1995年に先送りした問題は，結局2004－05年シーズンの全試合の中止という，北米プロスポーツ史上初となる最悪の結果をともなって8年後に再浮上したのである。

NHL と NHLPA は 2005 年 7 月 13 日に，新労使協定を巡る交渉で基本的合意に達した。新協定では，サラリーキャップ制度が導入され，選手全体で 2-3 割の減俸を飲む形で決着したが，今後は，ファン離れや労使関係の不安定さという負のイメージの払拭に追われることになる。）

（4）試合のベスト・インタレストのために行動する

　雇用関係において注意を要する 4 番目の要素は，労使双方には，他方がそれぞれ守ろうとしたり，広げようとしたりする特別な利害関係が存在するということである。これらの問題が，衝突の直接の原因にならないとしても，互いに敬意を払うべき権利や立場であるとは限らない。

　経営における最重要の関心事は，通常，株主から見た会社の成功にある。スポーツにおいては，リーグはしばしば「試合の最大利益のために」行動する必要性という大義名分を主張する。他方，チームのオーナーたちは，自分のオーナー任期中に，チームの資産価値を最大化することに関心がある。選手は，エージェントもユニオンも同じことだが，もっと短い期間に最大利益を獲得することを期待する。選手のキャリアは，平均して 3 年から 5 年しかないのである。

　もし労使関係に関与する当事者たちが他者の利益を認識すれば，関与するすべての人に利益が生まれるような取引の成立を目指すだろう。通常，年俸やボーナスのような労働争議の解決には，3 つの段階を要する。まず，当事者たちは関係を築かなければならない。次に，変化と将来に対して双方ともに計画し，備えなければならない。そして最後に，実際の交渉を行わなければならない。

　どちらのサイドも，労働交渉をしている時にメディアに詳しいことを話さず，密室会議をオープンにしないようにすることが賢明だが，メディアに対して，意図的に情報をリークすることが有利に働くこともある。

　スポーツリーグやスポーツ・ユニオンも，『ニューヨーク・タイムズ』や『ロサンゼルス・タイムズ』の花形スポーツライターに，「オフレコ」（off-the-record）や「オンレコ」（on-the-record）のコメントを通じて，自分の立場について長々と説明することで影響力を手にすることができる。これは小企業や小ユニオンにしても同じことで，ローカル新聞のコラムニストやローカル放送

のパーソナリティーから共感や同情を得たりしているのである。大衆の感情を味方につければ，最終的に団体交渉の相手に圧力を加えて要求を飲ませるホームグランド・アドバンテージを手に入れることができる。スポーツ界ではピケラインを張って人々の注意を喚起することはしないため，リーグのストライキでは，次善の策として労働交渉にメディアを使うのである。

労使双方が，メディアにおいて効果的にメッセージをコントロールするには，鍵となる1人のスポークスマン（広報担当責任者）が，メディアに広まったメッセージすべてに責任を持つべきである。このことは，それぞれの陣営で，たった1人の人間が，公式に組織の方針を述べるよう制限しなければならないという意味ではない。そうではなくて，1人の人間がフィルターにならなければならないということである。情報をどこに出すか，どのようにして文章にして発表するか，ということを正確に知っているプロの広報担当が必要となる。

スポーツリーグの観点から，このフィルターシステムは脅しによって，もっとわかりやすく言えば多額の罰金によって，コントロールすることができる。1998－99年のNBAのロックアウトの際，コミッショナーのデビッド・スターンは，労働交渉にコメントを出したオーナーに対して100万ドルの罰金を課した。2001－02年のシーズンには，MLBのコミッショナーのバド・セリグも，MLBの一触即発の労働状況についてコメントした場合，どのオーナーであれ同じ罰金を課すると脅した。2002年MLBは，個人オーナーたちの口を封じるために，労使関係担当副社長ロブ・マンフレッドと試合実行担当副社長サンディー・アルダーソンを様々な地域に派遣し，野球記者たちに対し，労働条件を説明させた。話し合いが熱気をおびた8月，マンフレッドはたびたび記者会見を開き，レポーターたちにその日の出来事を詳しく説明した。選手協会はそのような会見を持つことを断った。

非常にうまく管理された労使キャンペーンでは，どちら側も多くのメディアに対するインタビューは許さない。選ばれた少数の記者が必要であって，経営側もユニオンも，ひそかに信頼を置くコラムニストにだけはインタビューを許可することがある。スポーツの労使交渉では，『USAトゥデイ』とか『ワシントンポスト』や，ESPN.comのレポーターのために，片方が先を見越して最新状況をリークすることもある。同じ側が，交渉相手がすでにコメントを出し，

スクープが全国的に取り上げられているらしいと地方記者から聞けば，彼だけにコンタクトをとろうとするかもしれない。利用されるメディアの舞台とは関係なく，特定の記者を信頼することも大切なことである。引用が違ったり文脈からはずれたりすれば，交渉にとって致命傷になるからである。

　NBAの選手たちは，たしかに大衆の同情を得ることができなかった。ボストン・セルティックスのガードで活躍するケニー・アンダーソンが，自分でスポークスマンになると言い出したときのことであるが，3人の妻との間に4人の子どもをもうけたアンダーソンのような選手が，選手の側に立ち，ロックアウトの衝撃が日常生活に与える影響を切々と訴えても，一般の労働者にはまったく説得力を持たなかった。

　アンダーソンは，交渉が行き詰まっている間に，4,900万ドルの7年契約にサインしていたにもかかわらず，これから耐乏生活を始めるのだと訴えた。アンダーソンの説明では，「生活費」（12万ドル），ビバリー・ヒルズの家の家賃（1万2,500ドル），離婚扶養料（7,200ドル），それに税金（200万ドル）を払うと，投資のために残るのはおよそ200万ドルしかなくなる，というものだった。アンダーソンは，手始めの経費削減として，8台ある車の1台をベンツに変えざるを得ないと考えた。8台の中にはレンジローバーとポルシェもあり，年間の保険だけで7万5,000ドルを払っていた。アンダーソンのコメントは選手協会にとっては災難そのものだった。もちろん，ロックアウトが終わり，2，3ヵ月後仕事に戻るときがやってくると，アンダーソンは，あれはジョークを言っただけだとお茶を濁した。

　リーダーの言葉を引用するのも大事だが，指名を受けたリーグ代理人のような別の代表者の声を持つこともまた効果的である。デビッド・スターンとコミッショナー代理のラス・グラニックは，新聞に対して202日間のロックアウト（経営側からすると本質的にストライキ）におけるリーグの展望を示した。

　NBAのオーナーたちがPR合戦で勝利を収めたのに対し，MLBの経営陣と選手協会の間にはぎくしゃくした関係が続いた。何が違ったのか？　まず，スターンは法律家としての訓練を受けていた。彼は注意深く言葉を選ぶ術を知っていた。説得に慣れていた。交渉術をわきまえていた。ファンに対して，彼と経営側とが仕事への復帰に本気で取り組んでいることを説明する方法も理解していたのである。

その一方MLBのコミッショナーであるバド・セリグは，裕福なカーディーラーであって，スターンの持つコミュニケーション・スキルを欠いていた。28年にわたるミルウォーキー・ブルワーズのオーナー業の実績を踏まえて，セリグは初めから強硬な姿勢をとった。聞いてくるすべての人に，交渉は最優先事項ではないと言い放った。結果として，野球のオーナーたちはPR合戦に苦労することになった。スターンとグラニックは頻繁に電話会議をして交渉の進め方を議論し，オンライン上に記録を公開した。一方，セリグとMLBでは，2001年の冬，報道陣との応対に長い時間がかかった。多くのレポーターに電話をかけ，レポートや特集コラムが前向きのものになっていないと不満をぶちまけた。

スターンは丁寧にも，自分は選手と一緒になって，今の労使交渉がやがて長期間の成功へ結びつくよう努力をしているのだと，ファンに知らせる努力も怠らなかった。その一方でMLBは，今の問題が，ファンに関係のあることだということさえ知らせようとしなかった。

スターンは，少なくとも顧客であるファンの立場から，常に交渉の状況すべてに注意を払っているという印象を人々に与えた。その一方セリグは，ヤンキース対アリゾナ・ダイヤモンドバックスのワールドシリーズの素晴らしい第7戦が終わった数日後に，新しい団体交渉合意のための交渉を始めたが，まったくうまく行かなかった。なぜなら，新しい交渉における最初のステップが，2チームを閉鎖することにオーナー側が一方的に合意したと発表することだったからである。この合意形成は，選手協会が，雇用に関するすべての条項に影響することはすべて知る権利があるという事実にもかかわらず実行に移された。セリグはその後シカゴで緊急会議を召集し，オーナー会議において自分の契約を延長した。

選手協会はただちに反応し，不服を訴えた。その結果ミネソタ・ツインズは，少なくとも2003年のシーズン中は縮小の候補とはなりえないということになった。これらの展開は議会司法委員会に引き継がれた。委員会はヒアリングを招集し，MLBの反トラスト免除の剥奪を審議した。それがうまくいけば，フランチャイズの移動に関して，一方的に意思決定できるオーナー会議の力を排除することが可能となる。セリグは報道陣に非難され続けたし，エコノミストたちはユニオンの側に立った。ユニオンの代表理事であるドナルド・フェア

は，指一本動かさずに勝利を確信したのである。

　ここで述べたことのポイントは，スターンのように，交渉について，報道陣に対して必ずしも積極的である必要はないということである。必要なのは，大衆の感情がどこにあるかを把握することであり，自分の立場を信念とともに確立すれば，全国あるいは地方の人々から支持を得ることができる。メディアとの戦いに負けるということは，交渉のテーブルにつく前からハンディを負うということである。

　選ばれた舞台がどうであれ——ピケを張る，ラジオに電話出演する，戦略的にメディアとの接触をテコ入れする——，労使関係が成功するには，美辞麗句の使用を離れて，相手方にも，求め，守り，広げるべき利益があるということを双方が認めることである。究極的には，双方が「試合の最大の利益のために」行動するというところまで理解が及ばなければならない。

(5) 手本によって導く

　変化に応じた適切な枠組みを構築することも，労使関係の重要な部分である。もし労使間に積極的な変化の兆しが見えたならば，経営者は，どのような変化が起きても大丈夫なように，入念に交渉の準備をしなければならない。その中には，交渉に向けての力の入れ具合，どれだけの犠牲を払わなければならないかについての予備交渉，無用の混乱を避けるために過去の例を参考にすることなどが含まれる。

　交渉の準備において重要なことは，労使関係の改善の必要性とともに，改善されたビジネス関係が，関係者にもたらすベネフィットを心に描くことである。経営者が変化に向けて動き始める際，生産的で長続きする新しい関係を期待するならば，経営者は従業員とともに歩む必要がある。

　会社に急激な変化をもたらす場合，主たる意思決定者たちは，自分たちもまた何らかの犠牲を払う必要性を感じている。事業縮小や年間ボーナスの欠配，会社主催のパーティーの廃止などを行う期間中，CEOの多くは，自分の給料を凍結させる姿勢を見せることで，従業員との一体感を示そうとする。2001年には，数名の従業員の解雇を防ぐために，経営者が数百万ドルの給料を1ドルに下げる決断を下した。大手プロバイダーのシスコ社のCEOであるジョン・チェンバーズとチェアマンのジョン・モーグリッジは，自分たちの給料を1

ドルに下げた。同じことをインターネット企業の CMGI 社の前 CEO であるデビッド・ウェザーオールも行った。皮肉なことに，全社規模の引き締めにもかかわらず株価は 99% も下落したが，ウェザーオールは，新しいニューイングランド・パトリオッツ・スタジアムと同社が交渉していた命名権契約は手離さないつもりだと主張した。

CEO の報酬カットと，雇用を継続される従業員の数の間にはあまり関係がないため，このような「犠牲」はうわべだけのものだと指摘する人は多い。にもかかわらず，手本を示そうとするシンボリックな行為は一般受けするもので，ワシントン大学が嫌々ながら学んだ教訓でもある。

州による倫理調査の結果に基づき，ワシントン大は大学の費用で，どの職員と招待客をポストシーズンのボウルゲームに招待するかを決める基準をつくった。この調査は，ボウルゲームの出場から得た利益の一部を，飛行機代，ゲームのチケット，あるいは関係者の他の活動の費用に使ったことが，州法に抵触するかどうかを調べるためのものであった。

調査は匿名の内部通報に基づいて始まった。それは，アスレチック・デパートメントのディレクターであるバーバラ・ヘッジズが，ローズボウル出場で得たアピアランス・マネーを使って，アスレチック・デパートメントの同僚が家族をゲームに連れて行くのを認めたという指摘に基づくものであった。その旅行費用には，飛行機代を含む交通費はもちろんのこと，ビバリーヒルズ・ヒルトンの 4 泊，1 枚 125 ドルもするローズボウルのチケット，おみやげ，ディズニーランドのパスなどが含まれていた。

ワシントン大の学長リチャード・マコーミックのローズボウル招待客リストは 89 人にのぼった。リストの大部分は，大学職員や理事とその配偶者であった。リストにはさらに 4 人の地方議員，ワシントン州知事のゲイリー・ロックとその家族，そしてマコーミックの親戚が含まれていた。

大学は学長の契約を改定し，彼が大学の費用で，ポストシーズンのアスレチック・イベントに連れていけるのは，配偶者と扶養家族だけとした。大学はまた，他の雇用契約の中に，ボウルゲームへの家族の同伴について，大学が費用を負担するかどうかを明記することとした。

倫理委員会が認めた解決策によって，ワシントン大は 9 ヵ月間の調査費用として 8,500 ドルを委員会に返済し，ボウルゲームへの招待基準を採用する

ことに同意した。

　白黒を明確にしたガイドラインの存在は，特に給料以外の利権と，それを誰が享受できるかを判別する場合に重宝がられる。倫理委員会が，今述べたような比較的マイナーな不謹慎かつ軽率な行為に注目したのは，他の場合なら無意味だと思われる小さな事件こそが問題であることを世に知らしめるためであった。これは倫理委員会だけの問題ではなく，従業員の問題でもある。会社が方針を変える時には，ドレス・コード（服装規定）に関するものであれ有給休暇に関するものであれ，現在の労使関係を維持するつもりなら，そして改善するつもりならなおさら，その理由を効果的に伝え，説得しなければならない。さもなければ，従業員の間に冷ややかな空気が生まれ，全社規模のモラールが低下してしまうだろう。

　理想的な経営者は，現在採用しているシステムが不完全で，改良の余地のあることを絶えず認識する。どのような優良企業にも欠点が必ず存在することを，優秀な経営者は熟知している。

　1998年に，ボウル・チャンピオンシップ・シリーズ（BCS）が，大学フットボールの全米学生チャンピオンを決める公式な枠組みになった。BCSは，2005年のレギュラー・シーズンまで継続するが，AT&Tが後援したローズボウル，ノキア・シュガーボウル，フェデックス・オレンジボウル，トスティトス・フィエスタボウルの4つのボウルで構成され，それぞれのボウル大会が，交代で2度ずつナショナル・チャンピオンシップ・ゲームを主催することになっている。

　システムが完全でないときは，毎年それが改善される。その結果，2001年のボウル・シーズンを通して，BCSによって真の全米学生チャンピオンが誕生するというコンセンサスが生まれた。

　ところが1999年のシーズンにおいて，それまでビッグ12・カンファレンスで全勝のカンザス州立大が，オーバータイムの失点によってテキサスA&M大に敗れた。このチームは，シーズンを全米4位で終わったにもかかわらず，どのBCSボウルにも出場できなかった。

　このことがきっかけで，カンファレンスで優勝できなかったために自動的に招待から除外されたチームでも，全米大学ランキングで3位か4位にランクされた場合，そのチームは全州代表のBCSチームとして選出されなければな

らないというようにルールが変更された。

　2000年フロリダ州立大は，マイアミ大よりBCSのランクが上だったからという理由で，オクラホマ大とナショナル・チャンピオン・ゲームを戦うことになった。しかし問題となったのは，フロリダ州の2校は11勝1敗という同じ成績でありながら，マイアミ大はレギュラー・シーズンでフロリダ州立大を破っていたという事実である。ファンもジャーナリストも，前年にカンザス州立大が，超マイナーなアラモ・ボウルにしか出場できなかった時と同じようなシステムの欠陥が露呈したと非難し始めた。

　マイアミ大が原因で，BCSは2001年のシーズンに備えてまたシステムに手を加えた。その時の方法では，相手チームの強さを換算した勝ち点を強調するコンピューター投票を導入し，トップ15チームに勝てばボーナス点がもらえる仕組みにした。BCSのコミッショナーであるジョン・スウォフォードは，これがBCSにとって不可欠な進化であると考えていた。

　ところが2001年，ネブラスカ大は，シーズン終盤の対コロラド大戦の敗北で，ビッグ12カンファレンスで優勝さえもできなかった。しかし全米ランキング上位のテキサス大とテネシー大が続けて負けたために，ナショナル・チャンピオン・ゲームの出場を決めた。これに対し多くのファンやメディアは，カンファレンスに所属する大学は，そのチャンピオンでなければ，ナショナル・チャンピオンシップではプレーできないようにすべきであると主張した。

　2002年6月，新しくBCSの責任者になったマイク・トランゲーゼはコンピューター投票管理者に対し，BCSは勝ち点を計算に入れない方法を採用するという通知を出した。

　BCSは確かに欠点を含んでいるが，選手と他のステークホルダー，とりわけファンとより良い関係を築くために変わろうとする自助努力は注目に値する。読者が働く会社や組織のシステムには，何か改善の余地があるだろうか。従業員を昇進させる際に用いられる基準に，改善を加える必要はないのだろうか。会社がビジネスを「ナショナル・チャンピオンシップ」にまで進化させる途上で，メディアがそのやり方を公然と批判し始めたならば，会社組織は，BCSがしたようにシステムを進んで改善しようと試みるだろうか？

　労使間の関係を改善するには，あらゆる手立てを使った雇用関係のマネジメントが必要である。すなわち，いつでも雇用関係の改善に着手する姿勢を示す

とともに，労使間がともに解決に向けて働こうとする協調性が必要である。手本によって導くことと，そして販売する商品を通じて「正しいこと」を行うのに力を尽くすことは，生産的かつ永続的な労使関係に役立つだろう。

(6) 関係のマネジメント

　雇用関係で考慮すべき最後の問題は，この関係の，将来を見据えた継続的なマネジメントである。両者とも，秘密の協議事項を持ってはいけない。労使間の信頼関係など，およそありそうもない芸当に見えるとしても，両者が，永続する管理の行き届いた関係を育てようとすることが，財政的感覚とパブリック・リレーションズ（PR）の感覚を養うことに結びつく。

　関係者が認識すべきは，どちらか一方だけでは会社は存在できず，そこには繁栄もあり得ないという事実である。このような考え方は，新しいマーケティング担当役員を探している会社であれ，新しいフットボールの監督を探している伝統チームであれ，彼らを雇うインタビューの段階から反映されるべきである。

　関係のマネジメントにおいて，両者はまず，クリーンハンズ（潔白）な状態で交渉に入らなければならない。ノートルダム大学が痛い目にあったように，信頼関係が希薄な状態で雇用・被雇用の関係に入れば，一般大衆がとまどうばかりでなく，関係者との関係を傷つけることになる。

　ノートルダム大が，ジョージア工科大のヘッドコーチであるジョージ・オリアリーを，現ヘッドコーチのボブ・デイビーと交代させると発表したわずか5日後，オリアリーは，同大学を辞職せざるを得なくなった。実は，ジョージア工科大のメディアガイドに掲載された彼の経歴に嘘の情報が含まれていたことが判明したからである。ノートルダム大にそのまま渡った経歴によれば，彼の競技歴（ニューハンプシャー大3年のときにレギュラー選手だったとあるのに，実際にゲームに出たこともなかった），および学歴（ガイドにはニューヨーク大で修士号を取ったとあるが，2，3のクラスを履修しただけだった）に嘘が見つかったのである。

　オリアリーは，何年も前の思慮の足らない行為のせいで，ノートルダム大学とOB，そして多くのファンに迷惑をかけたと声明を出し，2001年12月13日に，フットボールのヘッドコーチを辞任することを決めた。

ノートルダム大のアスレチック・ディレクターであるケビン・ホワイトは，間違いはオレアリーの人間らしい過ちであるとのコメントを添えて，彼の辞任を受け入れた。しかしホワイトにとってその過ちは，信用を破壊するものであって，ノートルダムが関係を続ける上で許し難い行為だった。

　オリアリーの履歴詐称の騒ぎは，その後大きな波紋を呼び，その後8ヵ月の間に，少なくとも7人のスポーツ界の重鎮やコーチ，——例えば全米オリンピック委員会会長のサンドラ・ボールドウィン，ダートマス大の新任のアスレチック・ディレクターであるチャールズ・ハリス，ジョージア工科大の新任ディフェンス・コーディネーターであるリック・スミス，そしてUCLA（カリフォルニア大学ロサンゼルス校）～の男子サッカー・コーチであるトッド・サルダーナ——が同じような経歴詐称の問題で解任されたのである

　ノートルダム大が前コーチのデイビスを解雇し，オリアリーを選び，雇用するに至ったプロセスは，関係づくりのマネジメントの失敗であり，大学の卒業生，元コーチ，それにメディアは大きな失望を味わった。

　こじれた雇用関係を再び良い方向に導くのは困難であり，そのような関係の破綻は最初から避けるべきである。今回のコーチングやマネジメントに関する雇用・被雇用の問題は，伝統あるノートルダム大のフットボールチームで起きたゆえに大きな注目を浴びたが，雇用の問題に関しては，可能な限りの予防策を講じる必要があることが教訓として残された。特に口コミの照会に頼ることは，バラの花を見てトゲを忘れるといった具合に，悲惨な結末を招く可能性を秘めている。

　したがって会社は，トップに立つエグゼクティブと長期の契約を交わす際には，名前ではなく実を取る現実的な判断が求められる。組織は正直に，「企業アナリストや格付け会社に対し，会社が実際よりも安定していると思わせたいがために，重役との長期契約にサインしていないだろうか？　この人とサインするのは，本当に株主の価値が強化されると信じているからなのか？」と自問すべきである。

1) Adapted from Blackard, Kirk, *Managing Change in a Unionized Workplace: Countervailing Collaboration.* Quorum, 2000.

第6章

同盟の構築

【ポイント】戦略的な同盟をつくることは，ビジネスを飛躍的に発展させる有効な手段である。同盟は，ある組織が持つ固定客層の枠を取り払い，商品提供の場を拡大する。スポーツの世界における同盟は，特に選手，TVネットワーク，リーグ，その他多くのステークホルダーを巻き込んで展開される。

　双方に利益をもたらすパートナーシップとしての戦略的同盟は，アダムとイブの昔から存在した。犯罪の世界でボニー・パークとクライド・バローがパートナーだったこともあれば，犯罪を防ぐ相棒として，バットマンにはロビンがいた。もしジョージ・ハリソンとリンゴ・スターが，ジョン・レノンとポール・マッカートニーとパートナーシップを組まなければ，ビートルズは永遠に存在しなかっただろう。
　スポーツの世界では，ジェリー・ウエストとエルジン・ベイラーが手を組み，1960年代から70年代初頭にかけてロサンゼルス・レイカーズの黄金時代をつくりあげた。ウエストはその後，シャキール・オニール，コービー・ブライアント，そしてフィル・ジャクソンと同盟を組み，今もチャンピオン・チームとしての名声を保ち続けている。2002年にメンフィス・グリズリーズは，さらなる栄光を求めて，ウエストを推定年俸500万ドルで総監督兼同盟構築の責任者に任命した。
　スポーツビジネスの世界では，NBC，WWF，AOLタイム・ワーナーそして

NBAの間に結戦略的同盟が結ばれ，そこには，ささやかではあるが本書の著者であるデビッド・カーターとダレン・ロベルも加わっている。

先に示した同盟は，それが，個々に行動するより大きな効果をもたらすという理解のもとに行われてきた。その過程において，パートナーはともに利益を獲得し，株主の利益を増大した。

オンラインビジネスの大手であるアメリカ・オンライン（AOL）とアマゾン・ドットコムは，成功したパートナーシップの好例である。同盟を結ぶことによって，AOLはヒット数を急増させ，有料の閲覧者を増やそうと期待する一方，アマゾンは，顧客の年齢構成が似ていると言われるAOLの顧客を取り込むことによって，より多くの書籍，玩具，CDなどを販売しようとした。

スポーツ関連の企業も同盟構築の動きを見せ始めた。ナイキはデューク大学やミシガン大学をはじめとする大学との戦略的同盟を結び始めた。その結果ナイキは，集中的なTVキャンペーンや熱狂的なファン層によって，多くの一流大学から評判を勝ちとった。大学側としては，財務上の利益とコストの削減，そしてマーチャンダイジングの機会が得られ，優秀な運動選手を学生として集めることが可能になるといった利点が生じた。

事実，1989年の"Fab Five"（脅威の5人）が出現して，ミシガン大学の名前とナイキのロゴのついた〈ナンバー4・クリス・ウェバー・ミシガン・ジャージー〉が，年齢や社会的地位を超えて多数の熱狂的なファンに購入され，両者はともにパブリシティ効果を高めることができた。しかしこの評判とパブリシティ効果は，ミシガンでの試合のある日，ある後援者がウェバーに28万ドルの金銭供与をしたことが判明した時，一瞬のうちに霧散した。後援者を裁く連邦裁判で，ウェバーはそのような大金を受け取った覚えはないと証言した。その結果彼は，大審院で虚偽の証言をし，公正な審議を妨げた容疑で告訴された。この買収事件の結果，大学側も，ウェバーほか3人の選手が出場した試合をすべて無効とすることに同意したのである。

同盟は，単独では費用がかかりすぎて手が出ないような大規模なマーケティングを行う機会を与えてくれる。ディズニーやマクドナルドといった異業種においても，新しいサマー・キャンペーンのために，マーケティング上のパートナーシップを活用することがある。マクドナルドは，ディズニーに映画の宣伝を助けるマーケティング・メリットを提供する見返りに，ディズニーは映画館

でのプロモーションを展開するチャンスをマクドナルドに与えるのである。

　スポーツの世界では，スポーツリーグがターゲットとみなす顧客層にアプローチするために映画を利用すべく，多くの映画スタジオと緊密な連係をとっている。2002年の夏にNBAは，カルビン・ケンブリッジという幼い孤児が，マイケル・ジョーダンの古い靴を履いていたおかげでNBAの選手になれたというストーリーの映画"Like Mike"をプロデュースするにあたって，20世紀フォックスとパートナーシップを組んだ。リーグ側は映画を観た若い観客がNBAに興味をもつようになることを期待して，映画制作会社がNBAの選手をはじめ，競技場やリーグの商標を使うことに合意した。結果としてこの合意は，双方の組織にとって，それぞれがターゲットとするマーケットにアクセスする上で，理想的なマーケティングの場を提供することに結びついた。

　ある種の同盟は，商品の供給や顧客・行政機関に対して，交渉上の立場を有利にする目的で行われる。特にグローバル企業は，外国の新しい市場に参入するにあたって，この種の同盟を結ぼうとする。例えば，企業が広大な中国市場への参入を目指す時，多くの企業は中国をベースとするパートナーを求め，それによって現地での供給や中国政府との交渉，あるいは中国の消費者へのアプローチを容易にしようとする。この傾向は特に2008年の北京オリンピックに向かって拍車がかかってきた。

　コストの抑制も，しばしば戦略的同盟を組む時の重要な理由となる。事業のある部分をアウトソーシングすることによって，企業は大幅なコスト削減を可能にする。IBMにとって，自前のプロセッサーを開発することは膨大なコストを生じさせるため，同社はその機能をマーケットリーダーの地位を築いているインテルに求め，強力かつ有利なビジネス同盟を構築した。場合によっては，一方の企業が相手の事業の財政面を援助するような同盟もある。ドット・コムの世界ではマイクロソフトとシスコの両社は提携して，商品をオンラインで調整するための最先端技術の開発に何百万ドルもの投資を行った。

　戦略的同盟を効果的に行うために，組織は関わりのある産業，競合環境，顧客ニーズを分析しなくてはならない。パートナーシップが双方にとって有益であるという点も重要である。戦略的同盟がうまく運用されたならば，それなしでは成し遂げられなかった新しい利益が導入されるだろう。

　競争が極端に激しいスポーツビジネスやメディア市場では，例えば全米ネッ

トワークのABCのような業界のリーダーは，戦略的同盟の重要性を認め，業界の語り草とも言える「マンデー・ナイト・フットボール」との有名な関係をつくりあげた。ネットワークによっては，同盟によってそれなりのメリットを享受してはいるものの，うまくいかないケースもある。新しいアメリカン・フットボール・リーグとしてスタートした，XFLとのタイアップが惨澹たる結果に終ったNBCなどはその一例である。

1│戦略的同盟

　ビジネスを拡大させるには3つの方法がある。すなわち自力で一歩一歩拡大していくか，合併や買収によって大きくなるか，あるいは戦略的同盟によって力をつけるかである。戦略的同盟は，特に共同で行うマーケティング，セールスと流通，生産，デザイン上の協力，技術特許，開発などを促進するための企業の結びつきである。企業がリスクを避け利益を高めようとする努力の中で，パートナーシップを模索する動きは活発化してきた。
　アナリストの分析によれば，2000年にはビジネス全体の20％が同盟によってもたらされたが，これは1990年の5倍に相当する。特筆すべきは，この数字が2010年には倍の30％になると予測されていることである。
　戦略的同盟への動きが活発になった背景には，企業間競争がこれまでになく激化する傾向にあること，多くの企業がグローバルな規模で事業展開し始めたこと，そして多くの企業が，M&Aなどを通して急速に統合されつつあることの3つの理由がある。
　同盟の構造が，売り手と顧客間の垂直的なものであれ，売り手間の（地方の，地域の，あるいはグローバルな）水平的なものであれ，多くはスケールメリットを手に入れ，競争力を高め，商品開発を促進するために同盟が組まれる。しかし一方で同盟は，事業の拡大や新市場への参入，あるいはコストの削減といった目的で組まれることもある。
　ただこのような潜在的な利点とともに，不利な点も存在する。特に注意すべきことは，コントロールがおろそかになることと，それがもたらす弊害である。ベースボールで言えば，外野に打ち上げられた浅いフライである。ボールをキャッチするために野手が集まってきた時，二塁手が一番耳にしたくない言

葉が，外野手の「まかせた！」という叫び声である。

熟考されることなく性急につくられた同盟は，企業文化や社風のちがい，政府の規制などによって問題を生じさせることが多い。こうした問題を避けるには，事業目的に合致した同盟相手を探す基準を持つことである。以下に示したのが，同盟相手を求める際の基本条件である。[1]

(1) 補完的な利点
(2) 1＋1が3（あるいはそれ以上）になること
(3) 相性の良さ
(4) 両者がともに勝つ
(5) 適合性
(6) 定量化の機会
(7) 明確なゲームプラン
(8) コミットメントとサポート

これらを，順を追って説明しよう。

(1) 補完的な利点

企業は，従業員，顧客，そして競争相手との関係で評価され，それが企業の株価に反映する。企業はまた，同盟関係の強弱によっても評価される。従業員，顧客，競争相手に対し，影響力の強い事業展開と利益を期待する以上，同盟を維持する個々の企業は，戦略面でも運営面でも補完的でなければならない。

ジム・マカンは1986年にフリーダイヤルの1-800-Flowers（3569377）という電話番号を買い，ニューヨーク地域を中心に13店の花屋を開業した。その後彼は，1-800-Flowersを使って全国規模の花屋のネットワークを作り上げることを考え始めた。

今日，1-800-Flowersの直営店舗は150店に過ぎないが，他の独立した2,000店以上のフラワーショップと戦略的同盟を結び，どの地域で花の注文を受けても即座に対応するシステムを構築し，ブランド力を飛躍的に高めた。これによって店舗の賃貸料と配達費用を大幅に削減することができたのである。

花屋を選ぶ時，消費者はすぐ1-800-Flowersを思い浮かべるが，その中に地方の花屋が組み込まれていることは知らない。しかし1-800-Flowersも地方の花屋も，ともに生じた利益を分かち合うシステムが構築され，そのことが

同盟に対する積極的な気持ちを育てることに役立っている。

　ただこの類のパートナーシップが機能するには，1-800-Flowers が社内で行っている注文処理と同水準の顧客サービスを，地方の花屋が行わなければならない。なぜならば，顧客が 1-800-Flowers に注文した以上，1-800-Flowers は，地方の花屋がプロとして対応することを確認しなければならず，もし注文した花が誤って届けられたり，時間どおりに届かなかったとしたら，ダメージを受けるのは地方の花屋ではなく 1-800-Flowers になるからである。

　マカンは，地方の花屋と全国規模で密接に提携することによって，同盟のメリットをうまく活用して市場への浸透度を高め，コストを節減して両者の結びつきを強めた。スポーツ・アパレルやスポーツ用品の市場でも同じようなビジネス機会が活用されている。

　ナイキは，長年にわたるゴルフビジネスの低迷から脱却し，浮上する機会をねらっていた。1980 年代の半ばから同社はゴルフシューズを製造し，1996 年にタイガー・ウッズと契約してウェア路線に乗り出し，数多くのブランド商品を市場に送ってきた。しかし 1999 年に，同社は商品のターゲットを，真剣にゴルフをする人たちに絞ることに決めた。同社のゴルフボールについても，コアなゴルファー市場への浸透を試みたのである。

　当初 8 億ドルのゴルフボール市場で成功を収める自信がなかったナイキは，資金的にも人的にも自社の資源を使うことを避けた。そこでナイキは，タイトリスト，キャラウェイに次いで 3 位の市場シェアを持つ日本のブリジストンと同盟を結ぶことにした。ブリジストンは，ナイキがゼロからスタートしないですみ，なおかつ優れたゴルフボール会社と提携することを可能にしたのである。その一方でナイキは，ゴルフボール事業の拡大によって，ブリジストン社の生産規模の拡大に貢献した。

　一般のゴルファーは両社の同盟を知らなかったが，ゴルフ業界では大きな話題になった。ある人は，高級ボール市場で 13％のシェアをもっているブリジストンが，自社のブランドを侵食するかも知れないボールをナイキのために製造するのかと疑問を抱いた。また他の人は，ナイキのボールが単なるコピー商品ではないか，あるいはナイキの開発チームならば，ブリジストンのブランド商品であるプリセプトよりも，もっと優れたボールを開発できたのではないかと疑いの目を向けた。

ナイキは粗悪品に自社のスウォッシュ・ロゴをつけるだけで事足りるとは考えていなかった。そのような行為は最終的に自社の評判を傷つけ，ブランドイメージを低下させるからだ。しかし同時にナイキは，ゴルファーがティーアップする時に，そのボールがどこのメーカーのものかなどということは気にかけないと考えていた。

　ナイキの経営陣は，当初同社のボールがブリジストン製だという事実を隠すことに専念していた。しかしタイガー・ウッズがボールをタイトリストからナイキに変えて，2000年の夏に第100回 US オープンで15ストロークの大差をつけて優勝すると，それまでわずか1％の市場シェアしかなかったナイキボールの売り上げが大きく上向きに転じ，世界中のプロショップや小売店から注文が殺到した。ブリジストンは，そのボールがもともとは同社のものであることを公表したがったが，ナイキの経営陣は，消費者がボールは間違いなくナイキ製だと思うことを望んだ。

　ナイキとブリジストンの摩擦は，有名ブランドと組んだ場合の戦略的同盟では頻繁に起こりうる事例である。そこには若干の緊張関係が生まれたが，最終的にはこの提携関係はナイキのビジネスチャンスを広げる一方，ブリジストン製品の競争力アップに一役買ったのである。

(2) 1＋1が3（あるいはそれ以上）になること

　戦略的同盟が双方に有利であるためには，両者の統合が，それぞれの固有の力よりも大きな力を発揮できるように，補完的なものでなければならない。こうした戦略的なシナジーが同盟当事者に好ましい結果をもたらすのである。

　長い歴史の中で，スポーツとテレビほど共生的な関係を享受している同盟はないと言えよう。わけても野球は，複合的なビジネスの強みを生かそうとする，メディア企業の強力なパートナーになった。今日ではニュース・コーポレーション（ロサンゼルス・ドジャース），トリビューン（シカゴ・カブス），AOL タイム・ワーナーをはじめ，メディアの巨大複合企業はそれぞれ MLB のチームを所有している。

　海運業界の大立者で，1972年に CBS からニューヨーク・ヤンキースを買い取ったジョージ・スタインブレナーは，メディアがもたらす利益について，戦略的同盟の効果をよく理解していた。実際，スタインブレナーが1999年に実

現させた同盟は，スポーツビジネスとメディア業界から大きな注目を浴びた。

　そもそも，ニューヨーク・ヤンキース（MLB）とプロバスケットのニュージャージー・ネッツ（NBA）が合体してヤンキーネッツとなるという発表からして，周囲を驚かせた。アナリストたちはなぜスタインブレナーが，彼の所有する世界的なブランドであり球場の内外で豊富な伝統をもつチームと，片や対戦相手の選手だけを頼りに観客を集めるだけの弱小チームのネッツを一緒にしたのか理解に苦しんだ。

　スタインブレナーは2000年のシーズン終了後，長年のケーブルネットワークのパートナーだったマジソン・スクウェア・ガーデン（MSG）ネットワークとの契約終了を考えて同盟を決めた。スタインブレナーは，彼が所有するローカルテレビであるヤンキース・スポーツ・ネットワークのシーズン終了後の番組の空白を，ネッツで埋めようとしたのである。

　メディア・アナリストは，アメリカ最大のテレビ市場において，複数のチームの試合を放映するスポーツチャンネルを立ち上げることによって，すでにメジャーリーグの放映権料（5,670万ドル）に匹敵するヤンキースのローカルテレビからの収益が，数年のうちに倍に膨らむだろうと予測した。

　この戦略的同盟においてスタインブレナーは，ヤンキースだけでなく，ネッツのオーナーであるルイス・カッツとレイ・チャンバースに対しても完全な統制権を持ち続けるであろうし，チームのビジネス上の決定についても権力を保有することになる。両者はあわせてネットワークの60％を所有することになり，残りはゴールドマン・サックスをはじめとする多くの投資家の所有となった。

　MSGは，2001年の放映権に対してさらに5,200万ドルを支払ったが，2002年のシーズンにはヤンキーネッツはヤンキー・エンターテイメント＆スポーツ（YES）ネットワークを発足させ，ヤンキースの試合125回を放映した。ネッツのケーブルビジョンとの契約が2001年から2002年のシーズン終了時に切れたので，YESはヤンキースの最後の試合が終るとただちにネッツが予定している75試合の放映を開始した。

　一方ではより多くの番組を確保すべく，もう一方では苦闘を続けるネッツを長期的に活性化させるため，ヤンキーネッツは2001年にジョン・マクマレンからNHLのニュージャージー・デビルズを買い取った。1990年代に2度ス

タンリー・カップを獲得し，10年間で2番目のベスト記録を保持するデビルズを獲得したことで，ヤンキーネッツは，ニューヨークをフランチャイズとする3つのチームをコントロールすることになった。

ヤンキーネッツの誕生と数々の戦略的同盟は，規模の経済を求めて行われたものである。しかし集合的同盟の最終目標は，新しいビジネスの創造にある。YESの最初の1年間に起きたことがまさにそうで，それまで不振だったネッツがなんとNBAファイナルにまで進んだのである。しかし同盟の目玉だったヤンキースの方は，厄介な訴訟に巻き込まれ，ヤンキースの試合をケーブルビジョンで放映することができなくなってしまった。YESは，ケーブルビジョンが自社のすべての顧客にヤンキースの全試合を放映してくれることを望んだが，ケーブルビジョンは経済的な理由で難色を示した。そのため両者は2002年のシーズンを通して協力体制をとることができなかった。ネットワークの及ぶ範囲が減少したためYESは広告レートの引下げを余儀なくされ，同時にケーブルビジョンは顧客を失う結果になった。

新しいビジネスの創造とは別に，戦略的同盟は，より知名度の高いパートナーと提携することによって企業のプレゼンスを高めることにも利用される。

プーア・ブラザーズ社は，自社製品であるスナックチップスを有名レストランチェーンのTGIフライデーズのライセンス商品にし，会社の知名度を高めようと考えた。2000年には，TGIフライデーズから与えられたライセンスによって，スナックチップスはプーア・ブラザーズ社最高のブランド商品となった。このようなライセンス協定は，実際にはかなりオープンな同盟で，ともに相手方による相互支援で自社の立場を改善するものである。プーア・ブラザーズ社は，自社ブランド商品を持ってはいたが，それだけでは，TGIフライデーズというブランドを活用した売り上げを達成することは不可能であった。

スナックチップス市場にせよ，スポーツビジネスにせよ，同盟によって市場浸透と拡大を実現することは充分に可能である。

しかしながら，有名ブランドにとって，ライセンス供与は決して一方通行の取り決めではない。企業は単にライセンス料をとって自社のCI（コーポレート・アイデンティティ）の使用を認めるべきではない。ライセンスを供与する側は，いかなる犠牲を払ってでもそのブランドを守らなければならない。もしライセンスを使用する側が製造過程で手を抜いたり，決められた使用範囲を逸

脱した場合，ブランドネームに傷がつくからである。

　一例をあげると，1993年にNFLはリーグ最多の353社にライセンス供与を行い，さまざまな商品にNFLのロゴを使うことを許可した。10年足らずでライセンス供与を受ける企業は250社程度に絞られたが，これはリーグがブランドの管理を改善させ，リーグのロゴを守るべきだと考えたからである。

　ライセンスの供与側はそのブランドを守るだけでなく，ライセンス協定のような戦略的同盟において，与えるライセンス数を制限し，まがい物が出回ったり，不適切なライセンス使用がなされていないか監視することによって，供与を受ける側の商品の信頼と均質性を守らなければならない。信頼と均質性こそが長期的な商品開発をうながし，1＋1を3にすることができるからである。

(3) 相性の良さ

　同盟先を求める企業は，ビジネス面でのマネジメント能力と，協力的な態度を備えていなければならない。同盟における相性の良さは，核となる人たちの積極的かつ個人よりチームを大事にする信頼に満ちた関係から生まれる。スポーツで優勝したチームには，ほとんど例外なく，コーチと選手たちの相性の良さが根底にある。

　戦略的同盟を組む前に，相性の良さを確かめることは重要である。それを怠ると，大きな後遺症が残ることになる。ジェーン・デビッドソンとジャン・ラシーンはともに女子ボブスレーの選手で，2002年レイクプラシッド冬季オリンピック大会では，金メダルを狙う実力を備えていた。この新しい競技で，2人はライバルであり，ともにアメリカ人で美人だった。

　したがってマネジャーのエバン・モーガンステインが，大会に先だって50万ドルのスポンサーを獲得するのは簡単であった。このケースでは，ケロッグ，ノースウェスタン・ミューチュアル・インシュアランス，ゼネラル・モータース（GM），ビザ・カードによって戦略的同盟が組まれた。ナイキはデビッドソンに投資し，アディダスはラシーンのスポンサーとなった。

　2人はNBCのCMに一緒に出演した。また陸上短距離のスターで2度にわたって金メダルを獲得したモーリス・グリーンとともに，ホワイトハウスにおいて，ブッシュ大統領に全米オリンピック委員会のブレザーを手渡すセレモニーにも出席した。翌日彼女たちは「ザ・トゥデイ・ショー」に出演し，その

週の後半には有名雑誌に載せるための写真撮影があった。

さらにモーガンステインは，本の版権を買ってくれる出版社を探していた。ただその時のモーガンステインは，読者の多くが，成功物語よりもスキャンダルを好むことを知るよしもなかった。というのは，2ヵ月もたたないうちにデビッドソンは，（オリンピック・トライアルの1週間前に）ラシーンのパートナーになることを拒否した。そして，そのために自分はオリンピックに出場できなくなったとして，相手側に対する苦情申し立てを申請したのである。

彼女らのウェブ・サイトは一時的に閉鎖された。2人をプロモーションの目玉にすべくキャンペーンを計画していた多くのパートナー企業は狼狽し，図り知れないダメージが生じた。にもかかわらず，ラシーンとデビッドソンは，シリアルのクリスピックス＆ミニホィーツの箱にキャラクターとして使用され続けた。結果として同社は大きな損失を被ることになったが，こうした仲間割れが生じる可能性を知っていれば，2人のボブスレー選手をキャラクターとして起用することはなかったであろう。

スポンサーが，ラシーンとデビッドソンの間に何があったのかを知ることは困難かも知れないが，結局それができなかったことで，スポンサーはダメージを受けるはめになった。最終的には，ラシーンと彼女の新しいパートナーとなったギー・ジョンソンは，オリンピックで5位に終りメダルを獲得することはできなかった。

ゴルファーのイアン・ウーズナムは彼のキャディであるビルンと戦略的同盟を結び，あらゆるゲームで優勝を狙ったが，結局うまくいかなかった。2001年のブリティッシュ・オープン最終日に2番ホールへ向かう時，ウーズナムはトップとタイで並んでいた。その時キャディのマイルス・ビルンは，バッグに規定以上の本数のクラブが入っていることを伝えた。結果としてウーズナムは2打罰を受け，トーナメントで獲得するはずだった33万ドルの賞金を没収されてしまった。

ウーズナムはキャディに対し，今回と同じ失敗を2度と繰り返さないように厳しく伝えたが，これで彼を首にはしないと言った。ただウーズナムは，クラブの本数は自分自身でも確認すべきだったが，キャディはそうしたことをするために雇われているのだと周囲に漏らした。

ビルンにとって不幸だったのは，その2週間後に寝坊をしてしまい，スカ

ンディナビアン・オープンの最終日のスタート時間に間に合わなかったことだ。ようやくゴルフ場に着いた時にはもう遅すぎた。ウーズナムは別のキャディとスタートした後だった。ラウンド後にウーズナムは，自分の基準に合わないキャディと組むことで，これ以上リスクを負うわけにはいかないという理由でビルンを解雇した。

　戦略的同盟には相性が不可欠で，それがスポーツ選手であれ，企業であれ，相性が悪い場合，両者の潜在的な力を最大限に引き出すことはできない。相性が悪いと，成功の可能性が低くなるだけでなく，両者に損失が生じることになる。

(4) 両者がともに勝つ

　戦略的同盟によって両者がともに勝者となるには，運営，リスク，成果が公平に分かち合えるものでなければならない。同盟者には，新たなリスクに対応し，柔軟性と創造性を発揮し，同盟の構造を逐次変えていけるだけの柔軟性がなければならない。

　プロスポーツのフランチャイズを自治体に呼ぶことから生じる経済的，文化的インパクトについては，しばしば議論の対象となってきたが，自治体は，フランチャイズの移転が市にもたらす利益については懐疑的である。カレッジフットボールの大会を誘致することのメリットについてもさまざまな議論があるが，自治体とボウルゲーム（例えばシュガーボウルやローズボウル）の間で結ばれた同盟は，参加する大学側にとっても，主催する自治体にとっても，あるいはツーリズム産業にかかわる地元企業にとっても，大きな利益をもたらすイベントとなる。

　オアフボウルはもともとホノルルで開催されてきたものだが，2001年に場所をシアトルに移し，名称もシアトルボウルに変更した。このような，あまり有名でないボウルゲームに対する人びとの関心は薄く，スポンサーからの収益も限られていた。しかしながら，カレッジフットボールのカンファレンスとシアトルボウルにおいて新たに構築された同盟は，リロケーションがゲームの始まるわずか8ヵ月前だったにもかかわらず，大成功を収めた。

　ゲームに先立ち，試合のパブリシティを最大限に高めようとキング郡（ワシントン州）の郡長であったロン・シムズは，12月21日から28日をキング郡

でのシアトル・ボウル・ウィークにすると宣言した文書に署名した。

　そのことを知った3万113人の観客が，2001年12月27日のシアトルボウルを観戦した上，全国で180万の世帯が記念すべきスタンフォード大学とジョージア工科大学の試合をESPNで観戦した。シアトル・マリナーズの本拠地であるセーフィコ球場で行われたこの試合によって，シアトルボウルは，スターバックスコーヒーと土砂降りの雨とイチローで知られた街の存在を，アメリカ全土に知らしめた。

　シアトル商工会議所と地元のビジネス関係者たちは，その試合が観光のオフシーズン時に行われたことに感謝した。この時期，20％から30％の宿泊率で操業してきたホテル業界は，ボウルゲームのおかげで，15％から50％の増加を見込めることができた。

　シアトル市が利益を得たと同様に，参加した大学側も75万ドルの収益をあげることができた。他の多くの二流のボウルゲームに参加する大学の多くが，大量のチケットを引き受けたり，支援者の旅費を負担したり，マーチングバンドの費用を払わなければならないことを考えると，今回のケースは恵まれていたと言える。

　シアトルボウルのパック10とアトランティック・コースト・カンファランス（ACC）との関係は1年で終ったものの，翌年の2002年の5月には，シアトルボウルはACCを継続しながら，新たにマウンテン・ウエスト・カンファレンスと戦略的同盟を結ぶことになった。それによってマウンテン・ウエストの第4シード校は，ACCの5位か6位の大学のどちらかと試合することができるようになった。加えて2002年7月に，シアトルボウルがシアトル・シーホークスの新しいスタジアムで開催されるという5年契約を結んだことにより，ボウルゲームの立場と力は確固たるものになった。

　双方がともに勝者となる同盟は，地域的な同盟に限られたものではなく，以下に述べるNBAとAOLタイム・ワーナーのようなケースもある。

　2001年から翌年に向けて景気が低迷する中，NBAは，テレビの放映権をもつNBCやAOLタイム・ワーナー傘下のケーブルチャンネルであるTNT及びTBSと交渉を行っていた。スポーツ番組に対する放映権料が低下し，それにともなって広告料が減少する中，NBAは新しいビジネスモデルを模索していた。

　NBAは大企業であり，過去の業績や新しいメディア基盤をもつAOLタイム・

ワーナーと関係を構築したいと願っていた。それはNBAのブランド力と信頼を評価するAOLタイム・ワーナーにしても，同じ思いであった。

AOLタイム・ワーナーはNBAに対して，単に放映権を獲得するだけでなく，むしろ新たに創設するチャンネルの株式を買ってもらうことによって，ユニークな戦略的同盟を作り上げることを勧めた。株主になることで，いくつかの試合の生中継をネットワークで流そうというものだ。この新しいTV放映についての取り決めは，それまで取引の対象にすぎなかった放映権を，双方にとってうまみのある関係に変えたという点で，大きなパラダイムシフトを生み出した。

NBAは，新しいNBAチャンネルが世界最大のメディア企業との結びつきを強める一方で，テレビを通じてNBAブランドを広める格好の投資と考えた。その一方，AOLタイム・ワーナーは，NBAの試合によって自社のオンラインと放送網に新たな視聴者を呼びこめることを期待した。ただ両者が見落としていたのは，ケーブルネットワーク側が新しいチャンネルを開くことにひどく消極的だったということだった。結局，話に乗ってくるケーブルネットワークがほとんどなかったことから，この同盟は棚上げになった。

(5) 適合性

成功する戦略的同盟には，運営とマネジメント手法のスタイルに類似点が必要である。同じような目標，利益，運営手法，企業文化をもった企業同士は，より良いパートナーになることが多い。ただ同盟がいかに必要で，それぞれの企業に適合性があったとしても，もし同盟によって生まれる商品が優れたものでなければ，失敗は避けられないだろう。XFLは偉大な同盟——少なくとも表面的にはそう見えた——が，失敗に終った極端なケースである。

2000年にNBCのディック・エバーソル社長は，NBCがWWFのビンス・マクマホン副社長と50-50のパートナーシップを結び，新しいプロフットボールのリーグとしてXFLを立ち上げると発表して，スポーツ界を驚かせた。

計画を見る限り，同盟は理にかなったものと思われた。なぜならNBCは2年前にNFLの放映権を手放しており，近年ますます人気のでてきた「サヴァイバー」や「ビッグ・ブラザー」のようなTVショーと同じやり方で，試合中の選手やコーチへのインタビューや，フィールド内へのカメラの持込みによっ

て、〈本物の〉スポーツを提供したいと考えていた。その一方 WWF は、XFL は新しいリーグであるが、NBC がその存在理由を正当化してくれると考えた。スーパーボウルが終った翌週の土曜日のプライムタイムの時間枠を使い、2001 年の 2 月から 3 月後半まで、XFL にはこれまでの新しいスポーツリーグの中で最高の露出機会を得た。

　しかし不幸なことに、WWF は自身がもつコア・コンピタンシーから逸脱してしまった。WWF の基本的な強みは、レスラーの台詞を創作し、コントロールし、人気キャラクターを創造し、ドラマを作り出すことにあった。しかし計画にあるような、台本のないエンターテイメント（すなわち「本物の」スポーツ）というのは WWF が得意とする分野ではなかったため、やがて評論家やファンは興味を失ってしまった。XFL がドラマを提供しようと努力しなかったわけではない。シーズン中のいくつかの試合で、当時のミネソタ州知事で、かつてのレスラーで今は XFL のアナウンサーをしているジェシー・バンチュラが、ニューヨーク・ヤンキースの打撃コーチをしていたラスティ・ティルマンに論争をしかけたことがあった。しかしティルマンは、演技をすることで報酬を得るのではなく、コーチとして報酬を得ていたため、その会話は迫力を欠いたものになった。

　NBC はそのターゲット市場として 12 歳から 23 歳までの男性を考えていたが、この年齢層は多くの場合、土曜日の夜にテレビを観るために家でごろごろしている訳ではなかった。

　NBC の視聴者は、NFL の高いレベルのフットボールを日曜日の夜に観ることに慣れていたし、熱心なレスリング・ファンは〈純粋な〉レスリングを観ることに慣れていた。致命的な誤りは、フットボールとレスリングのファン層は同じようなものだと考えたことで、実際はまるで違っていたのである。レスリング・ファンは、怪しいことでも喜んで受け入れようとする。それに対してプロフットボールのファンは現実主義者だ。レスリング側はフットボールのファンが、選手がむきになったり、ほくそえんだり、あざ笑ったりするのを好むものと勘違いした。しかしそれは誤りで、ファンはむしろそのような行為を毛嫌いした。XFL は双方のスポーツファンを獲得するためにあらゆることを試みたが、結局どちらのファンに対しても、見たくなるような魅力ある商品を提供することができなかったのである。

第 6 章　同盟の構築

ターゲットとするファンを獲得しようとする努力もうまくいかなかった。プレー中のハドルの中や，ハーフ・タイムのロッカールームに持ち込んだマイクも思ったほど効果をあげなかったし，ビッグプレーをした選手に対するその場でのインタビューもあまり効果はなかった。

NFLより格上だと強弁する横柄な態度も，スポンサーや広告主，そしてフットボール関係者など，多くの人のひんしゅくを買った。殿堂入りを果した元プレーヤーは，XFLは途方もない金と時間をかけて，NFLがいかに駄目かとこき下ろすことに熱心なあまり，自分たちがフットボールをしなくてはならないことを忘れてしまっているのではないかと皮肉った。

テレビの視聴率は急速に下がり，スポンサーは手を引き始めた。結局WWFとNBCは，2001年5月，わずか1シーズンを終えただけで3,500万ドルの損失を出したXFLを解散に追い込んだ。そのおよそ1年後，週刊誌の『TVガイド』は，XFLが「ジェリー・スプリンガー・ショー」と「マイ・マザー・ザ・カー」に次いで3番目にひどかったTVショーないしは番組だったと断じた。

NBCとWWFが新しい商品を作ろうとして手を組んだ時，両者ともそれぞれの組織文化の適合性を誤って評価したばかりでなく，ともに顧客の年齢層や商品との文化的結びつきを見誤った。2002年になるとNBCは，8人制の室内フットボールであるアリーナ・フットボール・リーグ（AFL）の放映権を取得することにより，双方に利益をもたらす同盟となる，より適合性の高いフットボールのパートナーを見つけたと発表した。両者の関係は今でも良好である。

(6) 定量化の機会

もし戦略的同盟の効果を，売上やブランド・アウェアネス，そして株価などで示せないとなると，同盟の意義が見出せなくなる。たとえ同盟が，当初見込んでいた成果をあげているように見えても，同盟の一方がその効果をはっきりと位置づけられない場合は，同盟がうまくいったとは認められない。

何年もの間，大手小売業のシアーズは大学スポーツと同盟を結んできたが，わけてもコーチが投票で選ぶフットボール最優秀校に与えられる3万ドルのウォーターフォード製クリスタルと，優勝した大学に与えられる2万ドルの

スポンサーシップはよく知られている。しかし2002年になってシアーズは，ローズボウルでネブラスカ大学を破ったマイアミ大学にシアーズ・トロフィーを贈呈した直後，9年間続いた関係を終らせた。

シアーズ・カレッジ・チャンピオン・プログラムに関連したマーケティング費用の合計は，年間1,000万ドルから1,500万ドルである。シアーズは，スポンサーになることによってブランドの認知度が増すと信じていたが，残念ながら，それが売上げにどの程度貢献しているかを具体的な数字で示すことはできなかった。

シアーズは，大学スポーツとの同盟の効果を定量化できなかったが，反対に大いに恩恵をこうむった企業もあった。その一例は，オリバー・ストーンが1999年に監督した「エニ・ギブン・サンデー」（ヘッドコーチ役のアル・パチーノと新人QB役のジェイミー・フォックスが競演）において，スポーツ栄養剤の会社であるMet-Rxが全面協力したケースにみられる。この映画は，プロフットボールの内面を描いたものだが，映画に信憑性を与えるために，本物の企業を映画に登場させたのである。

台本では，架空のチームであるマイアミ・シャークスの新星クォーターバックのウイリー・ビーモンが，栄養補助食品のコマーシャルに登場しているところを撮影するシーンがあった。映画は，Met-Rxの効果的な宣伝の場となったが，この商品が選ばれたのは，ダラス・カウボーイズのクォーターバックをはじめ，これまで多くのスポーツマンが愛用していたからで，ワーナー・ブラザーズは，Met-Rxが確かな同盟相手になると確信し，売り上げ増に結びつくと予想したのである。Met-Rxはさらに戦略的同盟を活用し，同社のプロテイン・プラス・バーの宣伝に，映画の写真を使い，映画の上映期間中に売上を33％も伸ばした。「エニ・ギブン・サンデー」での商品プレースメントによる投資効果をうまく定量化できたMet-Rxは，2年後に，同じくフットボールをテーマにした映画，「ザ・リプレイスメント」でまたスクリーンに戻ることを決めた。

（7）明確なゲームプラン

　戦略的同盟においては，明確で具体的な目的，スケジュール，役割分担，測定可能な結果といったものが成功をもたらす要因となる。慎重に考慮されたパートナーシップが，長期的な成功を生む戦略となるのである。

　ボクシングでは長年にわたり，例えば伝説的なプロモーターのドン・キングにまつわるような，有名な戦略的同盟が数多くなされてきたが，最近ではメディアの世界にも同様の動きが見られる。例えばペイパービュー（PPV）のライバル同士だった〈HBO〉と〈ショータイム〉は，2002年に関係を見直して戦略的パートナーとなった。ケーブルネットワークの大手だった両社は，HBOが契約を結んでいた世界ボクシング評議会／国際ボクシング連盟のチャンピオンであるレノックス・ルイスと，ショータイムが契約していたマイク・タイソンのヘビー級タイトルマッチのPPV放映権の配分について協議した。

　それぞれのネットワークは，契約書にサインする前に，共同で作り上げた商品が，両社に利益をもたらすことを確認する必要があった。PPVの試合に関するパッケージングと，配信の取り扱い方についても決める必要があった。その中には，どちらのネットワークが実際に試合を放送するか，PPVの試合をどういう名称にするか，どちらがそれを配信するかといったことが含まれていた。両社の対等の関係は，HBOがジム・ラムプリーとジェームス・ブラウンを，そしてショータイムがボビー・チズとジム・グレイという2人のキャスターを起用したことからもわかる。

　HBOとショータイムは，互いに費用と収益を分かちあう同盟関係によって，ともにこの大試合に参画することができたが，その背景には，業界における両社のリーディング・ブランドとしての地位を，ボクシングファンとプロモーター双方に印象づけるという狙いがあった。レノックス・ルイスがあざやかにマイク・タイソンを破ったこの試合は，1,800万件のPPV販売を達成し，ボクシング試合史上最高の1億300万ドルの収益をあげたばかりでなく，番組のネーミングライツ（命名権）というスポーツマーケティング的な成果をもたらした。

　企業がスタジアムやアリーナのネーミングライツの契約を行う時は，その条件について個別の話し合いを行うのが普通である。建物に企業名をつける他，施設内やその周辺での集中的な広告スペースの場所の提供，商談ができる豪華

なスイートルームの供与などを含むスポンサーシップ・パッケージが組まれるのが基本である。しかしネーミングライツの取引は近年ますます複雑なものになり，20年以上の使用で2億500万ドルの対価がつけられたフェデラル・エクスプレスとワシントン・レッドスキンズとの同盟をはじめ，企業に多様なマーケティング活動の場を提供するようになった。その中で，ネーミングライツの正しい活用が理解され始め，その多くが戦略的同盟の成功モデルとして企業に収益をもたらし，ブランドを確立する機会を与えている。

　その最もよい例はアトランタで，TBS（ターナー・ブロードキャスティング・システム）と家電メーカーのフィリップスが結んだ戦略的同盟である。この同盟には，NBAのホークスとNHLのスラッシャーズのホームである，2万人収容のフィリップス・アリーナのネーミングライツも含まれていた。

　当時，それまでの契約の中で最も包括的なネーミングライツ契約として知られた20年契約の同盟には，1億8,500万ドルの値段がついた。双方の幹部によれば，事業の選択と集中，サービス，新世代のデジタル・エレクトロニクス機器による高速アクセスを駆使することが重要な時代において，目に見えないビジョンと目に見える資源を結びつけるこの同盟は大いに意義のあるものだった。

　TBSとフィリップスは，同盟を最大限に活用するために，それぞれの社内でチームをつくり，テクノロジーおよびマーケティングとメディアのタスクフォースとして，両社間で資源を分かち合い，発展させる体勢をとった。これらのチームは，e-コマース，高画質テレビ，対話型コンピューター，ニュー・メディア，そしてプロモーションと商品化計画など，さまざまな分野での展開を試みた。

　さらに一歩進めて両社は，相手の商品を自社のビジネスに組み込むことに合意した。この合意には，フィリップスのターナー及びタイム・ワーナーとの広範囲に及ぶメディア・パッケージのほか，放送機材，コンシュマーならびにビジネスエレクトロニクス，消費者向け家電品，照明器具などのフィリップス製品の使用に関するサプライヤー契約も含まれていた。

　さらに競技場のいたるところで，フィリップスの技術と商品が展示された。競技場と隣接するCNNセンターには，1,000台以上のビデオモニターが設置され，新たにできた施設の公共の場でのビデオコンポーネントと照明装置は

フィリップス・エレクトロニクス製に統一された。さらに施設の中には3,000平方フィートの小売展示場も設けられた。

フィリップスは，包括的なマーケティング協約によって，タイム・ワーナーとその関連企業に対する新しいビジネス機会を推進しただけでなく，新たなビジネス機器や商品を供与する機会を得た。またAOLタイム・ワーナーは，コストの一部削減に成功しただけでなく，巨額の収益を受けとることになった。

(8) コミットメントとサポート

ネーミングライツの同盟の成功には，ビジョンとリーダーシップが不可欠である。また，それがもたらすブランドへのインパクトを，双方の企業が理解しておかなければならない。1990年代，スタジアムへのネーミングライツが大流行をみせ始めると，ファンは，スタジアムに冠された企業名に抗議し，新聞のコラムニストは，それがスポーツの過度の商業化につながると懸念した。

デトロイトのファンが，タイガースタジアムという従来の球場名をそのままにしておきたかったにもかかわらず，コメリカ社は，30年の使用契約で6,600万ドルを支払い，自社の名称をスタジアムに付与する権利を買った。当初，ファンの中には，ファンの気持ちを無視した暴挙であり，コメリカ銀行を2度と利用しないと言う人もいた。しかし，時がたつにつれ，例えばターゲット・センター（ミネアポリス），ユナイテッド・センター（シカゴ），パック・ベルパーク（サンフランシスコ）などのように，競技場やスタジアムに企業名をそのまま入れる方法が流行し，抗議運動は下火になった。ただしチームと自治体名が結びついている多くのスポーツタウンでは，企業名をつけることに対しては，依然否定的な感情が支配的である。

デンバーにおいて，NFLのブロンコスが，2001年に新しくできたスタジアムでデビューした時のことである。オープニングに至るまで，NFLでよく知られているマイルハイ・スタジアムにネーミングライツを導入するかどうかについて激しい議論が交わされた。

市長のウエリントン・ウェッブをはじめとする何人かのデンバー市民は，絶対反対の構えを見せた。たとえネーミングライツの売買によって，スタジアムにかかる費用のいくらかを納税者に還元できるにしても，それは適切ではないと考えた。しかし他の人々は，それほど気にする様子はなかった。新しく建設

されたスタジアムでもあるし，いずれ殿堂入りするはずのクォーターバックであるジョン・エルウェイが引退を表明した現在，デンバーは新しい時代を迎えようとしているというのがその理由である。これまであった施設にネーミングライツを与えることには反対だが，新しいスタジアムならよいだろうと言うのが大半の市民の反応だった。

　何ヵ月にもおよぶ激しい議論の末，メトロポリタン・フットボール・スタジアム・ディストリクトは，デンバーを地盤とするミューチュアル・ファンド企業であるインベスコにネーミングライツを与える決定を下した。しかしインヴェスコが6,000万ドルを支払ってスタジアムの名称を〈インベスコフィールド・アット・マイルハイ〉とすることになった後でも議論はおさまらなかった。デンバーポスト紙はオープニングの一週間前に，同紙は企業名を尊重することなく，スタジアムを単に「マイルハイ」と呼ぶことにしたと発表した。

　ファンもまた，グランドオープニングの何ヵ月も前に，契約の無効を唱えて訴訟をおこした。インベスコはその後，何ヵ月にもわたってネガティブな記事と高まる悪意に耐えなければならなかった。このネーミングライツの同盟が双方に有益なものだったかどうかを判断するには，契約期間が完全に終るまで待たなければならない。

　戦略同盟を考える場合，パートナーが財政的に支払い能力があり，事業形態がしっかりしていることを確かめることもまた重要である。なぜなら，ひとたび取引が成立すると，その企業の名前は多くの消費者や株主の心に長く焼きつき，もし一方が破産したとすれば，同盟の相方も影響をこうむるからである。

　2000年の夏，インターネット企業のCMGIは，2002年から2003年のNFLのシーズンにオープンする予定だったニューイングランド・パトリオット・スタジアムにおけるネーミングライツの，15年契約の同盟を結んだ。契約が成立した時，CMGIの株価は33.90ドルで，最高値をつけた8ヵ月前の326.33ドルから大きく下落していた。同盟が成立した1年後，そして〈CMGIフィールド〉がデビューする1年前に，同社の株価は2ドル以下になってしまっていた。CMGIもパトリオットも，契約は双方にとって依然として賢明なものだと主張したが，当然両社とも，当初もくろんでいたとおりになるかどうか疑問を抱き始めていた。スタジアムがオープンする1ヵ月ほど前にCMGIは契約を解除し，スタジアムはジレット・スタジアムと命名された。

ほぼ同じような事例が，セントルイスでも起きていた。NFLのセントルイス・ラムズは，それまでの戦略的同盟の相手だったTWA（トランスワールド航空）が破産し，ネーミングライツが無効となったことを受けて，2001年にスタジアムを，ドーム・アット・アメリカズ・センターに変更した。しかしその年が終る前に，ラムズは，ファイナンシャルサービス企業であるエドワードジョーンズと長期の戦略的同盟を結び，その結果，スタジアムはエドワードジョーンズ・ドームに再度変更された。

ファンはもちろん試合を見に行ったし，毎年のようにNFLリーグで優勝を争っているチームが，TWAとの関係でその名声に陰りを見せるなどとは誰も考えていなかった。それにもかかわらず，ラムズが名声を危うくしたのは，スタジアムが名称を変えるたびにそれをネーミングライツの価格が下がり，収益が悪化していったからである。

そしてMLBのヒューストン・アストロズの，エンロン・フィールドの事件が起きた。エンロンは，前年にオープンした球場に対して，2002年3月，ネーミングライツ費用の支払いを済ませていたため，チームが講じることのできる手段はほとんどなかった。というのも，破綻したエネルギー企業との契約には，「良き市民」の条項が含まれていなかったのである。そのためアストロズは名称がもたらす悪いイメージによって生じるマーケティング上の，あるいはコミュニティとの関係の悪化にもかかわらず，スタジアムの名前を変更することができなかったのである。

エンロン社が，アメリカのビジネス史上例のないスキャンダルに毒されていたことが明らかになると，アストロズは球場の名称をすぐに変えようとした。エンロン社の欺瞞によって，おびただしい数の市民が被害をこうむったことが明らかになった後，誰がエンロン・フィールドに試合を見に行くだろうか？

その後の素早い交渉の結果，アストロズは220万ドルを支払うことで同盟を解消することができ，そのおかげで2002年の開幕までに，球場からエンロンの名称をすっかり取り除くことができた。2002年のシーズンを通して，スタジアムの名称はヒューストンに本拠をもつコカ・コーラ傘下の〈ミニッツメイド〉が使用することになり，史上まれにみるスポーツマーケティングの危機は収束した。

コメリカ，インベスコ，CMGI，サービス，TWA，そしてエンロン。いずれ

もがネーミングライツの同盟をテコに，様々な分野でのビジネス展開しようとしたが，期待されたコミットメントとサポートを得ることができず，市場浸透率を高め，競争力を強めようとした努力は水泡に帰した。

　戦略的同盟を成功させるには，果たして何を買うのかについて，企業幹部は，従業員や選手を含むすべての関係者に明確に説明しなければならない。2001年に，ニューヨーク・メッツをはじめとするいくつかのスポーツチームは，チームの公式メディカルサービスの独占権を医療機関に向けて販売しはじめた。

　10年間チームドクターをしていたデビッド・アルチェックがこの入札に応じなかったため，メッツはニューヨーク大学病院関節病理科（NYUHJD）を指名して，独占的に選手の医療行為を行う権利を販売した。

　当時メッツのピッチャーだったターク・ウェンデルは，この資金調達を目的とした同盟について疑問を呈した。彼は，自分に9,000万ドルもの給料を払っているチームが，最高の入札をした者と契約したのか，それとも一番優れていると思われるドクターと契約したのか知りたいと思った。彼の疑問はシンプルである。つまり「別にNYUのドクターに楯突くわけではないが，選手のことをよく知っていて，その病歴にも通じていて，みんなに好かれているドクターがすでにチームいるのに，なぜ変えなきゃいけないんだ？」

　メッツの経営陣は，金のことだけでなく，メッツの選手が必要とするハイレベルな医療を維持しながら，より強固なビジネス関係を作り出すためだと変更の理由を述べた。しかしこの変更で，自分たちの健康管理がおろそかになるのではないかと考えたメッツの選手たちは，この問題にきわめて強い関心を示し，組合を通じて反対の態度を表明した。これによって，メッツと病院の双方が，同盟から得られるべき果実を無駄にしたのである。

1) http://www.strategic-alliances.org/pubs/BPWBpreview.pdf.　Reprinted with permission from the Association of Strategic Alliance Professionals, Inc.

第7章

危機管理

【ポイント】組織は，危機にどう備えるかだけでなく，危機が発生し拡大した場合に備えて，いかに対処するかをまとめた包括的な危機管理プランを用意することで，目前の危機に対処することができる。選手の不祥事やリーグ全体にわたる意思決定，あるいは他の制御不能な事態が起きた時にスポーツ産業が見せた対応は，企業の危機管理に多くの教訓を与えてくれる。

　スポーツがテレビ放映され，そこから生まれた24時間スポーツ番組が流される前は，スポーツにおける危機管理の問題は今日ほど注目を浴びなかった。大部分のスポーツファンにとって危機とは，スタジアムのトイレが込んでいて待たされたとか，大きな試合のチケットがなかなか手に入らないといった程度のものだった。
　テレビ時代のスポーツは，試合のハイライトや「今日のプレー」といったスポットニュースだけでなく，様々な番組を通して圧倒的な迫力を視聴者に伝えてきた。40年以上前に，ABCの伝説的なキャスターだったジム・マッケイは，「ワイド・ワールド・オブ・スポーツ」の中で，「地球をまたぎ，いつも変わらず，さまざまなスポーツをお届けします」と語った。
　今日でもファンは，「ワイド・ワールド・オブ・スポーツ」がとらえたスリルと興奮を覚えているが，今はずっと早くスリルと興奮を知ることができる。ケーブルテレビやインターネットを含むあらゆるメディアの即時性と普遍性

は，多くのファンに，より大きな楽しみを瞬時にもたらすようになった。

　そのことは，危機に対するスポーツ界の対応を変えた。危機は２つのタイプに分かれる。すなわち警告なしにいきなりやってくる危機と，警告がある中で起きる危機である。ナスカー（NASCAR）と世界中のレーシングファンは，スポーツ界の偶像だったデイル・アーンハルトの命を奪うことになった激突を，瞬時に，驚きをもって知ることになった。MLBは緊迫した労使関係，進行する財政上の悩みなど，予測できるかたちの危機に対しては，緊張感を持って対応してきた。しかしナスカーの「突発ニュース」における危機への対応は，MLBの進行中の危機への対応とは異質のものだ。理由はいろいろあるが，とくにそのタイミング，リーダーシップ，組織構造の相違に原因がある。

　MLBの危機の場合，組織の上層部は，ファンに知られる前に当面の危機に気づいており，時間をかけて危機に対処してきた。しかし事前に危機を察知できなかったナスカーの場合，上層部は，何百万というファンがテレビの生中継で，アーンハルトが乗った黒の#3GMグッドレンチの車が，2001年のデイトナ500の最終ラップで壁に激突し，命を落とす瞬間を見ていたファンに対し何もできなかったのである。

　アーンハルトの事故はなまなましく信じ難いものであったが，テレビの視聴者が悲劇を目の当たりにしたのは初めてのことではなかった。そうした忌まわしい事例を，1972年のミュンヘン五輪に見ることができる。

　ベトナム戦争が続き，中東の騒乱が治まらず，アメリカ国内では人種問題が過熱する中で，オリンピックは，1936年にナチス政権下のドイツで開催されて以来，初めてドイツに戻ってきた。"静穏のオリンピック"（The Olympics of Serenity）と名づけられたミュンヘン五輪は，閉会式の６日前に，８人のアラブ人テロリストがスポーツウェアを着て，スキーマスクをかぶり，スポーツバッグに武器をしのばせて選手村を襲った時，静穏どころではなくなった。テロリストたちはイスラエル選手団の宿舎に押し入り，２人を射殺し，９人を人質にとると，投獄されていた200人のパレスチナ人と指導的な立場にあった２人のドイツ人テロリストの釈放を求めた。

　９月５日の午前６時，ABCのアナウンサーだったジム・マッケイは放送でこう言った。「"静穏のオリンピック"はドイツの人たちがもっとも望んでいないものになりました。"テロのオリンピック"になったのです」[1]

その日，マッケイとABC放送は，一日中事態の進展を逐一報道した。ほぼ丸一日にわたる交渉の結果，テロリストたちは選手を連れてヘリコプターでミュンヘンの空港に行き，そこから飛行機で中東に向かおうとした。しかしドイツの狙撃手が3人のテロリストを撃ち殺すと，残ったテロリストたちは人質にしていた9人の選手全員を殺害したのである。

　放送を開始してから18時間後，心身ともに疲れ果てたマッケイは次のように語った。「みなさん，私が子どもだったころ，私の父親がよく言っていました。"私たちの最大の期待や最悪の恐怖は，めったに現実にはならない"と。だが今夜最悪の恐怖が現実のものになりました。今明らかにされたのは，人質は全部で11人だったということです。そのうち2人は昨日の朝，宿舎で殺されました。そして9人は今夜飛行場で命を奪われたのです。全員が死んだのです」[2)]

　国際オリンピック委員会（IOC）の会長であったエイバリー・ブランデージは，すぐ行動を起こさなければならなかった。IOCは翌日オリンピックスタジアムで急遽追悼式典を実施したが，ブランデージ会長はその席で，競技は続けられなければならないと述べた。34時間後にオリンピックは再開されたが，中には競技は無期延期されるべきだという声もあった。9月5日と6日の事件の後，オリンピックは大きく変化した。セキュリティは大幅に強化され，選手村への出入りはそれ以後厳しく制限されるようになった。

　ビジネスの世界においても，組織を崩壊に導き，長期間にわたるダメージを与える類似した事件が毎日起きている。

　例えばジョンソン＆ジョンソンだが，1982年に，同社の中核ブランドの1つであるタイラノール（鎮痛剤）に，社員が青酸化合物を混ぜて7人を死に追いやった時，同社はすぐさま次の行動に移った。悪質な行為がなされた経緯をすばやくつきとめると，同社は100億ドルの費用をかけて3,100万本に及ぶ鎮痛剤の瓶を回収するとともに，いたずら防止包装のタブレット（錠剤）と瓶を開発した。同時にジョンソン＆ジョンソンは，テレビＣＭで事件の経緯を説明したのだが，こうした措置によって同社は1年以内にマーケットシェアを回復することができた。

　アメリカ第5位のハンバーガーチェーンであるジャック・イン・ザ・ボックスもまた，1993年に，ハンバーガーに紛れ込んでいたバクテリアによって

3人の少年が死ぬ事件が起きた時，その危機に適切に対応した。はじめのうちフランチャイズのオーナーのなかには，事件の重要性を理解していない者もいたが，大部分のオーナーは売上が急速に下がっていくのを見て事態の深刻さに気づいた。

ジャック・イン・ザ・ボックスは，スポーツリーグがその試合を延期するように，傘下のレストランを閉めたりはしなかった。そのかわりに，食品の調理の面で業界一になることを目指した。ジャック・イン・ザ・ボックスは微生物学者のデビド・セナットを説得し，同社の品質保証ならびに製品安全担当の副社長に就任させた。セナットは即座に改善計画に着手した。数週間とたたないうちに，ジャック・イン・ザ・ボックスのレストランにはまったく新しい調理システムが導入された。それまでハンバーガーは手でつかんでグリルの上にのせていたのだが，かわりに消毒されたコテを使ってグリルで調理するように改められた。

直接，間接にバクテリアで被害を受けた人びとから補償を求められたジャック・イン・ザ・ボックスは，結局4,450万ドルを支払い，集団訴訟を解決することに同意した。しかし組織を徹底的に変革したおかげで，事件によって3ドルにまで落ちこんだ同社の株価は最近では20ドル以上の値をつけるようになり，2001年には創立50周年を祝うことができた。

企業を襲う，まかりまちがえれば致命傷にもなりかねないダメージを最小限にとどめるには，企業の従業員，株主，組織が率先して危機管理にあたらなければならない。貧弱なセキュリティや経理上の不正といった，企業が自ら招くような特定可能なダメージもあるが，危機がいつやってくるかを確実に予言できる人間は誰もいない。

シニア・マネジメントは，常日頃から危機（将来起こりうる危機も含めて）の管理を義務づけられている。ビジネスの収益や支出，株価，競合状態などに実質的な影響を与えるすべての事柄は，財務のボトムライン（総決算）にインパクトをもたらすばかりでなく，企業の持っているブランドネームに少なからぬ影響を及ぼす。

1 | 危機におけるプレーヤーたち

　危機の深刻さは，問題の大きさだけによって決められるだけでなく，どのようにステークホルダーに影響を及ぼすかによっても判断されるべきである。またステークホルダーがどう反応するかによっても，危機の深刻さは測られるべきである。

　ステークホルダー，つまり「プレーヤー」は，組織が運営しているビジネスや産業の種類によって異なるかも知れない。メディアは，言うまでもなく重要なステークホルダーだが，他にも，例えば弁護士なども重要な役割を果たす。スポーツであれビジネスであれ，危機が発生した時，何十人ものステークホルダーを考慮に入れなければならないことも珍しくはない。

　通常，1つの危機が多くのプレーヤーを巻きこむ。エンロンが残したものも，やはり株主に対する危機だった。その他アーサー・アンダーソンのケースにしても同じである。それはチームに危機をもたらしたばかりでなく，インターナショナル・サイクリング・ユニオン（ICU）や，チームスポンサーだった時計会社のフェスチナにも危機をもたらした，ツール・ド・フランスにおけるフェスチナ・チームの終焉と似ていなくもない。

　1998年のツール・ド・フランスが始まる前の日，フランスの強豪フェスチナ・チームのトレーナーが，フランスとベルギーの国境で停車するように命じられた。そして車の中から，400錠以上の筋肉増強剤が見つかったのである。ツール・ド・フランスが始まって3日後に，薬はチームのために使うつもりだったとトレーナーは証言した。数日後ICUは，フェスチナの監督であるブルーノ・ルーセルに出場停止処分を言い渡したが，後日彼は，薬をチームに渡し実際に5人の選手がそれを使用したと供述した。さらに別のチームであるオランダのTVMに疑いがかけられると，選手たちは第12ステージで抗議をし，6日後にはさらに5つのチームが失格となった。このツール・ド・フランスの主催者の例で見られるように，危機が緩慢に，なおざりなかたちで対処されればされるほど，問題は拡大し，より多くのステークホルダーを巻きこむことになる。

　通常のビジネスでは，重要なステークホルダーとして，ニュースメディアに

加えて，シニア・マネジメント，従業員，顧客，競争相手，それに公共部門を挙げることができる。スポーツでは，特に4大メジャーリーグにとって，ニュースメディアは特に重要とされる。同様に，試合を放映する放送ネットワークとスポンサー（事実上の融資者），選手，組合そしてファンが重要である。その時の状況にもよるが，他の「プレーヤー」である球団とその職員，地方，州，連邦政府などが決定的な役割を担うこともある。

ひとたび影響を受けるステークホルダーが確認されたならば，速やかにかつ正確に，必要な情報がすべて優先的に伝わるようにしなければならない。それを怠り，ステークホルダーが満足するような形で情報が伝わらない場合，組織の長期的なビジネス関係に亀裂が入る恐れがある。ステークホルダーがどのような方法で優先されるにせよ，重要な関係者が，危機をテレビ報道などで知る前に，情報を素早く伝えることが特に大切である。真っ先にステークホルダーに対してアプローチすることによって，組織は最初に自分達の見解を伝えることができるばかりか，組織が彼らを重要視していることを理解させることができる。

2│危機に直面するプレーヤーたちへの対応

危機がすでに発生し，組織の要となるステークホルダーへの迅速なアプローチが必要な場合には，混乱と財務的なダメージを最小限に食い止めるための戦略が必要となる。そのような戦略を練り上げるには，恐ろしく長い時間と準備が要求される。にもかかわらず，このようなわずかな予防措置が，本当の危機に直面した時に役立つのである。

戦略の中には，ビジネスにとって重要な機能とプロセスの確認が含まれる。このため，影響を受けた単独の，あるいは複数の機能とプロセスが，決定的なダメージを受けた時に対処するための，運営上あるいはコミュニケーション上の危機対応プランをつくっておく必要がある。同時に，重要なステークホルダーが危機の存在を認めた時に，どのような反応を示すかという点も考慮に入れておかなければならない。危機に対応したビジネスの継続プランを持った組織は，避け難いビジネスへの打撃と財務的なダメージを最小限に食い止めることができる。

3│守るべき 10 のルール

　ビジネスの戦略家たちは，危機に直面した時に守るべき 10 のルールを決めている。[3]　それはスポーツやビッグビジネスにおいて，ある時は遵守され，ある時には無視されてきたものだが，近年のメディアの即時性と，消費者に与える影響の大きさによって，ますます重要視されるようになった。ルールは以下のとおりである。

(1) 責任をとる。ここでいう責任とは非難を甘んじて受けるということではない。むしろそれは，危機に立ち向かう責任を持てということである。

(2) 周囲の声を測る。単に厄介な事態の展開と，本格的な危機の進行の違いを知ることによって，対応の方法を決めること。顧客がどのように反応するかが鍵となる。メディアもまた，どのような対応が行われるかを知りたがるだろう。

(3) 痛みを感じる。もし危機の渦中にいる人たちに同情せず，感情移入できなければ，いかなる筋の通った議論も意味のないものになる。企業の代表が口を開く前に，組織が危機回避に対処する時のキーパーソンが誰なのかを確認し，これから何が話されるかを，主だったスタッフにあらかじめ伝えておく必要がある。

(4) 数字に強くあれ。消費者がある特定の危機についてどう考えているのか，そして企業がどのような措置をとるべきだと考えているかを理解するために，調査を活用すること。

(5) 代弁者を使う。第三者は通常，企業のスポークスマンよりも好意的に受けとめられ，多くの信頼を勝ちとることができるという点で重要である。

(6) メディアを味方にする。メディアに正面から対峙することは，正確さに欠ける他のソースから情報を集めさせるよりも効果がある。消費者や戦略的同盟を組んでいる他企業が知りたがっている危機に対処する方法に関して，完全な危機対応プランがあるということを，メディアを通して伝えることを忘れてはならない。

(7) 法廷闘争に備える。訴訟が起こることを覚悟すること。弁護士に対し，事前にすべてを報告することを怠ってはならない。

(8) コンピューターに精通しておくこと。インターネット上で，eメールやウェブサイトを介して正しい情報と誤った情報が，目まぐるしいスピードで飛び交っている。起きている危機的な問題を，チャットルームやeメール・チェーン，そして他のオンライン・ポスティングを利用して説明することが大切である。

(9) タイミングがすべて。打てる手はすべて打とうとするかも知れないが，企業自身と，企業が危機にどう対応したかということに対する人々の印象は，最初の24時間で決まる。

(10) **攻撃が最大の防御となる**。危機が襲う前に，企業のレピュテーション資産を高めるために必要なステップを積み重ねること。

(1) 責任をとる

　1997年，MSGネットワークでニューヨーク・ネッツとニューヨーク・レンジャーズのキャスターを務め，NBCでNBAの実況放送を担当していたマーブ・アルバートは，異常性行為と暴行の罪で訴えられた。裁判に先立ってアルバートは，雇用主に対して，被害女性が言うように，ホテルの一室で彼女の背中を殴り，オーラルセックスを強要したなどという事実は一切ないと否定した。早めに起訴事実を認め示談で済ませていれば，アルバートもTVネットワークも気まずい思いをしないで済んだかも知れないし，大きな屈辱を免れる可能性もあった。しかしアルバートは徹頭徹尾否認し続け，テレビネットワークも彼を擁護し放送を続けさせた。そして破局がきた。

　9月になり，2日間の法廷証言の結果，アルバートがトリプルセックスを愉しみ，その際，彼が女性用の肌着を身につけていたことが明らかになった。2人目の女性が現れて，1994年にもアルバートが同じような行為をしたと申し立てると，彼は即座に有罪を認めた。数時間後に局側は，NBCのナンバーワンのアナウンサーだった彼を解雇し，MSGのネットワークからも退社することになった。これによってアルバートは，職業上のキャリアに大きな汚点を残すことになった。

　アルバートは，彼が最後の放送をしてからちょうど1年後にMSGに再雇用され，その後ターナーにも呼び戻されて，結局NBCで2000－01年の主任アナウンサーとしての地位を取り戻すことができた。2001－02年のバス

ケットボールのシーズンが終ると，彼は「マンディ・ナイト・フットボール」のラジオ番組も担当するようになった。

　責任をとり，誤りを認めたからといって，危機がすぐに消えてなくなる訳ではない。それは危機が間違いなく存在するということを確認したにすぎない。しかし危機によって，直接的にそして深刻な影響をこうむる人々に対して，率直で誠実であることによって，危機による被害を深めずに済むことがある。もしアルバートが，訴えを起こした女性に対して，あの夜に過ちを犯したこと，それを申し訳なく思っていること，そしてしかるべき償いをする用意があることを申し出ていれば，メディアを巻き込む大スキャンダルには至らなかっただろう。だからといって，アルバートの行為が容認される訳ではないが，スポーツ，ビジネス，そしてメディア産業は，事件による大々的な負のパブリシティをまぬがれることができたかも知れない。

（2）周囲の声を測る

　2000－01年のトレーニングキャンプが始まる数日前，NBAは，リーグの新進スタープレーヤーの1人であるフィラデルフィア・76ersのアレン・アイバーソンが，シングル盤のラップアルバムである「40バーズ」を発売しようとしていることを知り，危機的状況を察知した。ジュウェルズというラップネームをもつアイバーソンは，かつて麻薬及び小火器所持の罪で逮捕されたことがあり，高校時代には騒乱罪で懲役4ヵ月の有罪判決を受けていた。

　アルバムは2月に発売されることになっていたが，歌詞はその3ヵ月前にインターネットで流された。時を同じくしてコロムビア・レコードからCDのコピーが各ラジオ局に送られると，NBAのコミッショナーであるデビッド・スターンは，危機が目前に迫っていることに気づいた。その歌の歌詞は，NBAの他の選手兼ラッパーであるシャキール・オニールやコービー・ブライアントのそれとはまったくかけはなれたものだった。「ホモ(ファゴット)の優しさでおれに接してくれ，ウジ(マゴット)と一緒に寝るんだ」そして「銃を構えるガッツがあるかい。引き金を引く根性を持てよ。信じられないなら死んじまえ」──歌詞は撃鉄を上げて発砲するところで終っていた。

　人権擁護団体とメディアはすぐに反応した。幸いなことに，スターンもまたすぐ行動に移った。人権擁護団体の中には，アイバーソンの謝罪を求めて，

フィラデルフィア・76ers のプレシーズンゲームが始まる前に，ファースト・ユニオン・センターの外で抗議するものもあった。その時アイバーソンはいくつかの団体に会って彼らの言い分に耳を傾けたが，結局歌詞を変えるつもりはないと言い放った。

　スターンのとった行動は素早かった。アイバーソンと会い，話がつくと，アイバーソンは出場停止になることも罰金を科せられることもないが，歌詞を変更しなければならないと発表した。スターンは，問題の歌詞がアイバーソン個人に対する人々の評価に影響を及ぼすだけでなく，チームや NBA にも影響及ぼすものであることを理解させた。

　2001 年の NBA では，トップスターの 1 人だったアイバーソンの活躍もあって，76ers がイースタン・カンファレンスを制すると，2 月に予定されていた CD の発売は突然 6 月末まで延期されることになった。6 月末になるとアイバーソンは MVP に選ばれてシーズンを終え，チームを NBA のファイナルに導いた。2001 － 02 年のトレーニングキャンプが近づいたころ，アイバーソンが発表した声明で，NBA と 76ers は胸をなでおろすことになる。CD の発売が中止になったからである。

　アイバーソンは，CD が否定的に受けとめられていることから，発売にこだわるべきではないし，チームメートや子どもたち，それに家族に押しつけるつもりもないと述べた。アイバーソンは，最終的に CD が持つインパクトの大きさを考え，CD に対する情熱を失ったのである。

　反応（すなわち周囲の声）を適切に測ることで，デビッド・スターンや NBA の幹部，そしてアレン・アイバーソンさえもが，ステークホルダーに対するネガティブなフィードバックをもたらしてまで，新しいラップの CD によって自分の主張を伝える価値はないと判断したのである。

（3）痛みを感じる

　仮に，ステークホルダーが危機の当事者であろうと，もしくは単なる傍観者であろうと，危機がステークホルダーに与えるインパクトを理解し評価することなしに，危機に対処し，それを乗り越えることはできない。

　2001 年 9 月 11 日，ニューヨークとワシントン D.C. で悲惨なテロ攻撃があったが，それと NFL の間には何の関係もなかった。しかしこの事件によっ

て，NFLもまた危機を迎えた。NFLと，前国防相でヨーロッパと北大西洋の防衛アナリストとして活躍したことのあるNFLコミッショナーのポール・タグリアビューは，事件後，リーグの日曜日の試合を予定通り行うべきかどうか決定しなければならなかった。

MLBはすでにいくつかの試合の延期を決めており，そのためワールドシリーズが初めて11月に戦われることになったが，NFLはいかにして，この危機に対処するかで揺れていた。当初は試合の続行を考えていた，（多額のTVの放映権料が絡む）多くのカレッジフットボールのカンファレンスも，意志決定を迫られていた。

NFLは，スケジュール管理と経済的な問題の対処に追われた。チームは原則として週に一度プレーするが，NFLのスケジューリングによって休みになる週もある中で，試合の延期は厄介な問題だった。9月11日の事件が，その後どのような展開を見せるかわからないまま，タグリアビューはその週末の試合の中止を決めた。国家が今迎えているのは人命の喪失についてであり，選手は試合に集中できないと彼は考えた。タグリアビューは1週間考える時間を持ち，支援を必要としている友人や家族，そして地域の人々を助けることが正しい選択だと考えた。

タグリアビューは，1週間の切符の売上げやTVネットワークに払わなければならない補償など，リーグが被る経済的損失のことは考えず，悲劇によって苦しんでいる人びとのことをまず頭に浮かべた。

その後の複雑なスケジュール調整を済ませ，経済的な損失額を見極めると，タグリアビューはスーパーボウルを1週間遅らせただけで，NFLのシーズンを乗り切った。スポーツリーグよりも，悲しみにつつまれたファンを含む関係者の関心を優先させることで，タグリアビューは危機管理についての類いまれな能力を見せたのである。前例のない手腕を発揮したことで，彼はスポーツ界における最高の経営者と目されるようになった。スポーティング・ニュースは，彼を2001年の最も力のある人物として挙げ，スポーツビジネス・ワールド誌は彼を2001年度の〈スポーツ・エグゼクティブ・オブ・ザ・イヤー〉に選んだ。

その反対に40年前，29年に及ぶ輝かしい経歴を持っていたNFLのコミッショナーであるピート・ロゼルは，心の痛みを感じ取ることができなかったた

めに，その経歴に傷をつける結果になった。1963年にジョン・F・ケネディが暗殺された2日後，ロゼルは，当時のアメリカン・フットボール・リーグ（AFL）が4試合を中止したのに対し，NFLはその週予定されていた7試合を行うと発表したのである。

その時ロゼルは，誰もがそれぞれ違ったやり方で哀悼の意を表せるはずで，自分はその日曜日に教会に行くことでそれを示したし，NFLの試合を見にきた多くの人びともそうだったと言った。彼は試合を続けることが不謹慎だとは考えなかったし，自分がミスを犯したとも思っていなかった。しかし30年後にロゼルは，あれは自分のキャリアで犯した最も愚かな判断であったことを認めた。

タグリアビューは，9月11日の事件によって起きた危機に真正面から取り組み，アメリカ国民が味わっている測り知れない苦痛と悲しみを考慮して，とるべき態度を決めたのである。人々の「痛みを感じる」ことのできる優れたリーダーシップを示すことによって，タグリアビューは，彼とNFLの名声を両方高めたのである。

（4）数字に強くあれ

危機に対処するにあたって，企業はこの章で議論されているルールについて考えなければならない。しかし複数の企業がその企業と戦略的同盟を結んでいる場合，彼らもまた危機の影響から無縁ではいられない。

例えばあるスポーツ選手が逮捕されたとすると，選手のエージェントは，彼または彼女に対する大衆のイメージがどのくらい傷つけられたかが気になるだろうし，エージェントが新たな選手を獲得する時，その逮捕劇がどの程度の障害になるかを知りたいと思うだろう。さらにそのスポーツ選手とCM契約を結んでいた企業は，すぐに彼または彼女を企業の顔として使い続けることについて判断を迫られるだろう。

ジョン・ハンコック相互生命保険は，長年にわたり，オリンピックの公式スポンサーとして何億ドルもの資金を提供してきた。しかしながら，2002年の冬季オリンピックの開催国になるために，ソルトレーク・シティの招致委員がIOC委員に賄賂を送った事実があると知った同社は，これまで行なってきた支援を打ち切ると言い出した。

ジョン・ハンコックの社長デビッド・ダレッサンドロは，オリンピックに対して批判的で，同社がスキャンダルについて3つの調査を行なった結果，回答者の多くが，もはやオリンピックとそのスポンサーは信用できないと答えたと報告した。
　事を複雑にしたのは，そのスキャンダルが，ソルトレーク組織委員会（SLOC）と米国オリンピック委員会（USOC）が行っている，オリンピック開催のための13億4,000万ドルの資金調達キャンペーンの真っ最中に起きたことであった。オリンピック関係者たちが，ジョン・ハンコックの調査結果を声高に反論する中，この件は大手新聞社の注目を浴びることになった。
　ダレッサンドロの目には，このスキャンダルに対するIOCの反応が緩慢であると映った。そのために，将来ハンコックが，オリンピック大会のために投資を継続するかどうかが怪しくなってきた。しかしIOCが，収賄を受けた10人の委員を追放，もしくは辞任に追いやった結果，招致活動に関するダレッサンドロの不審は和らいだ。結局ハンコックは，推定5,000万ドルのスポンサー契約にあらためてサインし，2002年のオリンピックを成功に導いただけでなく，同社は2004年と2006年，そして2008年の北京オリンピックについても契約を結んだのである。
　ジョン・ハンコックの対応は，危機が他の関係者に波及的に及ぶことについての，よい戒めとなる例である。関連をもつすべての企業への〈危機の波及効果〉を理解し，すばやく対応することは非常に重要である。

(5) 代弁者を使う

　世論調査の実施は，うまくいく場合とそうでない場合がある。企業が世論調査を実施する理由の1つは，今マスメディアが騒いでいる問題が，（実際は大問題であっても）産業界や消費者にとって大きな問題ではないことを示そうとするものである。調査を実施するのはもちろん第三者だが，企業自体はどのような質問を，どのように質問するかをあらかじめ決めている。
　2001年のウィンター・ミーティングで，MLBは，財政的理由からチーム数を2つ減らしたいと発表したために，コミッショナーであるバド・セリグならびにオーナーたちに対する世論の風当たりは一気に強まった。この発表は，ワールドシリーズの興奮が去った数日後に，2001年の運営赤字が2億

3,200万ドルに及ぶと議会でセリグが報告した時に行われた。

　世論では，チームを2つ減らすことに対し多くのファンが反対しており，ファンもバド・セリグのやり方がまずいと感じていたが，MLBの調査は，大衆の声とは別のことを明らかにした。この調査は，MLBのために10年以上仕事を請け負ってきたペン・シェーン＆バーランドによって実施されたものだが，それによると，スポーツの抱えている問題は，競争上のバランスの欠如だということになった。実際この問題はMLBが抱えている大問題だった。

　1995年から2001年にかけて行われた24のプレーオフの試合のうち，219試合は給与水準の高いほうのチームが勝ってきた。調査では，回答者の75％が，ベースボールは競争上のバランスの問題を抱えていると言い，77％が，セリグが競争上のバランスを図ろうとしていることを歓迎すると答えた。オーナーたちは，調査にもとづき，2002年夏の労使協約時の交渉で，給与水準の高い球団がこれ以上札ビラを切ることを制限すべく，ぜいたく税を導入することを選手側に納得させた。経営者サイドはこれを競争上のバランス税と呼んだ。

　もちろん調査では，チーム数の縮小が，競争上のバランスを促進するかどうかには触れていなかった。チームの本拠地を，別の都市に移すことが競争上のバランス上得策かどうかという設問もなかったし，ファンがセリグに対して感じている全体的な印象についての質問も行われなかった。

　代弁者がいつも役立つとは限らない。それは，情報を受けるのが誰で，誰がその情報を聞いて，行動を起こしたいと思っているかによる。MLBの世論調査は，チーム数の削減に対する関心を，競争上のバランスという問題に置き換える目的で実施された。しかしMLBは，この目標の大部分を達成できなかった。それというのも，世論調査の結果を知らされたメディアの数が少なかったのと，それをニュースにしようとするメディアの数が限られていたからである。

(6) メディアを味方にする

　2000年の9月10日，男子バスケットボールのコーチであるボビー・ナイトは，インディアナ大学を全米チャンピオンに育てあげ，29年間のうちに24回も強豪大学がひしめくNCAAトーナメントに出場させた後，同大学から解雇された。おびただしい数のスポーツ競技が，学生アスリートを獲得すること

に血眼になっていた時期に，ナイトは彼の育てた多くの選手を卒業させ，大学の図書館に何百万ドルもの寄付をしたことで知られていた。

しかしナイトの大学に対する多大なる貢献は，彼が引き起こした一連の事件によって価値が半減してしまった。実際ナイトは，スポーツ産業界の「危機の王様」（クライシス・オブ・キング）だった。1979年のパンナムゲームの時にプエルトリコ人の警察官を殴ったことを皮切りに，1993年のノートルダム大との試合で，自分の息子でもある選手をわめきながら蹴飛ばしたこと，NCAAのスタッフが，記者会見にナイトは現れないだろうとアナウンスした時に，実際に姿を見せて彼に殴りかかったことに至るまで，ナイトはとにかく熱くなりやすい人物だった。しかしこれらの事件にもかかわらず，ナイトは，自分の行為が世間に受け入れられ難いものだということを認めようとはしなかった。

ナイトがメディアと良好な関係を結ぶことに失敗したばかりでなく，メディアを敵視してきたことは明らかだ。その結果，彼がインディアナ大学の職を失うことになったことは驚くに当たらない。なぜなら，多くのメディアが，ナイトのことを乱暴者と考えていることを，ナイトは意に介さないと考えたからである。

このような理由から，メディアはナイトを厳しく監視し，破綻が起きることを予期し，その行動をモニターし続けた。ナイトがかつて選手だったネイル・リードの首を絞めたことがわかり，大学側が「ゼロ・トレランス・ポリシー」──ナイトがまた無分別な行動をとったなら，たとえそれが軽微なものであっても解雇するという妥協の余地の無い制裁──を宣言すると，メディアは彼の解雇を予感した。

確かにインディアナ大学の関係者はナイトに警告を出したものの，結局メディアの間断ないネガティブな記述が，彼の息の根を止めることになった。そして，些細な事件ではあったが，インディアナ大学の新入生との口論が，ついにゼロ・トレランス・ポリシーの発動を促しナイトの解雇が決まった。

メディアと良い関係を築くということは，単にメディアに頭を下げてお願いするということではなく，組織のステークホルダーに危機を理解してもらう時に，代弁者として活用すべきだということを意味する。ボビー・ナイトが危機に直面した時，彼は記者会見に際し，自分の立場を決して有利にすることのないきわめて攻撃的な態度をとった。つまり，他の人が危機と認める行為は何か

第7章　危機管理　169

を見極め，そのことに注目し，おざなりにしないという危機管理の鉄則を守らなかったのである。

（7）法廷闘争に備える

　顧客が抱えている問題は，いつ苦情から訴訟に変わるかもしれない。そのため，法律の専門家たちが，危機の局面を全面的に理解していることが重要となる。

　NFLのタンパベイ・バッカニアーズが，1998－99年シーズンに新しくできたレイモンド・ジェームズ・スタジアムに移った時，座席の場所をめぐって，3人のファンが苦情を申し立てた。3人は即座に弁護士を雇うと，彼らの訴えについて記者会見を開くと発表した。バッカニアーズは裁判所の判事が訴えを却下することを望んだが，それが無理だと知ると，ファンの申し立てが不正確かつ不誠実であるとして，100万ドルの名誉毀損の訴訟を起こした。

　チームの名誉を傷つけたとしてバッカニアーズはそれぞれのファンに100万ドル，弁護士に500万ドル，そして弁護士が所属するタンパの法律事務所に500万ドルの支払いを求めた。最終的にはチームは，2000年6月にその訴えを取り下げた。

　1995年の11月6日に，NFLのクリーブランド・ブラウンズの前オーナーであるアート・モデルが，チームの本拠地をボルチモアに移すと発表した時，ファンは移転が不当だとして抗議した。数人の原告によって起こされた訴訟は，たちまち何千人ものシーズンチケット・ホルダーが同調する事態となり，オーナーのモデル氏が，もう1シーズン，チームがクリーブランドに残るように思わせておいて，突如移転の措置をとるのは契約違反だとした。2001年4月，モデルはシーズンチケットのホルダーにそれぞれ50ドル支払うことで示談を成立させた。

　その数ヵ月後，オハイオのシンシナティ・ベンガルズは，1,750人のシーズンチケット・ホルダーに補償を行った。あるベンガルズファンが，新しいスタジアムのある特定の場所の座席を買ったにもかかわらず，最初の試合に来てみると，座席は違う場所だった。これに怒ったファンは，弁護士のジャネット・アバレイの助けを得てチームを訴えたのである。

　アバレイは，シーズンチケットを買う権利が与えられるパーソナルシート・ライセンスを買ったものの，希望に沿わない座席しかもらえなかった他のシー

ズンチケット・ホルダーたちに声をかけて集会を開いた。他のシーズンチケット・ホルダーが原告として加わったことから，郡のコミッショナーは，裁判に頼るよりチームと直接交渉することを勧めた。

　チーム側は座席の割り振りを決めた後で，スタジアムの設計に変更のあったことを認めた。解決策として，シーズンチケット・ホルダーは追加の費用なしでもっと良い席に移るか，今の座席のままで差額を現金で受け取るか，座席をキャンセルして払い戻しを受けるかのいずれかを選択できることになった。

　シーズンチケット・ホルダーが，プロスポーツのチームを訴えるといった全国的な注目を浴びるような危機では，組織が単に事件に関する法律に精通しているだけでなく，スポーツファンや事件を報道するメディアと共感できる有能な弁護団を持つことが不可欠である。

(8) コンピューターに精通しておくこと

　第3章のユナイテッド航空とUnited.comのところで述べたように，インターネットの時代には，eメールによってネガティブなニュースが恐ろしい速度で広がっていく。ナイキは，そのスピードの速さをナイキiDプログラムで実感した。

　1999年ナイキは，ナイキiDを立ち上げ，顧客とマンツーマンの対応を活用し始めた。究極の個人的表現と個人主義を具現したナイキiDのプログラムは，顧客がNike.comに10ドルを支払うことによって，特注のシューズに顧客個人のメッセージと色の組み合わせを盛り込み，特注の商品を2週間から3週間で配達するサービスである。

　1980年代の中ごろから，ナイキのシューズを買った多くの人びとが，自分達の購買経験が商品化に反映されたと感じていた。顧客が，たとえシューズのすべてを完璧にデザインできなくとも，ナイキiDプログラムは，ナイキが個々の顧客ニーズに配慮できる会社であることを証明する良い機会となった。

　顧客に対し，自分達が必要とされていると思わせることは，ビジネスの成功を導く基本であり，大企業にとってもワン・ツー・ワンの関係づくりが重要なコンセプトとなっている。ナイキは，アマゾン・ドット・コムが，顧客のそれまでの購買傾向をもとに顧客個人の書籍リストを作るのと同じように，ナイキiDをつくったのである。

しかしナイキを狼狽させたのは，MIT（マサチューセッツ工科大学）の大学院生のジョナ・ペレッティが，このブランディングの機会を利用して，自分自身のブランド・メッセージを伝えようとしたのである。ペレッティは自分の注文したシューズに，（低賃金で労働者をこき使う）「搾取工場」という商品名を付けるように要求した。

自分のブランドを作ろうというサービスは，個人的表現の幅があまりにも広いため，同社にとって，大きなパブリック・リレーション上の挑戦となった。ナイキのように，明確な規則を持つ企業でも，個人とのワン・ツー・ワンの関係が，思わぬ困難をもたらすのである。以下のeメールは，2001年のESPN.comにおいて，大きな波紋を呼んだ。[4]

From：ジョナ・H・ペレッティ
To：パーソナライズ，ナイキ iD
Re：ナイキ　iDの注文番号o16468000の件
前略
注文がキャンセルされたということですが，私の個人向けナイキiDは，貴社が規定しているどの条項にも抵触していないと思います。私が注文したZOOMXC USAのランニングシューズの名前は「搾取工場」(sweatshop)です。搾取工場という言葉は1）誰の商標でもなく，2）どの選手の名前でもなく，3）ののしりの言葉でもなく，4）卑語でもありません。私がこのiDを選んだのは，私のシューズを作った子ども達の苦難と労働を思うからです。どうぞ私が注文したシューズを至急届けてください。
草々。どうぞよいお年を。
ジョナ・ペレッティ

From：パーソナライズ，ナイキ iD
To：ジョナ・ペレッティ
Re：ナイキ iD注文番号o16468000の件
親愛なるナイキiDのお客さまへ
あなたのナイキiDの御注文がキャンセルされたのは，あなたが選んだiDが，前回のeメールでも申し上げたとおり「不適切なスラング」を意味し

ているからです。
もしあなたが別の言葉で個人用商品を作りたい場合は，どうぞwww.nike.comで再注文して下さるようお願い申し上げます。
用件のみ
ナイキiD

From：ジョナ・H・ペレッティ
To：パーソナライズ，ナイキiD
Re：ナイキiD注文番号o1646800の件
ナイキiDさま
私のZOOM XC USAのランニングシューズについて早速ご返事下さり有難うございます。貴社の迅速な顧客サービスには感謝していますが，私のパーソナルiDが不適切なスラングであるという説明は納得しかねます。ウェブスターの辞書を引いても，「搾取工場」という言葉が標準的な英語でありスラングなどではないことがわかります。この言葉の意味は，「店や工場で労働者が長時間，低い賃金で，劣悪な環境の中で働かされること」というもので，1982年から使われ始めました。ですから私のパーソナルiDは，貴社が最初のeメールで詳しく述べている条件にあてはまらないと思われます。貴社のウェブサイトではナイキiDプログラムは「選択する自由と自己を表現する自由」となっております。私も同感です。同じサイトで貴社は「もしそれをしたいのなら…自分でやってみることだ」(If you want it done right...build it yourself) とも言っています。私は，自分のシューズが作れることに興奮し，私の希望をかなえてくれる搾取工場で働く人たちに対し，感謝の気持を表すために注文を実行したのです。貴社が私の自由と表現を認めて下さり，注文のキャンセルを思いとどまってくれることを切に望む次第です。
よろしくお願い致します。
ジョナ・ペレッティ

ナイキは結局，ペレッティの希望を受け入れなかったが，ワン・ツー・ワンの世界がはらむ危険を思い知るとともに，eメールとインターネットの世界が

いかに迅速に，会社の弱みを広めていくかを学んだ。広く配信されたペレッティのeメールは，eメールがもたらす，いわゆる「ウィルス・マーケティング」について，貴重な教訓を与えてくれることになった。

しかし，これぐらいのことでナイキは，顧客に対して個人向けシューズを提供する重要さを見直したりはしなかった。実際ペレッティの一件で，個人向けのルールを変えることはなかった。計画が3年目を迎え，かつては米国内だけだったが，やがてヨーロッパや日本でも実施されるようになったプログラムに，ナイキは23種類のシューズを組み入れた。

個人向け商品のルールを変更するに至らなかったとはいえ，世間の注目を集めたペレッティとの応酬は，ナイキをよりサイバー志向の企業に変身させた。

(9) タイミングがすべて

2001年の2月18日午後4時50分，76回の優勝と，4,100万ドル以上の賞金を勝ちとった伝説的カーレーサーであるデイル・アーンハルトが，デイトナ500の最後のターンで壁に激突した時，ナスカー（NASCAR）はかつてないほどの大きな危機に直面した。しかし，その後の素早く柔軟的な対応が，ナスカーを本当の危機から救ったのである。このことは，いかに迅速に危機に対処し，明確な意思決定を下すかが重要であるかを教えてくれた。

アーンハルトは，激突後即座に車から引き出され，スピードウェイ上でCPR（心肺蘇生法）をはじめとする応急措置が施された。数分後に彼は，インターナショナル・スピードウェイから数ブロックのところにあるハリファックス医療センターに運び込まれたが，そこには外傷専門の医師団が待ち受けていた。5時16分にアーンハルトの死亡が確認された。6時50分には正式な報告がスピードウェイに伝えられた。そのおよそ10分後にナスカーの社長マイク・ヘルトンは，医療センターの医師であるスティーヴ・ボハノンを伴って記者会見を行った。

メディアに向かってヘルトンは，自分はすべての質問に答える知識もなく，そのような教育を受けてきた訳でもないため，即答できない問題もあると述べた。次にボハノン医師が，医学的見地から，答えられるすべての質問に応じた。ヘルトンとボハノンが答えを避けた質問は少なくなかったが，それは安全基準に関して，火に油を注ぐような発言を避けたいと考えたからだった。

7時40分には、レーストラックのゴールラインの近くにあったポールに半旗が掲げられた。午後8時、ナスカーは月曜日の朝に予定されていたポスト・デイトナの式典を無期延期にすると発表した。
　それから数日、数週間、そして数ヵ月というもの、多くの評論家がナスカーの安全基準について批判を繰り返し、事件が起きた半年後には、アーンハルトの実際の死因に関して錯綜した報告が提出された。さらにアーンハルトが締めていた安全ベルトについても、事故の時に切れたのか、車から引き出す際に切られたのかという疑惑が生じた。
　8月21日にナスカーは、50人以上の専門家の見解を含む324ページに及ぶ報告書を公表した。3ヵ月後にナスカーは、上位3つのディビジョンに所属するレーサーに対し、頭と首の拘束器具（レストレイント）を装着することを義務づけた。
　批判の余地がなかったのは、ナスカーがこのスポーツ史上最大の悲劇に際して、迅速に、そして柔軟な態度で臨んだということである。
　危機の初期段階で適切な措置をとったことと、その後の反応を予測したことで、ナスカーは、まかり間違えば全国的な非難を引き起こしかねない、監視の目を逃れることができたのである。

（10）攻撃が最大の防御となる

　危機管理の専門家によれば、優れた危機管理とは、潜在的な危機を察知し、危機が組織のビジネスに衝撃を与える前に、素早く対応策を講じることである。その場合、危機の衝撃が、メディアやニュースを通して組織のステークホルダーや一般大衆にまで伝播することはない。[5]
　400メートルの距離を競うドラッグ・レースを統括する全米ホットロッド連盟（NHRA）は、このことを理解していた数少ないスポーツ組織であり、実際にそれを実行に移した。1998年に司法長官と大手タバコメーカーの間でなされた合意（禁煙プログラムへの資金提供）は、スポーツ産業にも大きな影響を及ぼしたが、モータースポーツ界に与えた影響は衝撃的だった。
　モータースポーツ最大のパートナーだったタバコ会社であるウインストンは、ナスカーかNHRAの、どちらの提携相手とのスポンサーを継続するか決めなければならなくなり、ウインストン・カップを通じて31年のスポーツマーケティングの関係を保ってきた前者を選んだ。ナスカーの圧倒的なTV

ネットワークを通じての影響力と，35の全国規模のイベントに集まる400万人近い観客を重視したウインストンの決定によって，モータースポーツのもうひとつの旗頭であるNHRAは，スポンサーを失うことになった。

ウインストンとNHRAの包括的なマーケティング・パートナーシップは27年に及び，毎年1,000万から1,500万ドルの価値があるとみなされていた。実際ウインストンは，NHRA最大のスポンサーだった。景気が低迷し，スポンサーが支出を抑制しようとする時に，ウインストンほど大口スポンサーの替わりを探すのは容易ではなかった。

ウインストンとナスカーの公式な発表がなされる1年前，近い将来にウインストンの支援を失うことを察知したNHRAは，危機対応プランの作成に取りかかった。幸いだったのは，タバコメーカーを大口スポンサーに留めておくことが，若い青少年ファンへの浸透を妨げるという認識の広まりであった。NHRAが真に望んでいたスポンサーは，スポーツ界で対等な形でギブ・アンド・テイクの関係が保てる健全な相手だった。こうした状況は，NHRAのウインストンに対する立場を微妙なものにしたが，事前の危機管理に集中したおかげで，発表にもあわてず対応することができたのである。

NHRAは資金面での大きな危機に対処するために，数年前から内部及び外部とのコミュニケーションを簡素化して，経営体制の強化に努めていた。5人の副社長が直接NHRAの社長に報告することで，組織はうまく経営の枠組みを作り上げ，結束力と持久力を持った組織としてウインストン交代の戦略をつくり，実行に移したのである。

モータースポーツを育成するという明確な目標を持っていたNHRAは，テレビによる報道枠を広げ，レース場の改善を熱心に行ってきたし，そうすることがスポンサーと交渉する時に役立つと信じていた。

NHRAがあらかじめ計画を立てていたことは，コカ・コーラ傘下のパワーエイドなどとのスポンサー交渉において役に立った。しかし交渉がまとまりそうになった時に，9月11日のテロ事件が起き，コカ・コーラをはじめとする大手のスポーツ提携企業はポリシーの見直しを始めた。

パニックになって大口スポンサーを失うことなく，NHRAはスポンサー契約を成立させるために，素早く2つのことを実行に移した。まずパワーエイドに対し，NHRAが契約に積極的であるだけでなく，パワーエイドが望むいかな

る契約期間にも喜んで応じると伝えた。次にパワーエイドと契約を急いで結ぶことがなぜ必要なのかという，最近の調査結果を提供すると申し出た。

このような努力は，2001 年の 12 月に，NHRA がパワーエイドと世界をカバーする 5 年の独占契約を結んだという発表によって結実した。NHRA は今も，12 月 3 日を同社の歴史で最も重要な日と呼んでいる。

NHRA は，ウインストンの期待には応えられなかったが，パワーエイドに対しては，充分な価値の還元（若いファンの獲得）を行った。これら一連の危機管理技術によって，NHRA はその名声とブランドネームの価値を飛躍的に高めることができたのである。

NHRA の場合，防戦に回らずにすんだのは，早目の攻撃があったおかげである。NHRA は，業界での地位を長期にわたって危うくするかもしれない危機に適切に対応して，それを乗り切ったばかりでなく，大勢のステークホルダーのことを念頭において行動したのである。

4│前進する時

これまで述べてきた 10 のルールに注意を払う他に，組織は，危機を乗り切るために，どのようにして，そしていつ前進するかを知ることの重要性を理解しなければならない。しかし前進する前に，組織は，危機がステークホルダーに与えたダメージを把握しておく必要がある。しかしながら，例えばケント・ステート（州立大学）が学んだように，「前進」している時に名前を変えたりすることは簡単ではない。

1970 年の 5 月 4 日，オハイオ州兵が，米国のベトナムへの介入に反対するデモに参加していた 4 人の学生を，キャンパスで射殺するという痛ましい事件があった。州兵に危害が加えられる恐れはなかったため，一方的な加害行為と考えられたが，以来多くの人がケント・ステートの名前を耳にすると，真っ先にこの事件のことを思い浮かべるようになった。

1986 年に大学は，この悲劇のこともあって，公式の文房具やレターヘッドから「ステート」の名前を取り去ることを決めた。前進の方法として，大学名の一部削除を決めたのである。1999 年のバスケットボールシーズンでも，新聞報道のあるゴールデン・フラッシュズとの試合で渡されたメディア向けのメ

モには，チーム名は「ケント」であり「ケント・ステート」としないようにとの注意書きがあった。スポーツ担当の理事も，競技場のスコアボードには，「ケント・ステート」と表示しないようにと念を押した。

しかし最終的に卒業生は，昔の名前に戻すことを望んだ。多くの卒業生はケント・ステートの名前に誇りをもっており，「ケント」だけでは別の大学のようだと感じたのだ。こうした経緯もあって，2000年には，悲劇がおこってから30年目になることを節目に，大学はおよそ30万ドルの費用をかけて新しいロゴをデザインし，校内にあるおよそ100箇所の標識を「ケント・ステート」に戻した。

重大な危機に見舞われた企業は，ケント・ステートのように，人々が忘れてくれるだろうという期待から，ただ名称を変更するようなことは慎まなければならない。過去を認め，重要なステークホルダーの役割に感謝し，適切に前進することは，重大な危機をごまかしたり，ないがしろにするよりはるかに望ましいことである。

1) Tomase, John, "Recalling the Olympics of Terror," *The Eagle-Tribune*, September 16, 2001.
2) 同上
3) Adapted with permission from Hill and Knowlton's crisis practice.
4) Farrey, Tom, "Just Don't Do It." ESPN. com. February 27, 2001.
5) http://www.crisisexperts.com/essence_main.htm.

第8章

新しいマーケットへの浸透

【ポイント】経営者たちは新しいマーケットへの進出が、それが単に隣町へのものであれ、遠い別の大陸に対するものであれ、困難な挑戦であるということを理解している。新しい市場では、異なる方法を用いなければならないとわかっていても、スポーツ関連企業やチーム、リーグ、そして時には選手さえもが、あり合わせの戦略をそのまま持ち込もうとする。その結果、さまざまな失敗が見られたが、同時に、獲得したいマーケットにペネトレート（浸透）する方法について、多くの貴重な手がかりを与えてくれた。

　商品やサービスを地球規模で販売することは、未開拓の地域市場と同じ様に簡単なことではない。その一方、うまく「異質の」市場に浸透することができれば、それは企業のブランドの信用力をさらに高め、株価を押し上げることに結びつく。そのためには、新しい市場に参入する際の複雑な問題が、迅速に処理されなければならない。

　自社の商品やサービスを外国に売りこもうとする企業は、規制や流通の問題をまず考慮に入れなければならない。ビジネスが町から町へ、あるいは国から国へと動いていく時、ターゲットマーケティングの挑戦、購買者行動の微妙な違い、競争環境の分析などの問題に的確に対処していかなければならない。とは言うものの、海外でのビジネスに成功した時に得られる利益は巨大なものであり、リーディングカンパニーとしての立場をゆるぎないものにするだろう。

1986年，五輪のマラソン選手であったブライアン・マクスウェルと栄養学専攻の学生だったジェニファー・マクスウェルが，バーの形をした栄養補給食品の会社を設立した時，2人はバーをカリフォルニアの台所でつくり，大会会場で配って歩いた。

　その後事業を拡大しようと決めた時，2人は作戦が必要だと考えた。それは，売り込みが見込めそうな近隣の大会に，すべて参加することは現実的でないと判断したからだ。同時にマクスウェル兄弟には，包括的な戦略と運転資金が必要だった。

　25万ドルのベンチャー資金と，コアなランニング選手というニッチな顧客をターゲットとした戦略によって，「パワーバー」はブランドの認知度を高めるためにレースのスポンサーとなり，信用を得るために無料のサンプルを配るなどの行動を開始した。彼らの流通戦略は，パワーバーを全国の栄養食品店に置いてもらうことだった。

　その後パワーバーは，アイダホに製造工場を，ノースカロライナに包装施設を持つようになった。支店をカナダとヨーロッパに開設し，1999年に売上が1億3,500万ドルを超える規模になると，世界最大の食品会社であるネスレ社がマクスウェルを買収することになった。

　明らかにされたターゲットマーケットの好みに応じて，計画的に商品の販売網を広げることによって，パワーバーは新規市場への浸透を果たし大きな利益をあげることができた。

　パワーバーの新しい市場への浸透には，入念な計画があった。6億8,000万ドルの市場を生みだすことに貢献したパワーバーの計画は，エネルギーバー業界の1位を目指す「クリフバー」の挑戦を受けているネスレによって引継がれた。スリムファストを買収したユニリーバや，カシ・ゴリーンバーを買収したケロッグなどは，大企業ながら世界的な販売網を持っていないために脅威にはなっていない。こうした競争にもかかわらず——と言うより，むしろ競争のお陰で——パワーバーは，グラスルーツ（草の根）マーケティングによって，コア・アイデンティティとブランドを高め続けている。

　重要な問題や関心事を充分に理解せずに，新規市場への参入を試みる小規模な企業は，地域住民との関係や，パブリックリレーションで反発を受けたり，財政的な破綻を経験することになる。もし読者が，それは企業規模が小さいか

らだとか，市場調査をするためのスタッフがいないからといったことが理由だと考えるならば，それは大きな間違いである。

　強力なマーケティングパワーを持つマクドナルドでさえ，様々なマーケティング上の失敗を犯している。例えば同社は，1994年のワールドカップに出場した24ヵ国の国旗をあしらった使い捨てバッグを200万個作り，イスラム教徒たちの不興を買った。サウジアラビアの国旗には，コーランから引用した大切な1節が入っており，それを使い捨てるというのは，イスラム教の信仰上許されないことだった。

　ナイキもまた失敗を繰り返した。同社はケニアでサムブルの部族民を使ったテレビコマーシャルを流した。登場人物のひとりが，コマーシャルのスローガンになっている「Just do it !」というセリフを現地のマー語で流したのだが，その翻訳が正確ではなかったため，部族民のせりふは，「こんなシューズ，欲しくない」になってしまった。

　1997年にナイキは，新しいナイキシューズのサンプルのロゴが，アラビア語で〈アラー〉と書かれているように見えることでトラブルを起こした。ナイキは，デザインが意図したのはAIRのロゴが炎に包まれていることを表現したにすぎないと主張したが，AIR(アメリカ‐イスラム関係)評議会はその不快なデザインに対して謝罪を求めた。それが冒涜的なばかりでなく，イスラム教徒は，足はもともと身体の不潔な部分だと考えていたためである。ナイキは，まだシューズは試作品の段階だと釈明したが，「アラーを晒（さら）せ」と書かれた試作品のいくつかはシューズ店の棚に並んでしまった。

　しかしこのような失敗は，リーボックとアンブロが犯した失敗に比べればまだ罪が軽い。1996年にリーボックは，女性用のランニングシューズに，〈インクブス〉という名前をつけた。インクブスはなんと神話に登場する，就寝中の女性の部屋に忍び込んで性行為をしようとする悪魔のことである。

　リーボックは，社内のマーケティングチームがこの名前を推薦したと説明した。同社の法務部は，その名称がどこからも商標登録されていないことを確認した。しかし，信じられないことに，誰もその言葉の別の意味を辞書で確かめることをしなかったし，その商品がターゲットとする市場にふさわしい名前かどうかを確かめることもしなかったのである。

　「ウェブスター辞典」には，インクブスの意味として，「眠っている人，特に

女性に性的な目的でとりつく精霊または悪魔で，中世に信じられていた」とあり，2番目の意味として「悪夢」がある。

　イギリスのナショナルチームほか，ヨーロッパの多くの有名なチームにシューズを供給しているアンブロ社は，1999年，ランニングシューズに〈ザイクロン〉という名前をつけた。しかしその名前のシューズが出まわった後，2002年になって，ザイクロンが第二次大戦中にナチスが強制収容所でユダヤ人を殺す時に使った毒ガスである〈ザイクロン・B〉と同じ名称であることが知れわたった。

　ユダヤ系の活動団体は，アンブロの無神経さにすぐ反応した。同社のスポークスマンはシューズの名称が毒ガスと同じだったのは「まったく偶然だった」と釈明したが，もしアンブロがその偶然に気づいていなかったとしても，同社の幹部は，前もってインターネットの検索ソフトでその言葉の意味を調べるべきだった。シューズの名前はその後，すぐに「ステルス・ブラン」に変更された。

　こうしたスポーツ関連で起きた事例は，未経験の市場で商品やサービスのマーケティングをする際に，相手市場の文化や感受性をよく考慮に入れないと，それがいかに高くつくかということを端的に示している。

　新しいマーケットに浸透してシェアの獲得を目指す時，その市場について充分な分析を試みるという点では，ナイキの右にでる企業はないと思われるが，それでも地球規模でビジネスを展開する同社は，常に数多くの挑戦と脅威に直面している。

1｜800ポンドのゴリラ

　ナイキの創業者であるフィル・ナイトは，スタンフォード大学のビジネススクールの学生だった時，小規模ビジネスに関するレポートを作成したが，その時彼は，最も魅力を感じていたスポーツシューズ産業について調べることにした。

　当時の業界のリーダーだったアディダスより，高品質で安価なトラック用シューズの市場があるはずだと考えたナイトは，ディストリビューターとしてのプライドを持つ小さな会社を構想した。卒業後彼は，日本のシューズメーカーで，タイガーブランドのシューズを製造していたオニツカの製品に出会った。ナイトは，米国市場で販売すれば利益をあげられるだろうとオニツカを説

得して，彼が住むオレゴンにサンプルを送ってもらうことにした。1年後にサンプルが届くと，ナイトは彼の師で，かつて陸上コーチをしていたビル・バウワーマンに会い，日本製のシューズを彼のチームで使ってもらえないかと持ちかけた。バウワーマンはそのシューズが気に入り，関係を確かなものにするためにオニツカと契約を結ぶことを勧めた。バウワーマンはシューズの販売についてナイトを支援できると考え，パートナーシップを組んで，ナイトが資金運用と日常業務にあたることを提案した。

ふたりは500ドルずつ出しあって，オレゴン州ポートランドに，ブルーリボン・スポーツ（BRS）という名の会社を設立すると，ナイトは，時間を見つけては地域のトラック競技会に行ってシューズを販売した。1964年から66年にかけて，運転資金の不足に悩まされた後，BRSはオニツカと，タイガーシューズを米国で3年間販売するための独占契約を結んだ。

1972年に，数々の法廷闘争や流通上のトラブル，政治的な軋轢を経て，BRSはナイキと社名を変えた。1977年にナイキは，台湾と韓国での製造を開始したが，その時にはもう，1980年に中国市場に進出する準備ができていた。この時期，米国でのナイキのマーケットシェアは50％に達していた。

オレゴン州のビーバートンに本拠をおくナイキは――ちなみにナイキという名前はギリシャ神話の女神からとったもので，〈勝利〉を意味する――ほぼ100億ドルの年間収益をあげるまでになった。いまでも経営に携わっているナイトは，同社の2万2,700人の従業員とともに，スポーツ界で最も強力な会社の名声を維持するために働いている。1970年代に地域の1シューズメーカーにすぎなかったナイキが，今では140の国でその商品を販売する巨大な組織に変貌を遂げたのである。

ナイキの歴史，企業文化，改革への前向きな姿勢，そうしたものが，ナイキの競争力を支えている。特に「スポーツとフィットネスによって人びとの生活を豊かにする」や，「スポーツの魅力を高める」といった言葉で特長づけられる企業哲学は，同社が新しく外国の市場への浸透を図る動機となっている。1996年にナイトが，スポーツは世界的にエンターテイメントの主役になっていると言った時，ナイキはますます重要になりつつある新しいマーケットへの浸透を暗示していたのである。

ナイキにとって海外市場が特に重要だというのは，遠からず，生み出される

収益の大半が海外に移行することが想定されていたからである。すでに同社のシューズの99％はアジアで製造されており，多国籍企業としてのステータスが，ある面でナイキの評価を高めていた。

　製造過程が地理的な境界をまたいでいることは，危機が生じた時に，特定の政府の介入を制限することに役立つ。ナイキが東南アジアの工場で，劣悪な職場環境で従業員を酷使しているのではないかと疑われた時がそうである。例えばナイキは，オレゴンとテネシーでデザインされたシューズを販売していたが，それと同じシューズが，オレゴンだけでなく，台湾と韓国の技術者によっても開発された。5つの異なる国から52のパーツを受け取ると，シューズは最終的に韓国とインドネシアで製造される。このような巨大な製造ネットワークは，米国政府からの介入を困難にしている。

　ナイキが政府の介入から免れたからといって，それが一般の人々やメディアの反発に巻き込まれずに済んだことを意味する訳ではない。同様に，例えば小さな企業が，いくつかの支店を使って事業を営んでいる時，ある支店で起きた顧客サービス上のトラブルが，本社に知られずに済むと考えてはならない。支店が2つしかない地方銀行の窓口係が，客に不満を与えた時，その顧客は銀行の頭取に，自分の預金口座と預金証書を解約して別の銀行に移すつもりだと強い口調で伝えるだろう。その顧客はさらに，自分が所属するブリッジクラブのメンバーに，その銀行のサービスがいかにひどいか言いふらすかも知れない。

　1998年の長野五輪で，アメリカのホッケーチームがチェコスロバキアに破れて決勝リーグへの進出を絶たれた時，気分を害した選手たちが，宿泊していたホテルの設備を破壊してチーム関係者を困らせたが，その中には，公式ウェアの提供者だったナイキも含まれていた。この場合，アメリカチームが開催地である長野県やIOCに対して慎重に対処していなければ，選手たちが着ていたシャツに付いていたロゴマークとブランドは大いに傷つけられただろう。

　スポーツは，今や世界的なエンターテイメントの主流となったが，その流れに乗って市場に商品やサービスを提供しようとする組織は，直接的にせよ間接的にせよ，地球規模の市場に進出する時には，細心の注意を払わなければならない。

2 | 海外でのマーケティング

　過去何十年もの間，企業は国内でマーケティング戦略を展開していればよかった。海外でビジネスを展開する困難さを思えば，企業の中核となる国内市場で事業戦略を立て，実行していくことは比較的容易だった。ビジネス文化や運営手続きは予測が可能だったし，信頼も置けた。

　海外の市場が開放されるにつれ，アメリカ企業は，大きな利益をもたらす新しい市場で優位に立とうとした。それと同じように，廉価な輸送コストと通信手段の改善によって，規模の小さな国内企業でも，北米全体に事業を拡大することが容易になった。

　新しい市場に進出するという挑戦に直面したマーケティング担当重役は，以下の3つの基本的な問いに答えを出さなければならない。すなわち，どの市場に進出すべきか？　いつスタートすべきか？　そしてどのようにマーケティング・ミッションが達成されるべきか？　の3つである。

　3つの問いの中で最も重要なのは，どのようにして新しい市場に進出するかという問いかけである。この問いに関連する戦略的な挑戦については，以下の5つの重要な要素がある。

　■地域または国の特長
　■障壁と規制
　■商品の特性
　■マネジメントの目標
　■市場選択戦略

　最初の3つは企業の外部と関連する問題であり，あとの2つは企業内部の意思決定と関連するものである。

（1）地域または国の特長

　地域または国の特長については，マーケティング・マネジャーが認識すべき3つの属性がある。まず市場の大きさと成長である。市場が成熟しているか，あるいは急速に成長しているかによって，マーケティング・マネジャーは異なる戦略を立てなければならない。

もし企業が異なった地域，州，あるいは国に事業を拡大したいと考えたならば，そこに拡大の余地が残っているかどうかをよく確かめなければならない。そして，もし拡大の余地が残っていないと判断した時には，より優れた商品を作ることによってマーケットを拡大する戦略を考えなければならない。

マクドナルド，ナイキ，リーボック，アンブロなどのケースと異なり，中核市場を越えた事業拡大で失敗したとしても，それは文化的相違によるものではない。それは単に，ブランド力を過信したためかも知れない。すなわちインターネット市場が拡大しているため，Yahoo! の領域にさえ入りこめば，簡単にマーケットシェアが取れると思ったのではないだろうか。

マーケットリーダーに挑戦を挑むこと自体は別に問題ではない。問題は，進出にあたって，マーケットリーダーと競争していくために何が必要かについて，正しい分析を行わなかった時に起きる。例えばカリフォルニアのハーモサ・ビーチでは，多くの住民が，地元ビジネスを大手チェーンストアの進出から守ることに熱心である。こうした住民は，小さくて団結心の強いビーチ・コミュニティに住み，もし彼らが長い間親しんできた地元店と競合する全国規模のチェーン，特にレストランや小売店が進出するとなれば，強い反対運動を起こすだろう。

タンパ・ベイ地域へのプロスポーツのエクスパンション（チーム数の拡大）は，地域的失敗の典型的な例である。MLBのデビル・レイズとNHLのライトニングが，どちらもタンパで成功できなかったのは，進出に先立って，市場の需要を充分確かめなかったばかりでなく，エンターテインメントに関する消費者支出の奪い合いが，長期的な成功に疑問符をつけていたのである。このことが，その他の不利な要素と重なったことと相まって，チームに毎シーズン，何億ドルもの損失をもたらす結果を生んでしまった。

次に，政治的，そして環境的なリスクを考慮すべきである。企業は，果たして不安を抱えている国に資源を投じようとするだろうか？　新しい市場に事業を拡張するためには，大きな人的・資金的資源が必要になるが，発展途上の市場ではそのような資源がさらに多く必要とされる。

海外でのスポーツシューズ市場は，日本と韓国を皮切りに，台湾，中国，そしてインドネシアへと拡大していった。2001年10月，インドネシア人過激グループが，米国市民とその施設を攻撃するかも知れないという国務省の警告

によって，100人以上のナイキとアディダスの従業員とその家族がインドネシアから避難することになった。ナイキは，同社のシューズの30％をインドネシアで生産していたのである。1年後，ナイキは事業の大半をベトナムとタイに移した。

同社は今でも，アジアにおいては，軍あるいはテロリストによる重大な事件が，シューズとアパレルの流通に影響を与える恐れがあると報告している。その対策としてナイキは，基本的な防災計画によって，供給ルートの確保に努めている。

このような防災計画の重要性は，ホームタウンの優勝に対する地元商店の対応の不備からも学ぶことができる。デンバーでは，1998年にブロンコスが初めて優勝した時，優勝を祝う3万人のファンが，繁華街で車をひっくり返したり，火をつけたり，商店から略奪したりして騒いだため，警察は催涙ガスを使って鎮静化しなければならなかった。

初優勝の時，地元商店の多くが，過激なファンの暴走を予測していなかったことは理解できるが，不幸だったのは，同じ商店が，近い将来に起きるかも知れない騒ぎに対し，何の備えもしていなかったことである。ブロンコスが翌年に，再びスーパーボウルを制した時，前年に被害を受けたラリマー・ストリートは，何らかの防災計画を準備しておくべきだった。当然のごとく騒動は2年連続して発生し，警察は再び催涙ガスを使用したが，総被害額は12万ドルにのぼった。

スポーツアパレルやスポーツ用品の企業が海外での販売を実施する時には，ディーラーやメーカーとの関係を築き上げる必要がある。企業は，本社から商品を送り出すのだが，アメリカで売れた商品だから海外でも売れるだろうと期待するだけでは不充分である。企業は人材を派遣してそれぞれの国の主だった店舗を訪問させ，商品がどのように販売され，どう展示され，広く市場に浸透しているかどうかを，たえずチェックする必要がある。

あるビジネスが，優れた顧客サービスによって成功する一方，別のビジネスは，地域のビジネス環境のなかで，どうすれば商品が一番よく売れるかを学ぶことによって成功する。ターゲットとする市場が，何千マイルも離れているからといって，商品プレースメントについて同じ関心を払う必要はないと考えるべきではない。確実なコミュニケーションと適切な資源配分によって，ナイキ

は自社商品を世界中で販売することに成功している。その秘訣のひとつは，ターゲットとする市場と同じバックグランドを持つ販売会社を現地で確保するナイキの能力である。

ナイキは市場において，ターゲットと考える消費者と，人種的に同じ販売会社のネットワークを構築することで，ブランドイメージをうまく育ててきた。ナイキはまた，マイノリティも含めた多くの消費者が特定のブランドのシューズを買うのは，その会社が，自分達を大切な顧客として扱っていると認めているからだということにも気づいていた。

ちょうどパワーバーが，栄養食品の店からはじめて，やがてスーパーマーケットにも並ぶようになったように，小さな規模の企業が，ニッチ市場からより大きな市場へと移行する時には，企業はその販売会社と密接なコミュニケーションをとるべきである。もし販売会社が，新しい市場において，商品がどのようにポジショニングされるべきかを理解していない場合，ブランドの成長は妨げられるだろう。

スポーツにあっては，「販売会社」に相当するのがNBAのヒューストン・ロケッツであり，新しい「商品」は，2002年のドラフトで1位指名を受けた，身長2メートル30センチの中国人のセンターである姚明（ヤオミン）である。何年も前からロケッツは，その商品をヒューストンとその近郊の中国系アメリカ人に販売することに関心を持っていたが，ついにこのターゲット市場に到達することに成功したのである。当時のロケッツの2001－02年シーズンの観客動員数は，NBAの下から2番目であった。

姚明がチームに加わるとすぐに，ある中国系企業がシーズンチケットを100枚買い，何千枚ものビッグゲームのチケットを購入すると申し出た。しかしチームはこの機会に，他の新たなビジネスチャンスも加えて，さらに1歩踏み込まなければならないと考えた。そのためチームは，従業員に対し，中国文化を教育する必要性を認めた。中国系のファンに，競技場でどのように接したらよいか？　彼らは他のバスケットボールファンと同じことを期待しているのだろうか？　彼らにとってどのようなことを試合当日に経験することが重要なのか？　拡大するターゲット市場が望み，必要としていることを理解することに少しでも失敗すれば，それはブランド（ロケッツ）の成長を妨げることになる。有力な中国のスポンサーを調べた後，ロケッツはシーズン開始前に，

6年間600万ドルの契約を中国のビール会社〈燕京〉と結んだ。

　ロケッツはまた，スポーツマーケティング企業であるナイキと容易に話をつけることができた。ナイキは，姚明と彼の中国でのチーム——上海シャークス——のスポンサーだったばかりでなく，彼を同社のエンドーサーとして使い続けていた。

　新しい市場において存在感を高めるには，企業がターゲットとする消費者と，企業が提供する商品の間に，信頼ある結びつきを構築する必要がある。

　ナイキは常にスポーツと有名なアスリートを利用することで，スポーツファンやサポーターに対し，企業のパーソナリティとコミットメントを印象づけてきた。80年代前半の陸上界の伝説的アスリートであるアルベルト・サラザール（元マラソン世界記録保持者）やジョーン・ベノイト（ロス五輪女子マラソン金メダリスト），そしてカール・ルイスから，最近では，ダラス・カウボーイズやミシガン大学，そしてデューク大学といったプロチームや大学とのライセンス契約まで，ナイキは，経営のすべての面にスポーツを取り込んできた。世界におけるマーケットシェアをさらに高めるために，ナイキはこれまでと同じ基本的なアプローチを，次はサッカーとゴルフに対して行うことを決めた。

　サッカーとゴルフは，ナイキの収益の10％程度を占めるに過ぎないが，その重要性はひじょうに大きい。ここ数年2つのスポーツは，他のどのスポーツよりも顕著な伸びを示しているからである。

　同社がこれまで取り組んできたスポーツカテゴリーであるランニング，ベースボール，フットボール，そしてバスケットボールは，いずれもが成熟期を迎えたビジネス・セグメントになり，次のステップとして，地球規模で需要が高まっているスポーツとその選手に目を向ける必要性が生じたのである。

　地方の企業が近隣の市場に乗り出す時，できるだけ早く信用を勝ち取るには，口コミが1番の武器となる。新しい市場が既存の市場に近ければ近いほど，良きにつけ悪しきにつけ，うわさはあっという間に広まる。消費者の口コミは，報酬によって商品の宣伝を行うスポーツ選手が発する情報よりも，はるかに信用度が高い。

（2）障壁と規制

　新規市場に進出する際に考慮すべき次の問題が，関税障壁と政府の規制であ

る。多くの国が，外国企業の自由なビジネスを国内市場で制限している。その一方で，特定の国で商品を販売しようとする企業にとって，その国の輸入関税は大きな負担となる。それは，成長を続ける海外の市場に進出する企業にとって，諸刃の剣となる。ある国に進出して，異なるビジネス風土や政治環境，そして文化にかかわるコストを負担するか，それともそうした国にただ商品を輸出して高い関税を払うか，一方の選択を迫られることになる。

2002年のソルトレーク五輪では，イーストマン・コダックやジョン・ハンコック，そしてビザなど10の主要スポンサーが，少なくとも5,000万ドルを支払って「オフィシャルスポンサー」の地位を獲得した。

これらのスポンサーや他のスポンサーにとって，2008年の北京五輪に対して，より多くの資金を投入することは価値ある行為かも知れないが，その反面，北京大会には大きなリスクが含まれると考える企業も多い。それらの企業は，2008年大会を，これまでほとんど手つかずの巨大市場に，マーケティングのメッセージを伝える絶好のチャンスだと見ている。にもかかわらず，同じ企業が，中国の大会開催能力や人権問題に関するこれまでの芳しくない事件，そして大会スポンサーになることが，ネガティブな影響を企業と商品に与えるのではないかという恐れを同時に抱いている。

セント・ジョーンズ大学のサッカー部のアシスタント・コーチで，修士論文でナイキの労務政策について書いたジム・キーディは，大学がナイキとの包括的なスポーツ契約にもとづいて，ナイキのシューズを履くことを強要したことに反発して退学し，インドネシアにあるナイキの工場で働く決心をした。

カメラマンと通訳，そしてウェブサイト（www.nikewages.org）で身を固めたキーディは，世界に向けて，ナイキの搾取の状況を発信した。キーディは，1人のインドネシア人の従業員の生活を，ありのままに「イン・ザ・シューズ」（苦境に立たされて）という上質のドキュメンタリーに仕立て，2001年の8月にネット上で放映した。

あるインタビューで，1人の従業員はキーディに，350人が働いているその工場にはトイレが3つしかなく，そのうちの2つは壊れていると語った。その工場では，大きなミスを犯すと仲間の従業員の面前で罵倒されるのが日常であった。

キーディのキャンペーンはまだ始まったばかりだった。彼は講演旅行に出か

け，ノートルダム大学やコネチカット大学をはじめとする多くの大学の学生にナイキの搾取工場のことを話した。彼の個人的な熱意は，最初の意図をはるかに超え，ナイキ工場に対するバッシングはABC, CBS, NBCなどのネットワークにとって欠かせない話題となり，HBOの「リアル・スポーツ」やESPNの「アウトサイド・ザ・ラインズ」の番組では，キーディが撮ったフィルムが繰り返し放映された。

ナイキとセント・ジョーンズ大学に対して1,100万ドルを求めるキーディの訴訟は，控訴裁判所によって却下されたが，たった1人の告発が，世界中に広まったブランドを，いともたやすく傷つけることができることを実証したのである。企業が巨大化すればするほど，そして商圏が拡大すればするほど，ブランドイメージは傷つきやすくなる。小規模なビジネスのオーナーならば，ビジネスの周辺で起きるすべての問題を把握できるし，ブランドをマネジメントすることも可能である。しかしナイキについては，いくら重役の数を増やしても，キーディのような人間が紛れ込み，工場の様子をフィルムに収めるのを防ぐ監視体制を完備することはできない。

小規模なビジネスも，こうしたトラブルと無縁なわけではない。地元の小さな新聞社が，例えばクリーニング店の従業員が不法入国者だと告発したり，あるレストランの衛生状態が良くないといった記事を掲載しないように，小規模なビジネスもレピュテーションには充分に気を配らなければならない。

パワーバーを買収したネスレのようなグローバル企業もまた，ビジネスの展開にあたって，同じような監視を受けてきた。インターネットの検索エンジンで「ネスレと乳児用ミルク」と打ち込んでみれば，類似した抗議サイトが多数あることがわかる。批判の中には，20年の有効期限を過ぎた母乳の代替ミルクの販売によって，毎年世界で，母乳で育てられていない1,500万人の乳幼児が死亡しているという世界保健機構（WHO）の報告に対し，ネスレが平然と振舞っているという非難もある。

批評家たちは，ネスレが非常識にも，乳児への処方を書いた無料のサンプルを母親に配り，ダイレクトメールを送りつけたことや，途上国の産科病院に無料でミルクを提供し，新しく親になった女性に対して，退院後もネスレ商品を使うように働きかけたという理由で，ネスレを批判のターゲットとした。

ある批評家は，怪しげなPRをやめないということは，ネスレがその商品の

販売方法を改めるつもりがないからだと断じた。

　ネスレにとってのジム・キーディは，かつてネスレの販売員だったサイド・アーマー・ラザだった。生後4ヵ月の哺乳瓶育ちの自分の子どもが死んだ時，彼はネスレのマーケティング戦術を，医師への賄賂の件とともに告発する先頭に立とうと決心をしたのである。

　ナイキにしてもネスレにしても，マーケティング戦略と企業政策は健全であると固く信じていたかも知れないが，弱者の声は常に，人命を犠牲にしながら利益を追求する企業だという印象を人々に与え，巨大な圧力を生み出すのである。

　ナイキとネスレが非難された人権の侵害とマーケティングについての過ちは，たとえ本社から遠く離れたところで起きた事件であっても，企業が責任を負わなければならないことを如実に示した。このことはまた，ブランドを守るために時間と資源を使うことが，事件の修復にそれらの資源を使うよりも，はるかに賢明であるということを意味している。

　やがてナイキは，搾取工場に対する人権擁護活動家たちの苦情に対応するようになった。1998年に運営基準を定めた同社は，2001年の10月に初の企業責任報告を発表し，そこで健康，安全，賃金，福祉，そして経営責任を監視する企業努力について詳しく報告した。

　1996年にニューヨークタイムズは，複数の特集記事を組んで，ナイキがアジアの安い労働力を悪用していると批判した。フィル・ナイトはそれに対する反論の中で，ナイキは自社の製造工場で，その国が定めている最低賃金の倍の給料を支払っているとコメントした。1998年，カリフォルニアの活動家であるマーク・カスキーは，ナイトのコメント及びナイキがメディアに配信している情報の多くが，虚偽の宣伝を禁じる州法に違反していると訴えた。カリフォルニアの最高裁は，ナイトのコメントはコマーシャル演説とみなされるので，万一彼の発言に誤りがあった場合は，ナイキがカリフォルニアで得た利益は没収されるだろうという裁定を下した。企業の経営者や社会の注目を集めるリーダーや指導者は，公的に「正しい」と思って発言したことが，多くの人に「誤っている」と受け取られないように，発言には細心の注意を払わなければならない。

　同時期にナイキは，コミュニティに対する社会貢献の重要さを実証して見せた。

1999年に同社はプレイゾーン（遊び場）計画のスポンサーになり，東南アジアの遊び場を改良するとともに，その地域に沢山のシューズを提供した。ナイキが「プレイシリーズ」と名づけた一連のシューズの中には，1足わずか3ドルで買えるものもあった。ナイトはまた，2001年の終りまでに，終業後の教育を実施しないシューズ工場は利用しないと発言した。それは社会的に意義のあることだったが，同社が巻き込まれた批判や論争と，それによって傷ついたイメージを完全に元に戻すためには，このような地道な取り組みを時間をかけて続けていく必要がある。

　新しい市場に参入する企業は，企業フィランソロピーこそが，コミュニティに対して持ち続けなければならない責任であることを理解しなければならない。それゆえビジネスに携わる人は，良い評価を得るために利益を「還元」することと，将来の顧客から良い印象を勝ち取りながら新市場への参入を「買う」努力を認めてもらうことの間には，明確な違いがあることを理解すべきであろう。

　企業は，収益性とブランドマネジメントについて，どのようなトレードオフが最適かを自分で判断しなければならない。ナイキの事例が示すように，有形の収益性を高めることができる一方で，極めて重要な無形財産であるブランドネームを弱めてしまう危険性も考慮しなくてはならない。

（3）商品の特性

　新しい市場への参入に関する最後の外部的要因は，商品の特性である。商品によっては，ある地域において，事業をライセンス供与して，その場所で商品を製造したほうが利益を得やすい。こうした形で利益をあげやすいのは，低価格で，あまり高度な技術を必要としないソフトドリンクや衣類，そしてスポーツシューズやアパレルのような日常生活商品である。自動車やコンピューターのような高価格商品は，輸出されるのが普通だ。

　地域や民族を異にする人々が，どのような商品パッケージを好むかを知ることもまた重要である。例えばパック・ベルにあるサンフランシスコ・ジャイアンツのギフトショップでは，かつてジャイアンツのロゴがついたギフトバッグをたっぷり用意しておかなければならなかった。というのも，当時，日本から多くの観光客が日本人の外野手である新庄剛志選手を見にきて，ジャイアンツ

の土産を買い,「オフィシャル・ギフトバッグ」に入れて持ち帰るからだ。土産を持ち帰るのにバッグがないと困るのは,バッグがないと,土産を渡す時に,それを買うために自分がわざわざオフィシャル・ストアに行ったということを印象づけることができなくなるからだ。もし客が新庄のジャージを5つ買ったとしたら,それを買ったことを証明するために,ギフトバッグも5つ渡さなければならない。

　ナイキは,そのような顧客の経験やリレーションシップの価値を理解し,世界的に最も人気のあるサッカーを「パッケージング」に利用することで存在を認めさせ,世界市場に浸透しようとした。

　いかにもナイキらしいやり方で,そしてかつてないスケールでサッカーのスポンサーに進出したのである。イングランドのマンチェスター・ユナイテッド——スポーツ界最高の世界的ブランドのひとつ——との13年間のマーケティング契約は,約4億3,000万ドルの高額となった。ナイキの国際サッカー界への進出は,マンチェスター・ユナイテッドが初めてではなかった。ナイキは最初の大きな契約を1994年にインター・ミランと結んでおり,その数年後には,ブラジル代表チームと10年間で2億ドルの契約を結んだ。

　何億ドルもの金を,非アメリカ的なスポーツに注ぎ込んでも,成功の保証はまったくなかった。サッカー産業における実績や歴史的背景を持たないことから,25億ドルのサッカービジネスへのナイキの参入は,多くのサッカーファンや業界のリーダーたちの目には危なっかしく映った。むしろナイキは,最も人気のあるスポーツの仲間入りを果そうと試みただけだったという印象を周囲に与えた。

　このようなことは,手荒な方法で新しい領域に入ろうとする企業において散見される。しかしながら企業が誠実で,入り方が注目を浴び,コミットメントが示された時,ファンはその企業に対して,やがて好意的な印象を持つようになる。

　もちろんファンの中には,ひいきにしているチームのジャージにナイキのロゴマークがつくことを嫌がる人間もいるだろうが,少なくともナイキは,サッカーファンとの長いつきあいを求めていたのである。逆の見方をすれば,地方の企業が,ただ客の財布ばかりに興味を持ち,長いつきあいなどには無関心だと思われたとしたら,企業はその無神経なやり方に対し,痛いしっぺ返しをく

らうだろう。

　近くに新しくできた商店が，駐車場に止めてある車のフロントガラスとワイパーの間に，「本日開店！」という広告チラシをはさんで回ったとしたら，消費者はどのような反応を示すだろうか？　大抵の人は迷惑がるだろうし，車のドアを閉めてシートベルトを着用した後，フロントガラス越しにチラシがはさまっていることに気づいた時はなおさらである。ドライバーは，この種の広告を不適切と考えるだけでなく，チラシが駐車場を汚すことにも嫌悪感を示すだろう。これでは，とても第一印象で優位に立つことはできない。

　サッカー界で最高の世界的なブランドと結びつき，同時に商品開発とマーケティングに何億ドルもの資金を投じたナイキは，サッカーによる収益を，7年前にインター・ミランと契約した時の10倍以上となる4億5,000万ドルに増やし，さらに今後5年以内に，収益を倍にできると期待する。この収益の増加は，ゴルフなどに比べて，用具にあまり費用がかからないことを考えれば，実に印象的な数字である。

　この急激な市場浸透は，アディダスが，ドイツで人気ナンバーワンのサッカーチーム，バイエルン・ミュンヘンと7,000万ドルの契約を結ぶきっかけとなった。

　複数の著名なサッカークラブとの大型契約を結んだだけでなく，ナイキはまた——間接的にではあったが——世界のスポーツイベントで最も人気のあるサッカーのワールドカップとも手を組んだ。

　国際サッカー連盟（FIFA）は，100年の歴史を持つサッカーの統括組織として，ワールドカップを統治してきた。日本と韓国で開催された2002年のワールドカップにおいてFIFAは，マスターカードやアディダスなど15の企業と提携を結んだ。

　こうした提携企業は，60億ともいわれる人間が，少なくとも幾つかの試合を観戦するワールドカップとの関係を築くために，多額の投資を行った。ワールドカップは，世界で最も人気のあるスポーツイベントであり，地球規模で企業のプロフィールとブランドの認知度を高める機会を提供してくれる。

　アディダスは，オフィシャル・パートナーとしての立場をフルに活かして，試合を見にくる観客や，世界中でテレビを見ている人たちをターゲットに定めた。その一方，公式提携企業になれなかったナイキは，別のマーケティング行

動をとることを余儀なくされた。ナイキは 42 ヵ国で，ワールドカップにからむ販売促進に 1 億 5,500 万ドルを使ったと言われているが，1994 年時の費用はわずか 500 万ドルに過ぎなかった。それに対して，当時のアディダスが使った金額は 4,000 万ドルという高額だった。2002 年のワールドカップの決勝で勝者になったブラジル（ナイキ用品を着用）とドイツ（アディダス用品を着用）の試合によって，ナイキは，もうひとつの偉大な，しかも地球規模のマーケティングの舞台を手に入れた。

　ナイキはまた，継続的に収益をあげるために重要なことは，国内でのサッカー選手の育成に貢献し，バックアップすることだと気づいていた。ナイキはユースの育成に資金提供をすることで，アマチュア・サッカーの統括組織である U.S. Soccer を支援した。さらにマンチェスター・ユナイテッドとの契約の一部として，イギリスの草の根サッカープログラムの立ち上げのために毎年 140 万ドルを支払った。

　ナイキは，世界のサッカー市場を目指す米英のスター選手たちを支援することが，世界のサッカー・コミュニティに対するコミットメントと帰属意識を高めるのに役立つと考えた。

　ただサッカーとゴルフ（次節参照）に多額の資金を投入したことによって，ナイキが国内のプロスポーツのスポンサーシップに割く予算は，切り詰められることになった。

(4) マネジメントの目標と市場選択戦略

　新しい市場に浸透する時の最後の要因であるマネジメント目標と市場選択戦略は，いずれも企業内部の問題である。マネジメント目標は，企業の拡大に向けてのコミットメントに強く依存している。もし企業が，資金的な負担やリスクを負いたくない場合は，新しい市場に存在する既存企業とのジョイント・ベンチャー（JV）を考えることになるだろう。しかし，もしリスクを背負ってでも海外市場に参入する意思があり，必要な資金投入によって，自力で地歩を築こうとする場合は，その投資による果実はすべて自分のものとなる。

　市場参入の最後の要因は，どの市場を選択するかということである。それぞれの市場には，それこそ様々なタイプのリスクが存在するが，企業は負ってもよいリスクを決定しなければならない。深刻なビジネスリスクを抱えた国に参

入しようとする企業は，提携先を探して，そのリスクを最低限に抑えようと考えるだろう。よりローカルなレベルにおいても，例えば企業がその活動範囲をノースカロライナ州のある郡から別の郡に広げようとする場合，リスクは違ったものになるが，考慮すべきことは基本的に変わらない。さらに，もし企業が複数の市場への参入を同時に考えている場合には，持てる資源でより広範囲のマーケティング計画が実施できるように，より低いコストでリスクの少ない市場を選んでいく必要がある。

いずれにしても企業は，その市場がどれほどのリスクをともなうかを決め，それぞれの企業の潜在的なリスクを分析し，その後，外国への投資に必要な資源の配分を行わなければならない。

ナイキにとってのジョイント・ベンチャーは，まさにタイガー・ウッズとの提携だった。誰もが知っており，世界で最も有名なアスリートであるウッズをスポークスマンとして起用したことで，ナイキはあっという間に外国市場への浸透を図ることができた。地域に関係なく，消費者と売り手がともに話題にできるようなスポークスマンを持つことは企業にとって非常に重要である。ウッズは民族的なバックグラウンド，世界的なメディア露出，そして世界的なトーナメント巡業を通じて「コネクション」を提供することができた。彼は，すべての企業が喉から手が出るほど欲しいと願うプロのセールスマンなのである。

2000年にナイキは，推定1億ドルでウッズとの5年契約を更新した。確かにゴルフは，サッカーほどの注目と熱狂を集めることはできないが，自身が世界的ブランドであるウッズは，すべてのものをナイキと認知させる能力によって，海外市場におけるブランドの浸透に貢献した。ウッズ以前のナイキは，確かにゴルフ関連の商品を提供するスポーツブランドのひとつと見られてはいたが，市場に提供するゴルフシューズがまともにとりあげられることはなかった。しかしウッズによって同社は，スポーツの擁護者であり，本質的に自立したゴルフ企業であり，ナイキというワールドクラスのブランドを持つ企業として認められるようになった。世界の人びとに対してウッズが，質の高い消費者訴求を続けていく限り，ナイキは繁栄し，世界でのシェアを増やし続けることだろう。

タイガー・ウッズが，ボールをタイトリストから，新たなデザインで製造されたナイキのボールに変えたのは偶然ではない。ウッズがボールを変えた直

後，PGAトーナメントを総なめにするのではないかと思われるほどの輝かしい2000年シーズンが始まり，その後10億ドルのゴルフボール市場でのナイキのシェアは1％から4％に上昇した。その結果，ナイキ・ゴルフの収益は50％増の3億ドルになった。ナイキにとって幸運だったのは，この収益の増加が，ウッズのゴルフ商品の売上が60％から15％に落ちた時に起きたことである。まさしく彼は，同社のすべての商品のブランド力を高めてくれたのだ。ナイキ・ゴルフ商品の幅広い訴求効果によって，同商品を扱う小売店の数は従来の3倍に増えた。

年間25億ドルの市場で，ウッズがナイキのアイアンを使い始めた今，ナイキはどれほどの勢いでシェアを伸ばすのだろうか？ かつてマイケル・ジョーダンのような選手は，2度と現れないだろうと言ったのはどこの誰だったろうか？

ナイキ・ゴルフは，デビッド・デュバルともエンドーサー契約を結んでいたが，ブランドの成功は，ウッズのネームバリューに負うところが大きかった。ただこのことは，ウッズがすぐにナイキのアイアンを使わずにナイキを困らせたように，ある意味諸刃の剣であった。似たような状況下にある企業は，商品のメッセンジャーが，商品そのものより大きくならないように注意しなければならない。ウッズのような，組織を仲立ちする人物が去っていったり，信用を失ったりした時，企業はメッセンジャーの存在ゆえに商品を購入していた顧客をつなぎとめるのに苦労するだろう。

毎年，地方のハイスクールの野球チームは，資金集めのために手作りパン菓子の即売会（ベーク・セール）を行うが，選手の親たちに加え，選手の近くに住む隣人たちが最大の得意客になるのは，売り手と買い手の間に共通の関係があるからだ。もしパン菓子の味がもうひとつだったり，自分達の知っている選手がチームをやめた時，名前も知らず，親しみも湧かない別選手から，隣人たちがパン菓子を買う可能性は低くなる。

「親しみやすさ」は，ウッズのようなスポーツ選手が，世界的な規模の企業に提供できる利点の1つである。彼は突出した露出度や名声とともに世界を旅しているので，人々はあたかも彼と知り合いのように感じる。まるで彼が自分の隣人であるかのように思うのだ。それはハイスクールで泥だらけになって練習する野球選手や，ポニーテールの女子高生に対して抱く親しみの感情と相

通じるものがある。そしてナイキのような企業は，この現象をさらに1歩進めて利用しようとする。近所の子ども達は，いずれ卒業していなくなるが，ウッズは長期契約によって，これからも長い間近所を歩き回ってくれるのである。

地方の企業も，独自のタイガー・ウッズを見つけて，競争に強いビジネスを地域で確立することができる。例えば，その地域において強い訴求力を持つ他の企業と共同で，クロス・プロモーションを実施することもできる。どのようなやり方をとるにしても，企業は様々な地域で多くのタイガー・ウッズ——すなわち，ビジネスですぐに信用を勝ちとることができるような人びとを——を見つける必要がある。

3│出現する市場

企業が新しい市場に参入するということは，意思決定をひじょうに複雑にする付加的な要因を持つ新たな局面に入ることを意味する。マーケティング戦略にインパクトを与えるこれらの付加的な要因には，テクノロジー，法的・道徳的抑制，経済上の圧力，消費者，資源の限界，文化的人口統計的影響，競合状態，それに政治的圧力などがある。

技術的なインフラがマーケットごとに異なるため，マーケターは，それぞれの国を個別に扱うことを余儀なくされる。

その好例として，ウォルマートが，米国でのサプライチェーン・マネジメントのシステム導入で成功したことを挙げることができる。傘下の店と配送センターを技術的に結びつけることによって，ウォルマートは在庫を抑制し，コストを大幅に削減することができた。ただしこのような技術インフラは，すべての国で利用できるわけではないため，ウォルマートは，海外のどの国が技術的な能力とニーズを持っているのかを分析し，最終的な決定を下した。さらに基本的な技術的関心に加え，労働と輸送の問題も新しいマーケットへの浸透に影響を及ぼす。

道徳上の制限もまた，国際マーケターが考慮しなければならない問題である。市場の労働条件さえ整えば，企業が外国市場を開発するのは困難なことではない。外国市場では，ある種の行為は道徳的だとみなされる一方，同じ行為

がアメリカの基準からすればとても受け入れ難い場合もある。したがって資源を外国市場に求める時は，国内とグローバルビジネスの間で妥協点を見出すことが重要である。

　経済上の圧力も，海外でマーケティングを展開する際の問題となる。例えば1990年代後半の東南アジアにおける財政危機は，その地域に頼りきっていた企業に大きなダメージを与えた。それだけに，新しい市場に資源を配分する前に，市場調査を行い，リスクを回避することは不可欠の防護策である。

　例えば新しいスタジアムの建設にともない，地域経済の活性化を見込んだホテルチェーンが，新しいフランチャイズ・ホテルをオープンさせたとしよう。しかしゲームのない夜の需要を分析しなかった場合や，新しいスタジアムで開催されるイベントの数と集客力を正確に把握しなかった場合，ホテルチェーンのマネジメントは苦境に立たされるだろう。

　第4のフォースは顧客である。それぞれの国で，顧客は異なる商品特性に異なる価値を見出す。その価値が何かを見極め，それをもとに，商品がターゲットにしようとしている市場に，どうすればうまく到達できるかを考えるのがマーケターの仕事になる。

　例えば，ロサンゼルス・レイカーズのスターであったマジック・ジョンソンは，引退後に5億ドルのビジネスを成功させたのだが，それは単に，スターバックスやシネコンのラーウェズ・シネプレックス・シアター，そしてカジュアル・レストランのTGIフライデーズのような全国チェーンを持つビジネスを都市近郊で展開していっただけではなかった。彼はもう1歩先を行った。ジョンソンはこれらのビジネスで，自分を地方の「顔」として定着させることに成功し，それによって顧客は地域の有名な擁護者が自分達のコミュニティの中にいると思わせるように仕向けたのである。

　1994年に，ジョンソンがレストランの1号店をオープンするにあたり，最後の段階でマネジャーに，客がその風味を好むからという理由で，清涼飲料水のアイテムの中にストロベリー・ドリンクを入れるように指示した。同じ観点から，他の2つのTGIフライデーズでは，他店よりフライ料理の数を増やした。同じく彼のスターバックスの店では，コブラー（注，ワインまたは蒸留酒にレモン，砂糖，砕氷を加えた飲み物）やパイなど人気のあるエスニック系の食べ物を提供している。要は，客の嗜好に合わせ，商品をカスタマイズする作

業に取り組んだのである。

　自然資源，財政資源，そして人的資源に限界があることも，新しい市場でマーケティングを展開する時の妨げとなる。例えば，（言葉の障壁と高額な訓練費用がかかるため）地元では雇用できない専門的な技術を持つ従業員を必要とする企業が新規市場に参入を試みる場合，その地域での事業はひどく効率の悪いものになる。

　中国では，多くのバブルヘッド人形やスポーツ選手のフィギュア（人形）が生産されている。米国内の卸売業者は，海外のマネジャーを通して現地の従業員に生産の指示を出すことになるが，恐らく従業員たちは，フィギュアの原型である本物の選手など見たこともないのである。

　コミックブックの大物であるトッド・マクファーレンが，アクションヒーローのフィギュア・ビジネスを始めた時も，商品を外国で製造しようとして，またたく間にトラブルに巻き込まれた。

　NHLのアイスホッケー選手のフィギュアの製造に従事する中国人従業員に対して，ゴールキーパーが手に持つペットボトルの大きさが理解できるようにと，マクファーレンの社員の誰かが，見本のペットボトルを現地に送った。やがて何百もの人形が小さなペットボトルとともに送られてきたが，驚いたことにどのペットボトルにも，ベル電話会社のヘルメットのロゴが印刷されていたのである。間違いが起きた理由は，サンプルとして送ったボトルにそのロゴが印刷されていたため，現地ではそれがフィギュアにとって不可欠なロゴだと勘違いしたのである。もちろんベルのヘルメットとNHLは何の関係もなかったので，ボトルの複製品は全部廃棄しなければならなかった。

　文化的な影響によるインパクトも，充分に考慮しなければならない。国際的なマーケターは，ビジネスの成功のためには，商品やサービス，そして必要とあれば自社の企業文化までも，細心の注意を払いながらその土地の市場文化に適合させなければならない。

　競争的環境もまた，国際的なマーケターの挑戦課題である。競争は，同じ市場に参入しようとする競合他社だけでなく，地元企業との間でも起きる。通常地元企業は，その国の政府から優遇されているため，競争上有利な立場に立つことができる。その上政府の政策は国によって異なるため，進出企業は，その国の政治的圧力や政府との関係によって企業のコア・コンピタンス（中核能力）

が損なわれないように注意しなければならない。

　異質で絶えず変化する政治環境に対しても，マーケターは注意を怠ってはならない。外国では，政府からの突然の通達によって，戦略の変更を余儀なくされることもある。最近の事例としては，インド政府が打ち出した，度重なる経済政策の変更が知られている。こうした政府の介入によって，多くの国際企業は，インド国内での事業の再検討を迫られ，少なからぬ数の企業がインドから撤退した。

　国際的なビジネスを展開していく上でのこのような枠組は，スポーツアパレル産業には適したものである。約20年前まで，外国市場では，ナイキをはじめとしてアメリカ企業の存在感は希薄であった。10年前でさえ，リーボックやナイキの海外事業の収益は全体の3分の1以下だった。それが2001年には，その割合が両社とも40％以上になっていた。アナリストによれば，ここ数年の内に，ナイキの収益の大部分は海外事業から生まれると予測している。

　新しい市場でビジネスを展開する時，それが隣接する都市であれ，郡であれ，国や大陸であれ，そこには大きな挑戦がともなう。消費者，サプライヤー，政府関連機関にかかわらず，マーケットセグメントの違いを理解しない限り，企業は財政的な打撃を受けブランドを傷つけることになる。

1) Marketing Management by Winer, Russell S.(pp.449-454), Prentice Hall, 2000.(c) Adapted by permission of Pearson Education, Inc., Upper Saddle River, NJ.
2) Dworkin, Andy, "Nike Mulls Over Tiger's Draw." Portland Oregonian, July 25, 2000, p. C1. The Oregonian (c), 2001 Oregonian Publishing Co. All rights reserved. Reprinted with permission.
3) Marketing Management by Winer, Russell S.(pp.441-445), Prentice Hall, 2000.(c) Adapted by permission of Pearson Education, Inc., Upper Saddle River, NJ.

第9章

ブランドの構築

【ポイント】 ひとつのブランドを確立し，構築し，拡張するには，そのブランドが伝統的なビジネスであれスポーツであれ，あらゆる局面における継続的かつ実践的なマネジメントとリーダーシップが必要とされる。ブランド構築の演出家は，たとえ細部にわたる精密なマネジメントが必要とされても，可能な限りブランドを守ろうとする。企業の名声と誠実さを消費者に認めてもらうには長い年月がかかるが，それを失うには，ほんのわずかな時間で充分である。

　広く認められている「ブランド」という言葉と，それに関連したプロセスである「ブランディング」の定義を見つけるのは，ちょうどスポーツのファンが，これまでに一番素晴らしかったチームはどこかということで，意見の一致を得ることが困難なのと同じくらい難しい問題である。ヤンキースやボストン・セルティックス，サンフランシスコ・49ers，そしてモントリオール・カナディアンズなどがつくりあげた偉大な王国のブランドとブランディングの議論には，百者百様の多彩な意見が存在する。

　過去10年以上にわたり，多くの学者や専門家がブランディングの問題に取り組んできた。彼らは，ビジネスが恐ろしいスピードで進展する中で作業を続けてきた。ある時まで，岩のようにそびえていた優良ブランドが，ある日突然，連邦政府の捜査を受けたり，投資の失敗による破綻の危機に立たされたりすることがある。

成功したブランディングの努力は，人々の注目を集め，消費者に企業のイメージを焼きつけ，商品とサービスに対する消費者のロイヤルティを喚起することができる。ひとたびブランドが確立されれば，優位に立った商品は，消費者により高い値段で売られ，株主により大きな利益をもたらすことになる。

　ブランディングの本質的な価値は，消費者が類似した商品に囲まれて，どの商品にメリットがあるのかを決めかねている時の意思決定プロセスを分析することで明らかになる。Ｑチップスのメーカーであるチーズブローポンド社は，このマーケティング現象に納得のいく答えを与えてくれる。競合している商品は，例えば身近にあるスーパーマーケットのチェーン店のように，どれも似たりよったりであるにもかかわらず，消費者はブランドが暗示するＱチップスの名称と品質に，余分なお金を喜んで払おうとする。

　覚えやすくて独創的なブランドとロゴは，ブランドの価値づくりに貢献するが，特に誕生したばかりの企業の場合，すでに認められている大手ブランドとの競争に役立つ。

　カレンとケビン・プッシュは，ハワイのコナにおいて，「こだわりのコーヒー」というモットーを掲げた〈バドアス（こわもて）コーヒー店〉に入ったが，それはユニークな店の名前に惹かれたからだった。数日後2人は店を買い，その会社の最初のフランチャイズ・オーナーになった。今日バドアスのフランチャイズは20店に拡大した。バドアスの経営者たちは，店の名前が客を引き寄せる役に立ってはいるものの，もし店が出すコーヒーがまずかったり，カスタマーサービスが劣悪だったりしたら，客を引き止める手立てのないことを知っている。

　スポーツ界では，全国的なファン基盤を持たないマイナーリーグのチーム（例えばカロライナ・マドキャッツやランチョクカモンガ・クェークスなど）では，おしゃれなロゴがグッズの販売に結びつき，チームの収益アップに役立っている。ブランディングの一要因に過ぎないとはいえ，企業やチームを表現する優れたロゴは，ブランド価値に大きな影響力を持つ。しかし他のブランディングの要因と同様，もし強力なロゴが存在するだけで，商品やサービスがそれに追いつかない場合，企業がブランドを発展させ強化することは不可能である。プロスポーツのフランチャイズのようなメジャーなスポーツブランドが，ファンのロイヤルティを育てるためには，ファンが帰属意識を持てるよう

な納得のいくエンターテイメント経験を絶えず提供し続けなければならない。ヤンキースやカウボーイズ，そしてレイカーズなどは，他チームと同様，それをすべて実行している。

　ブランド評価を手がけている企業であるフューチャーブランド社は，ブランドによってもたらされた一連の収益や，競争に関連したブランドの強みとリスクの程度を計算した結果，国内のプロチームとそのブランド価値を報告している。

　具体的に言うと，フューチャーブランド社は，チームの人気，ファン基盤，ファンの興味を喚起する要因，メディア市場の規模，勝率，スタジアムの運営，そして特定のスポーツの成長具合を考慮に入れている。この基準は，偉大なブランドが，総じて優れたマーケティングに支えられた確かな商品と，しっかりとした顧客ベースの結合であることを示唆している。

　この調査によれば（表9-1参照）ヤンキースのブランドだけで，2002年に3億3,400万ドルの資産価値があり，これはチームのブランドが，音響メーカーのボーズやフォー・シーズンズ・ホテルと同じ程度の価値をもっていることを示している。[1]

　カウボーイズのブランドが2位の3億ドルで，それに続くレイカーズが2億7,200万ドルであった。驚くまでもなく，上位3チームは，いずれも過去10年間に少なくとも3度，リーグチャンピオンになっている。もしこれらの

表9-1　トップランクのスポーツブランドの価値

順位	スポーツフランチャイズ	価値（100万ドル）
1	ニューヨーク・ヤンキース	334
2	ダラス・カウボーイズ	300
3	ロサンゼルス・レイカーズ	272
4	ニューヨーク・ニックス	236
5	ワシントン・レッドスキンズ	191
6	ニューヨーク・ジャイアンツ	167
7	シカゴ・ブルズ	156
8	ニューヨーク・レインジャーズ	155
9	グリーンベイ・パッカーズ	153
10	デトロイト・レッドウイングス	152

チームのどれかが売りに出されたら，ここに示したブランド価値が，売り値を決める際の参考になるだろう．

1│ブランディングのプロセス

　昔からあるコカ・コーラのような偉大なブランドにしても，ニューエコノミーの中で登場したグーグル.com.のような新しいブランドにしても，ブランドとブランディングのプロセスには一貫した特長が見られる．すなわち，かつては消費者向けの商品を作っていた企業であるが，パッケージングされた商品を売るときに採用したブランディングが，やがて会社としてのブランドネームへと変身し，ブランドを守ろうとする従業員や経営者をはじめ，事業のすべての側面へと拡大するという傾向である．

　規模の大小を問わずブランディングは，企業が成功するための不可欠な要素である．例えば近所の玩具店が，トイザラスのような巨大フランチャイズと競争しなければならなくなったケースを考えてみよう．トイザラスは，地元の玩具店など足元にも及ばないほど大量の商品を注文するため，同じ商品を安い価格で売ることができる．それに品揃えも豊富である．しかし地元の玩具店は，自分自身をうまくブランド化することによって対抗することができる．ある種のビジネスが成功するブランディングには，快適な雰囲気や顧客が買い慣れているということ，そしてカウンターには誰もが知っている地元の人がおり，コミュニティにおける長年にわたる存在感と地域との関係性が築かれているといった特性がある．

　『ブランディングの進化の本質：消費者と経営者の考察』によれば，ブランドの進化には6つの段階がある．[2] これらの段階は，世界的に有名なブランドがつくられてきた段階だけでなく，そのブランドのマインドシェア（ブランドに対する消費者の認識度）や株価，そしてスポーツの場合はファン基盤に影響を及ぼしている．スポーツのチームとリーグを含む大部分の組織は，以下に述べるブランディングの過程における5番目の「同志としてのブランド」を目指している．

　第1段階は，通常日用品として扱われているブランドを必要としない商品である．成熟した経済においては，顧客が実用性だけを求める商品にブランド

力を付けたり，商品の差別化を図ろうとはしない。この段階の商品は代替が可能なため，顧客は商品の違いを区別することができない。例えば消費者は，コンビニで買う氷のブランドには無関心である。

　第2段階は「ブランドの紹介」の段階で，ブランド名の多くは生産者や製造者から発信される。ブランド名は確認のために使われ，そのための宣伝は，誰もが納得する点に焦点があてられる（例えば，「○○○は，よりきれいに洗えます」といったようなフレーズ）。やがて名前は，「ゴールドメダル印の小麦粉」のように，品質と均一性を保証するものとなる。ブランドがこの段階に到達すると，消費者は，記憶にあるブランドの商品を，ブランドネームが付いているから品質が良いと信じて買うようになる。

　第3段階は「ブランドの個性化」の段階で，ブランドネームは，消費者の感性への訴求や，商品の優位性といったマーケティングの支援によって「独り立ち」していく。その好例は，「優しいお母さんはアイボリー石鹸を使っています」といったものだろう。ブランディングはこの段階で，商品を消費者の個性と結びつけ，購買のプロセスに新たな局面をもたらすようになる。

　第4の段階では，消費者はブランドを「所有」するまでになる。これは「アイコンとしてのブランド」として知られているが，ブランドは社会においてより高い地位を持ち，その広告は消費者との密接な関係を生み出す。このカテゴリーにぴったりあてはまるのが，有名なマルボロの広告に出てくるカウボーイだろう。同様に地域住民が，すぐにローカル企業のロゴやマスコット，あるいはキャッチフレーズに気づけば，それ以上詳しい企業の紹介は必要でなくなる。

　「同志としてのブランド」である第5の段階では，ブランドは脚光を浴び，複雑なアイデンティティを持つようになり，消費者はそのアイデンティティを注意深く評価するようになる。消費者が積極的にブランド形成のプロセスに参加するため，企業は統合的なコミュニケーション戦略を活用することによってターゲットとなる消費者を取り込まなければならない。例えば家具の企画・小売チェーンであるイケア（IKEA）では，消費者はプランニングから購買にいたるまでのあらゆる段階で参画する。彼らは規格ユニットを使って独自のキッチンキャビネットをデザインしたり，自分達が買う家具の材質を選ぶことによって商品のデザインづくりに参加する。さらに彼らは輸送や，自前の商品を組み立てる工程にさえ参加するのである。

6番目の「ブランドが政策になる」という段階では，企業は倫理的，社会的，そして政治的な主張と結びつくが，この段階に到達した企業は少ない。「わたしたちは，すべての人は自由と平等と尊厳と権利をもって生まれてくると信じている」というメッセージを伝えるベネトンのようなスポークス企業は，基本的にその企業哲学に傾倒した消費者に所有されている。ベン＆ジェリーズやボディショップなどのブランドの商品を買う多くの消費者は，その企業のもつ政治的，社会的スタンスに大いなる賛同を示す。

企業がうまくブランド化に成功して「アイコンとしてのブランド」や「同志としてのブランド」の段階に到達するためには，企業は継続的に，そして時間をかけてマーケティングメッセージと商品の特性を伝え，強化していかなければならない。ブランディングを成功させるには，時間とともに長期にわたるコミットメントが必要である。ブランド確立には，資金的，人的資源の配分をともなう投資が要求されるが，そこに舵取りをするビジョナリーリーダーがいれば，さらに良い結果が生まれる。

2｜ブランドを確立する

偉大なブランドは一夜にして生まれるものではない。それはタイムリーで洞察力に富んだ意思決定と，予想される困難な問題を，チャンスへと転換する能力を持ったビジョナリーリーダーシップによって時間をかけて育てられるものである。

1903年に，21歳と20歳だったアーサー・ハーレーとウィリアム・ダビッドソンは，オートバイのビジネスを始めた。彼らが作った最初のオートバイはただの2馬力のエンジンをつけたもので，車体はスクラップの寄せ集めで，例えばキャブレターにはトマトの空き缶が使われていた。2人は他の仲間とともに，常にデザインに工夫を加え続けた。その年が終わるまでに，彼らは合計3台のオートバイを売った。ロードレースやオートバイのコンテストによって，やがてハーレー・ダビッドソンの名前はよく知られるようになった。2人の起業家は，このようなイベントがブランドの形成に役立ち，特にオートバイ乗りが，バイクの出す雷鳴のように大きな音を好むことを知り，その大きな音がオートバイとしてのハーレー・ダビッドソンの特長となった。10周年記念の

頃には全国で200のディーラーを抱えるようになり，日本への輸出も始まろうとしていた。その7年後には，ハーレー・ダビッドソンは世界最大のオートバイメーカーになっていた。2つの大戦の間，警察と軍隊がともに同社のオートバイを採用したことでブランドは地位を確立し，産業界全体での認知度が高まっていった。

　1947年頃には，ハーレー・ダビッドソンのブランドは，反抗とタフネスと同義語になっていた。こうした特性を好む人たちは，決まってハーレー・ダビッドソンのジャケットを身につけ，お馴染みのオレンジと黒のロゴを誇示するようになった。次の半世紀の間も，ハーレーは決して進化をやめなかった。組織は絶えず新しい技術に注目し，低価格の1台4,400ドルのバイクから，企業の役員のための2万ドル以上もするカスタムメイドのハイエンドモデル（最も性能が良く価格も高い製品）を作り，幅広い客層に対応した。しかし，苦労がなかったわけではない。ハーレーのCEOジェフ・ブラウシュタインは，その26年にわたるハーレー・ダビッドソンでのキャリアで，企業が崩壊しかねないような事態が2度あったと述べている。

　1986年に株式会社になって以来，同社の株価は2001年を通じて15,000％上昇したが，1つには65万人以上の会員たちが全国で，同社が組織したオートバイの大会やツアーに集まるようなハーレー・オーナーズクラブ（HOC）を設立してファン層を強化したことがその背景にある。こうしたイベントを通して，将来の見込み客に対して「ライダーズ・エッジ」プログラムによる運転講習会を開き，ハーレーのオートバイに試乗してもらうように働きかけたのである。2001年に，同社が16年連続して前年のそれを上回る収益を上げたことを発表すると，フォーブス誌は同社を年度の最優良企業に選んだ。

　偉大な世界的ブランドのすべてが，トマトの空き缶のキャブレターからスタートしたわけではないが，多くの人はその本質的な価値を理解し，進化を続ける商品のマーケタビリティ（市場可能性）を信じている。

　NBAは，1948年の夏にバスケットボール・アソシエーション・オブ・アメリカ（BAA）とナショナル・バスケットボール・リーグ（NBL）が合体した結果，17チームを商品とするリーグとなった。その時点でのNBAは，まだブランディング第2段階の生まれたばかりのリーグであり，他のスポーツリーグとの競合にさらされた。すでに設立50周年を迎えようとしていたMLBや，

30年以上続いていたNHL，あるいは間もなく20年目を迎えるNFLと違い，生まれたばかりのNBAは，アイデンティティを模索しているありふれた商品でしかなかった。

　すでに確立された先輩格のリーグは，スポーツファンの心と財布をしっかりと握っており，人気面で大きくリードしていた。また，成長を続けるメディアから放送権料を引き出す面でも，はるかに優位に立っていた。1930年代半ばには，ベースボールこそがアメリカの代表的スポーツであり，その人気の高さは，フォードにワールドシリーズのラジオによる放送権を40万ドルで売ったことで証明済みであった。

　同じように，NFLのコミッショナーであるピート・ロゼルは，フットボールの魅力がテレビとリンクされていることを知っていた。ロゼルは1962年に，CBSと2年間で470万ドルの契約を結んだ。NBAは明らかにNFLの後塵を拝しており，1952年から1962年までのデュモント・ブロードキャスティングとNBCとのテレビ放映権の契約は，世間の注目も集めなかったし大した収益をあげることもできなかった。

　1970年代の半ばになると，NBAは，もう新しいバスケットボールのリーグと競合することはないと確信した。それよりはむしろ，巨大なテレビの資金をめぐって，既存の他のスポーツリーグと競うことに努力を集中した。

　1976年，NBAは主な競争相手だったアメリカ・バスケットボール協会（ABA）の4チームを買うことによって，実質的な独占体制に入った。期せずしてNBAは，第2段階の「ブランドの紹介」から次の「ブランドの個性化」の段階に移行したのである。多くの人は，今日のメジャーなプロスポーツリーグは，すべて独占的な状態なので，ビジネスの世界とは比較できないという。しかしもしNBAが偉大なブランドに進化できなかった場合，バスケットボールのパイのおこぼれにあずかろうとする競争相手が必ず出現するために，独占的な立場を維持することは困難になる。チームとスター選手のパブリシティによって，一貫したマーケティングメッセージを流せるようになったものの，NBAは，依然としてファンを熱狂させるワールドシリーズやスーパーボウルを擁するベースボールやフットボールに比べると，不充分な面が多かった。

　頂点に向かう過程で，ブランドの多くがつまずきを見せる。失敗に直面し，低迷が続く時，それを乗り越えることができるのは，優れた解決策を見つけ，

進化することを学んだブランドだけである。電話やメールで商品を全国に販売してきた企業が，インターネットの爆発的な人気の前で，そのような瞬間に直面してきた。ワールドワイドウェブ（WWW）において，充分な存在感を示すことができるように資源を配分しなかった企業の多くが，デジタル経済の中で大きな逆風を受けることになった。

　1980年代初めの正統性を求めるNBAの戦いは，リーグに財政的な出血をもたらすことになり，選手や他の債権者への後払い代金が総額8,000万から9,000万ドルにのぼった。高騰を続ける選手への給料や，リーグ拡大によって膨らんだ旅費によって引き起こされた深刻な財政上の危機に加えて，NBAは麻薬の問題や信用の低下に苦しめられ，「アイコンとしてのブランド」の段階に到達することができなかったのである。NBAのファン基盤は，法人も個人も含め，自分達の評判やブランドネームに傷がつくことを恐れ，リーグと手を結ぼうとはしなかった。

　NBAのテレビパートナーであるCBSは，1980年代の初め，NBAを軽んじるあまり，マジック・ジョンソンが40ポイントを得点し，ジャマール・ウィルクスが37ポイントを入れて，レイカーズがフィラデルフィア76ersを破った1980年のNBAファイナルを，なんと録画で放映したのである。ラリー・バードの最初のファイナルだったゲーム・シックスも，CBSは「マグナム・P・I」や「レディーズ・アンド・ジェントルマン」そして「ボブ・ニューハート」といったTV番組と重なることを恐れ，やはり録画で放映した。1年後，ラリー・バードのボストン・セルチックスと76ersのゲーム・シックスも，再登場した「ダラス」とそれに続く「ナース」の後に放映された。

　リーグの進化にとって，こうした重大な岐路に立たされた時にこそ，何よりも必要なものは，ブランド構築の本質的な価値を熟知している，ビジョナリーリーダーなのである。

(1) ブランド構築の演出家たち

　あるブランドが優れたブランドから偉大なブランドに成長するためには，ブランドの管理人がいるだけでは不充分で，そこにはブランドの演出家が必要である。これまで，そしてこれからも，NBAにおけるブランドの演出家は，コミッショナーのデビッド・スターンだった。

過去18年間，NBAはスターンの優れたリーダーシップのもとで一流のブランドに育っていった。彼は最初，NBAの顧問兼筆頭副社長をしていたが，そこでNBAのスポーツ界とビジネス界での立場と，NBAが直面している挑戦課題を理解することができた。

スターンのビジョンと，合意を形成する能力によってNBAは再生し，マーケティングと財務状況が回復を見せ始めた。この回復は，1983年に行った2つの改革によるものだが，それには当時NBAの法律顧問だったスターンが関与していた。すなわち，リーグはサラリーキャップ制度を導入するとともに，プロスポーツ最初のリーグ全体を対象にしたドラッグ・ポリシーを確立したのである。もしNBAが，財政的安定と信用を得ることができなかったならば，スポンサーやファンは，わざわざ広告のための時間枠やチケットを買って，リーグを支援したりはしなかっただろう。これらの改革が，スターンがNBAブランドを発展させ，管理するための優れた能力を示した最初の仕事だった。彼のブランド構築と経営における力は広く知られるようになったため，ザ・スポーツ・ニュースは，彼を20世紀のスポーツ界における6番目に有力な人物に選んだ。

さらに，マジック・ジョンソン，ラリー・バード，そしてマイケル・ジョーダンといった，NBAに出現したブランドのメッセンジャーたちをテコにして，テレビの視聴者を増やすことで，スターンはリーグの収益を4倍にすることに成功した。

スターンとNBAは1度の例外を除き，彼がコミッショナーをしていた10年間のすべてのファイナルでこれらのスター選手が活躍したことで，図り知れないほどの恩恵を受けた。さらに1980年から2002年までの23回のNBAファイナルのうち22回が，アメリカで最も人気の高い4つの都市（ニューヨーク，ロサンゼルス，シカゴ，ヒューストン）のどこかで開かれた。このことでNBAは，一握りのスーパースターと，彼らがプレーする巨大なマーケットによって支えられたスポーツとなった。

ただ中には，NBAは単に運が良く，ブランド力が高まったのは，大量のファンを動員できる人気チームがファイナルに進んだからで，幸運が重なった結果だと主張する人もいた。

しかしながら，「幸運」が必ずしも，そのままブランド構築に結びつくわけ

ではない。その裏には，ブランドを「幸運になるように」ポジショニングし，どうすればその幸運を取り込めるかを理解しているブランドマネジャーがいたからこそ，この偉大なブランドが誕生し，拡大し続けたのである。

　事務用品のスイングライン社の赤いホチキスは，映画「オフィス・スペース」の中で事務用品として使われた。1999年に作られたこの映画は興行的には失敗だったが，ビデオになってから人気が高まった。ホチキスは映画の主人公ミルトンの大事な所有物のひとつで，同僚がそれを盗まないように細心の注意を払っていた。映画がカルト・クラシックとして人気が出るにつれ，人々はこぞってスイングラインに電話をかけ，赤いホチキスを買いたいと申し出た。しかしホチキスの色は，映画の小道具マネジャーの思いつきであり，スイングラインの商品カラーではなかった。したがってスイングラインには赤いホチキスは存在しなかった。そこで同社は，早速赤いホチキスを作り始め，消費者がわかるように自社のウェブサイトに載せた。

　NBAとスターンは，消費者が認め，記憶に留めるような創造的なマーケティングとマネジメントに着手した時，素早く自分たちの「赤いホチキス」を作ってNBAのブランド認識度を高めた。視聴者がわくわくするような，オールスターゲームやダンクショットのコンテスト，NBAドラフトなど，テレビ向けのイベントは，マーケティングを活性化し，「NBAは・・・ファン－タスティック」というキャッチフレーズを含む，リーグ最初の大々的な広告キャンペーンは大成功を収めた。さらに彼は，特に「学校へ行こう」のテーマで知られる，草の根レベルの公益事業奉仕プログラムにも資金と資源の援助を行った。スターンは，次世代のファンを育てるのに早過ぎるということはないと考えたのだ。

　マジック・ジョンソンやラリー・バード，そしてマイケル・ジョーダンらを使ったマーケティングと広告キャンペーンを実施した年は，1試合の平均観客数が44％増えて1万6,000人を超えるようになった。

　その後もスターンは，リーグに対するファンの信念と確固とした態度を獲得することによって，NBAのブランド・イメージを入念に高め続けた。彼は，ファンやスポンサーの心の中に，リーグの全体的な価値を高めるような大きな信用をつくることで，形成過程にあるブランド・イメージをブランド資産に発展させるべく努力した。それが終わるとスターンは，ブランドのポジショニング

を強化し，NBAに対するテレビのネットワーク放送のロイヤルティを高めるためにブランドを活用した。彼はこれを，NBAをテーマにしたプログラムを増やし，リーグでプレーする外国選手の質と数を増加させ，完全に統合されたマーチャンダイジング戦略を実行することによって成し遂げた。

　スターンの舵取りは，地球規模でのリーグの地位を確立し，維持し，拡大していくことに役立った。NBAは，絶えず進化を続けるブランドを，世界中の提携企業にマーケティングすることに成功したことに加え，ポジティブな認知度を高めることによってブランドを保護するために，内部の情報発信媒体である「NBAエンターテイメント」と「NBA.com」をスタートさせた。スターンは他のどの経営者よりも，彼と彼のスタッフがブランドを洗練し，正しい場所にポジショニングし続けることが，リーグの長期的な成功を左右するということを理解している。しかしブランドが，NBAのように強力で目立てば目立つほど，そのイメージは，ちょっとした軽率な言動や，誠実さの欠如，そして判断ミスなどによって損なわれることがある。すなわち，体が大きければ大きいほど，転んだときの怪我も大きいという表現が，今のNBAにはよくあてはまる。

3 | ブランディングにおける商品の役割

　一般に，ブランドのために働いているショップの店員から本社の役員まで，自分たちがブランドを代表して働いているということを忘れがちである。スポーツの場合，優れたアスリートたちは商品の一部であり，その点はリーグやチームで働くスタッフも同じである。

　マジック・ジョンソンとラリー・バードは，NBA初のプロダクトマネジャーであり，世界的なメッセンジャーであった。NBAの大使として，全米のテレビを通して，リーグがいかにエキサイティングで楽しいものかを世の中に知らしめた。

　10年間にマジックのレイカーズが5回優勝し（1980，82，85，87，88年），バードのセルティクスが3度優勝した（1981，84，86年）ことは重要なことだったが，スターンがコミッショナーに就任した年に行った改革が，この素晴らしい結果に影を落とすことになった。

　シカゴ・ブルズは，1984年のドラフト会議でノースカロライナのマイケ

ル・ジョーダンを3巡目の指名で獲得した。赤のスニーカーを履き，舌を震わせ，大きく飛び跳ねるジョーダンは，初めは補充要員に過ぎなかったが，すぐにバードとジョンソンの業績をしのぐようになった。この3人がそろったことで，NBAは，1980年代から驚異的な成功を収めていたNFLとMLBに対抗して，第4の段階である「アイコンとしてのブランド」への道を歩み始めた。

　一般のビジネスは，優秀な従業員を獲得するためのドラフト制度を持っていない。その一方，世界中から集まってきた最も優れた選手がひしめいているNBAでは，状況はまったく異なる。通常のビジネスにおいて，素晴らしい商品が，先見性の欠如，流通経路の不備，そして変化への対応の遅れなどの理由で日の目を見ないことがある中で，NBAは，ジョーダンというリーグの最も偉大な商品を，理想的な舞台でファンに提供することによって大きな力を得たのである。10年以上にわたり，マイケル・ジョーダンはNBAであり，NBAはマイケル・ジョーダンだった。ナイキのスウォッシュのロゴと同じように，彼はリーグと同一視されるブランドの一部だった。彼はやがてスポーツ，エンターテイメント，人種，そしてビッグビジネスを超越した。そしてアメリカ社会におけるジョーダンの役割について，社会学者までが研究対象とする存在になった。

　スポーツを超越する能力によって，ジョーダンは，NBAを世界的なブランドにすることに貢献した。ある人びとにとって，ジョーダンを見ることとバスケットボールを見ることは，同じ行為ではなくなった。ジョーダンを見ることは，人格化された優美さ，美しさ，肉体の素晴らしさを見ることを意味した。

　ジョーダンほど優れたNBAの守護神は，今後も存在しうるのだろうか？どんなに想像をたくましくしても，スターンはこれ以上NBAのブランドを広めることに役立つ人間を見つけることはできなかったであろう。スターンが体系的にNBAのブランドを確立すると，即座にジョーダンがそれを拡大してくれたのである。

　ジョーダンによって，スポーツやバスケットボールについて無関心な人々が，NBAの試合を見るようになったのである。実際，これまで何の興味を示さなかった何千ものファンが群れをなして，ジョーダンを見るためにアリーナにやってきた。

　ジョーダンは，偉大なブランドが，店頭で売られている商品を超越し，その

過程でより多くの顧客を引き寄せることを実証した。ジョーダンの場合は，もはや試合そのものではなく，優美さであり，ダンクシュートであり，その美しさであった。ジョーダンはアスリートであると同時に芸術そのものだった。

第8章で，メッセンジャーがあまりに強烈で，商品の影を薄くさせる時，それは商品に害を及ぼすということを述べた。しかしジョーダンとNBAの関係は例外で，まれなケースではあるが，メッセンジャーが商品——この場合はプロバスケットボール——を超越しても，もしメッセンジャー自身が商品として認められれば，最終的に有益な結果をもたらすのである。

シアトル・スーパーソニックスのオーナーであるハワード・シュルツが起業したスターバックスが，ブランディング経験のビジネスに関する明確な例である。

ある人々は，変哲のないコーヒーショップに好んで足を運ぶ。しかしそれは，必ずしもその店のモカ・フラップチーノやダブル・ラテがおいしいからだとは限らない。スターバックスの客がそのコーヒーチェーン店に足を運ぶのは，座り心地のよい椅子，音楽（客はそのコレクションを買うこともできる），そして店によっては高速でインターネットにアクセスできるパソコンがあるといった雰囲気を好むからである。このような環境のおかげで，スターバックスは，1990年代の後半には，新しく従業員を雇おうとするオフィスを持たないドット・コム経営者たちにとって，恰好の面接用スペースになったのである。学生たちは勉強するために店に来るが，それはちょうど子どもを持つ親が，ファストフード・レストランがひしめく大型ショッピングセンターやモールに子どもたちを連れて行き，結局マクドナルドに入るのと同じようなものである。

スターンは，ジョーダンが脚光を浴びることが，彼にとってもリーグにとっても良い結果をもたらすことを知っていた。スターンは，活躍の場をジョーダンに譲ることによって収益をあげ，ブランドを構築し続けようとしたのだ。彼は洞察力をもったブランドマネジャーとして，世界で最も人気のあるスポーツ選手を使い，NBAのブランディングのプロセスを進化させる方法とタイミングを知っていた。

ジョーダンが1984－85年のシーズンで最優秀新人賞を獲得してから1980年代の終りまでに，NBA全体の観客動員数はほぼ50％増加し，ブルズはNBAで最も人気のあるチームになった。ウィンディ・シティ（風の町）と呼ばれるシカゴで，ブルズだけが，1987－88年の18ヵ月で，過去22年間

に売ったチケットの総数を上回るチケットを販売したのである。同時にNBAの税引き前の利益は、ネットワークとケーブルテレビによる放映が飛躍的に増えたことでほぼ倍の3億ドルになった。

デビッド・スターンがコミッショナーに就任した1984年、テレビからの放映権収入は年間わずか2,000万ドルだった。しかしファンと広告主の関心が急速に高まったおかげで、TVネットワークは惜しみなく金を注ぐようになった。5年後NBCは、入札で長年のパートナーだったCBSを上回る1億5,000万ドルをNBAに支払うことで、それ以後4年間の放映権を獲得した。

2002年の初め、景気の後退期であるにもかかわらず、NBAは2つの新しいテレビ契約を、ESPN/ABC及びAOLタイムワーナーと結んだ（この戦略的同盟の詳細については、第6章を参照のこと）。ひとつは、以前の4年契約をわずかに上回る26億4,000万ドルの4年契約であり、もうひとつは2007－08年のシーズンの46億ドルの契約である。

4 | ブランドの（ミクロ）マネジメント

NBAのジョンソン、バード、ジョーダンのようなポジティブな商品特性がブランド力を高めるのと同様に、組織のブランド形成にネガティブに働く有害な商品も、無視することはできない。

NBAの選手が、普通ならば個人的な問題で処理されるような事件で話題を集めるたびに、NBAのブランドは危うくなる。その中には、例えばデニス・ロッドマンやアレン・アイバーソンの一件や、2002年のオフシーズンに起きたリーグのベテラン、バイソン・デレが殺害された事件、さらには、前のニュージャージー・ネッツのセンターであるジェイソン・ウィリアムズが第一級殺人の容疑で告発された事件などがある。

ロッドマンの刺青のように、ブランドのイメージダウンになることを防ぐために、NBAのエンターテイメント部門は独自の基準を決めている。例えばNBAエンターテイメントが制作するTVショーである「インサイド・スタッフ」のプロデューサーたちは、過去数週間に、法に触れるような行為のあった選手を番組に出演させてはならないと伝えられていた。

NBAは、新人選手が入団後に直面する、社会的あるいは金銭的な問題に対

処するための研修プログラムを用意している。このような〈ルーキー・オリエンテーション・プログラム〉は，セクハラ，性病，怒りのコントロール，そして税金，投資，将来のための貯蓄といったパーソナル・ファイナンスの問題などを選手たちに教えることを目的とする。このプログラムの真の目的は，ブランドの大切さに無知であり，かつ無頓着なルーキーから，ブランドを守ることにある。

　NBA はまた，ブランドをコントロールしようとして，あるいは精密に管理^{ミクロマネージ}しようとしたために，苦境に立たされたこともあった。エアブラシの技術のおかげで，ラップミュージシャンのアレン・アイバーソンのイヤリング，ネックレス，タトゥーをつけていない写真が，リーグの公式の出版物であるフープ・マガジンの 1999 － 2000 号に掲載されたことがあった。

　言うなれば，アメリカの一般大衆にとって悪名高いアイバーソンの態度やライフスタイルは，シカゴのペオリアやニューヨークのマジソン・アベニューでプレーするのに好ましくないと受け止められていた。広告主が，アイバーソンのタトゥーや細く硬く三つ編みにしたコーンロウの髪型，そして増え続ける犯罪歴を見たならば，NBA を含む多くの組織は，彼をブランドと結びつけるのは危険だと感じるだろう。スター選手を育てるのは NBA の仕事のひとつで，そのためにしばしば選手のイメージを美化したり，評判を底上げしたりしてきたが，そうすることがかえって，選手の素晴らしいテクニックを賞賛しているファン基盤を失うことの原因にならないように注意を払う必要がある。

　この件に対するアイバーソンの反応は，自分は自分であり，誰にもそれを変える権利はないというものだった。彼はまた，NBA の誰が自分のイメージを変える権限を与えたのかといぶかった。要するにアイバーソンは，誰かが不適切に，しかも彼の許可もとらずに彼のパーソナル・ブランドをリポジショニングしたことに異を唱えたのである。

　リーグ側は，今回のことはあってはならないことだったと認め，以後，アイバーソンをあるがままにプロモートすると釈明した。雑誌の編集者は，「アレン・アイバーソンの法則」として，1996 年以降アイバーソンを表紙に使わないという申し合わせがあったと述べた。

　ブランドの構築とは，顧客に対して前向きで，継続的な印象を創造することなので，時に NBA は，アイバーソンのケースのように，ひそかにブランドを

管理しなければならない。しかし脚光を浴びている従業員のイメージを，彼または彼女の知らないうちに美化することは，ブランドを本来のものとは違うものにしてしまうことになり，結局，多くの潜在顧客と既存顧客の目から見たブランドを傷つけてしまうことになる。

　リーボックが，ラップのアルバムの歌詞が論議を呼んでいたにもかかわらず，アイバーソンをエンドーサーとして使い続けたのは，彼が反抗的な都市の若者にとって完璧なスポークスマンだと信じたからだった。NBAにとって残念だったのは，2001年になって，タイム誌がアイバーソンを「アメリカの最も偉大なスポーツマン」と持ち上げたことだった。なぜなら2002年には，アイバーソンが口論のあげく銃を振り回したとして，合計14の罪に問われて告訴されたことで，NBAは再び失望を味わうことになった。

　この告訴は2ヵ月後に取り下げられたものの，アイバーソンはその反抗的なイメージをかえって強めることになったのである。

　ブランドを保護するにせよ構築するにせよ，企業にとってのチャレンジは，従業員の個人主義を尊重する中で，その個人主義が，企業と顧客との結びつきを損なうようなことがないように管理していくことである。

5｜ブランドの構成要員

　ブランドの構成要員とは，ブランドのポジショニング，管理，そして拡張に対して既得権を持っているステークホルダーたちである。こうした構成要員は，伝統的に顧客と株主を意味する。NBAの場合は，オーナーや個々の選手も構成要員に数えられるが，彼らは同時に2つの役割を担っている。

　事業の規模にかかわらず，従業員は重要な構成要員である。ある店が素晴らしい外観をそなえ，町の便利な場所にあったとしても，もし客あしらいが悪かったら，誰もその店には2度と行かないだろう。客が店に入ってきて入口のベルが鳴ったとき，ブランドマネジャーは，従業員の反応，意欲そして何より客を助けようとする心がけの重要さに気がつくだろう。

　ダラス・マーベリックスのオーナーであるマーク・キューバンは，驚くべきブランドマネジャーだった。チームのブランド価値の大部分を，従業員である選手たちが握っていると考えていた彼は，選手たちを大いに優遇し，どんな要

求にも細心の注意を払って応えてきた。リーグが定めたサラリーキャップがあるため，選手にプレイステーションを与え，専属の買物代理人（パーソナルショッパー）や栄養士をつけるといった試みは実現しなかったが，ダラス・マーベリックスの本拠地の競技場であるアメリカン・エアラインズ・センターを訪れたNBAの選手は，そこが他のどのアリーナよりも，素晴らしいアメニティを備えていることを知っている。

　主として従業員たちの高いモラルと，彼の「勝利がすべてだ」という姿勢に支えられ，2000－01年のシーズンに，チームが誕生してから11年目に初めてプレーオフに進んだ（チームがプレーオフに進出できなかった記録としてはロサンゼルス・クリッパーズに次いで2番目に長い記録）。

　キューバンはまた，選手たちがチームのブランド価値を決めるばかりでなく，その上に位置するNBAのブランドにもインパクトを及ぼすと信じていた。

　従業員の立場にも立つブランドマネジャーは，ブランドの命運を握る構成要員の尊敬を集めることになる。そうしたマネジャーはまた，提供された商品に対する顧客の好き嫌いの反応から，貴重なヒントを得る。そのようなヒントの多くはまた，ブランド構成要員としての従業員からも得ることができる。事実キューバン自身が，NBAとデビッド・スターンの，有力なブランド構成要員の役を演じてきたのである。

　NBAのブランドと，それが向かうべき方向について，公然と意見を述べてきたキューバンの努力は，賞賛されることもあれば，批判の対象にもなった。試合の運営，審判，移動，そして試合全般のマーケティングといった重要な問題について，キューバンはスターンに，ただメディアの気紛れに任せておくことなく，NBAの運命を左右する卓越した文化を作り上げていくべきだと進言した。

　にもかかわらずキューバンは，その無分別な言動によって，50万5,000ドルの制裁金を払わされている。その中には審判員を侮辱したための4つの罰金と，ミネソタ・ティンバーウルフズとの試合中に，ベースライン上に座っていたために科せられた10万ドルの罰金も含まれていた。

　キューバンは次のシーズンに，2001－02年に支払った制裁金にほぼ匹敵する50万ドルをリーグに払うように命じられたが，それは彼がある報道記者に，NBAの主任審判員のエド・ラッシュは，「デイリー・クイーン（訳者注，全

米に販売網をもつアイスクリーム店）の管理もできないだろう」と言ったことが原因であった。リーグ側は，公共の場において，審判についての不満を示したことに不快感を示したのだが，それに対してキューバンは，たとえリーグに審判についての不服を申し出ても，報道されない限り無視されるからだと切り返した。キューバンは，デイリー・クイーンから冗談まじりにどこかの店を数時間管理してみろと言われ，それを実行に移した。テキサスのデイリー・クイーンの店の外に群がったスポーツメディアに向かって，キューバンはアイスクリーム店での仕事のシフト終了後，NBAの改革の必要性を声高に叫んだ。

　キューバンはNBAへの制裁金と同じ額を，癌基金をはじめとする慈善事業に寄付したが，それはダラス・マーベリックスのヘッドコーチだったドン・ネルソンが2000－01年のシーズン中闘病生活を送ったことと，次シーズンの大部分を病に冒された彼の妻が病院で過ごすことになったことが主な理由であった。2001年9月11日のワールド・トレード・センター（WTC）へのテロ攻撃が起きると，キューバンは，すぐさまニューヨーク市に100万ドルの寄付を申し出た。こうした事例からもわかるように，彼のリーダーシップは，公共奉仕へのコミットメントが示すように，良き企業市民であるという評価に結びついている。こうした見返りを求めない慈善事業とのかかわりが，彼のブランド価値の向上に役立っているのである。

　キューバンはブランドの構築者だろうか，それとも単なるブランドへの干渉者なのだろうか？　間違いなく彼は，スターンやマイケル・ジョーダンに負けないくらい試合に関心を抱いているが，彼のゲリラ的なコミュニケーションの方法は，リーグ全体のメッセージを集中的に管理しなければならないNBA本部にとって，明らかな負担となっている。

　マーク・キューバンが，ただのありふれたブランドの構成要員でないことは確かである。彼が特に，NBAというブランドの向上に対して持つ強い関心は特筆に値する。とりわけ彼が注目を浴びている構成要員であるだけに，彼の意見は，消費者擁護団体や他のビジネスで不満をもったパトロンと同様の重みを持っている。潜在的に有害な構成要員が掲げた問題をどのように認識し，拡散させるかを学ぶことは，その規模の大きさに関係なく，ブランドにとってきわめて重要なことである。

6｜メッセージの一貫性

　長期にわたって，マーケティングメッセージと製品属性を伝え続けても，情報を強化することを怠った場合，あるいは混乱したマーケティングメッセージを伝えた場合，ブランド価値は弱まることになる。このことは，マーケティングや広告宣伝が固定的である必要はなく，ブランディングに含まれる固有のメッセージが新しいメッセージを生み，コミュニケーションを豊富にし，そのことがブランド強化を実現するのである。

　ブランディングを行う過程で起きる混乱や矛盾は，ブランドを確立しようとする組織の能力を損なうことになる。そのような混乱や矛盾は，ブランディングの連鎖を断ち切る問題の中に存在する。

　例えばブランディングのプロセスは，競合する商品が登場した時や，中核ブランドとその属性に一貫性がない場合にも悪い影響を受ける。一例としては，ブランド構築の途中にブランドが消滅してしまうことである。例えばNBAは，かつてマイケル・ジョーダン一色だったため，NBCで放映されるブルズの試合でジョーダンを欠くことはNBAのブランドとジョーダンの密接な関係を強化する機会を失うことを意味した。同様に，やはりジョーダンとキャラクター契約を結んでいるマクドナルドが，スポーツファンをターゲットにしたプロモーション・キャンペーンに彼を使わなかったら，ブランドとジョーダンを結びつける絶好のチャンスを逃すことになる。

　ブランドは，顧客の気持ちと心の中にあるために，マーケットの中で起きるいかなる混乱も，消費者の心の中の認識に悪影響を与える。例えば熱心なNBAのファンで，ナイキのシューズやアパレルの忠実な購買者が，マイケル・ジョーダンがリーボックの靴をプロモートしていることを知ったならば当惑するだろう。顧客がこのようなことで混乱しないように，大部分の企業は，スポーツ選手に矛盾を避けるように求め，ある商品ラインの特定の商品については，決められた期間内は独占的にプロモートするということで合意している。

　同様にスポーツリーグが，選手にブランディングのプロセスで協力を求める時には，こうしたシンボリックな関係が中断されないことが大事である。中断が起きると，リーグには，マーケティングおよび資金的・人的資源に悪影響が

生まれ，ブランドの統合性が脅かされることになる。

　例えば，市場と利害関係者の中における，リーグの評判とポジショニングに悪い影響が生まれるだろう。ブランディングにおける矛盾や中断といったマイナス要因に影響を受けるのは，購買に関係するすべての顧客（例えばテレビのネットワーク，スポンサー，ファン），他のスポーツマーケティングのチャネル（経路），選手，そして従業員である。

　ジョーダンが2度目の引退を表明した1997－98年のシーズン終了後，NBAは選手へのロックアウトを行っており，そのため，シーズンの開幕は11月から翌年の1月に延期された。それに加え，プロスポーツ全体でチケットの価格が上昇していたことがファンの足を遠のかせ，観客動員数の減少を招いた。

　観客動員数の減少よりさらに悪い影響が出たのは，スポーツに対するテレビの視聴率だった。NBAのテレビ収益のほぼ75％はチャンピオンシリーズから得られていたが，ブルズが最初のタイトルを獲得した1991年以来，大幅に視聴率が下がったことでNBAは大きな打撃を受けた。NBAとNBC，そしてTNTは，試合を観た視聴者が全体で600万人から800万人少なかったことを認めざるをえず，NBAグッズの売上も減少した。視聴率の低下に加え，FUBUのような競合ブランド品の出現や，NBAグッズの模造品が出回ったことで，NBAのライセンス商品の総売上は1995年から99年の間に50％も落ち込み，その被害は1999年までに合計で10億ドルになった。

　産業界のオブザーバーは，NBAが復活できる唯一の方法は，神として君臨できる新しいジョーダンを発見し，聖職者として任命することだと信じていた。しかしそれは，彼が1992－93年のシーズン終了後に最初の引退を表明して以来なかなか実現できないままになっていた。問題はメディア，スポンサー，そしてファンを魅了できる選手は一体誰かということだった。

　長年にわたりNBAは，チームやそこでプレーしている350人の選手を積極的に売り出す必要はなかった。マジック・ジョンソン対ラリー・バードの戦いの後には，イシア・トマスの走りがあり，バッドボーイ・デトロイト・ピストン（ビル・ライムビアを覚えているだろうか？）に続いて，マイケル・ジョーダンと，彼の8年間に6回のタイトルを獲るランがあった。ジョーダン引退後，どの選手がNBAマーケティングの顔になるのだろうか？

　ロサンゼルスでは，ジョーダンが抜けた後2度にわたり，コービー・ブラ

イアントとシャキール・オニールがチャンピオンシップを獲得し，2001－02年シーズンにジョーダンが戻った後も，3度目のチャンピオンシップに勝って頭角を表わしていた。しかし2人は，スター性という点で甲乙つけ難かったため，NBAの顔としての決定打に欠けていた。

　アレン・アイバーソンは，2001年にフィラデルフィアをファイナルに導いたが，問題の多い性格の持ち主という認識から，やはりあきらめざるを得なかった。オーランド・マジックのグラント・ヒルと，ミネソタ・ティンバーウルブズのケビン・ガーネットも，スターになるために必要な才能は持っていたが，ヒルは怪我が多く，ガーネットは脚光を浴びるような強いチームの選手ではなかった。実際ティンバーウルブズは，まだ一度もプレーオフに進出したことがない。

　その後，トロント・ラプターズのビンス・カーターが注目されるようになった。しかし彼は事業収入の低いカナダのチームに縛られており，カナダのもうひとつのフランチャイズであるバンクーバー・グリズリーズは，何千万ドルもの損失を出した後でテネシーのメンフィスに移ることになっていた。カーターは，国境を越えてアメリカのメジャーな市場に移れなかったのか，あるいは移りたくなかったのか，彼は結局トロントに残る長期契約にサインした。

　21世紀に入っても，NBAは多くのスター選手を抱えるリーグであるが，強力な強みとともに弱点を抱えていた。そのような時に「救世主」が現れた。

　数年間ワシントン・ウィザーズの共同オーナーだったジョーダンが，2001年の9月の終わりに，ウィザーズの選手としてプレーすると発表したのだ。ワシントンとリーグ全般のチケットの売上は上昇に転じた。好奇心にかられたコアファンとともに一般のファンがアリーナに戻り，ローカルテレビの視聴率は再び上昇へ転じた。

　ジョーダンのカムバックは，果たしてNBAの助けとなったのだろうか，それとも障害になったのだろうか？　ジョーダンが去った後，長期的なブランディングの方程式を求めて苦悶していたNBAとリーグのステークホルダーたちは，38歳になる彼の復帰に複雑な気持を抱いていた。確かにさまざまな点で，例えば多くのファンがゲートに戻ってきたし，ジョーダンにちなんだ最新のグッズが売れることによって，短期的な収益の改善が見込まれた。

　しかしジョーダンの復帰は，ジョーダンの引退によって組織を再編成しよう

としていたリーグの運営能力に，疑問符が付けられることを意味した。彼の復帰によって，次世代のスター選手たちの影が薄れ，リーグの前進を促すためのマーケティングが阻害されることになった。ジョーダンの復帰は，短期的にはリーグを助けたが，新しいテレビ契約を獲得するほどのインパクトはなかった。

元スーパースターの復帰は，結局リーグにとって，派手なダンクシュートに過ぎなかった。ジョーダンは，ブランディングの鎖の輪を断ち切ったか，もしくは単に，ブランディングのプロセスの障害になったのである。

企業は，過去の業績を蘇らせるために，かつて売れ筋であった商品やサービスの復活に力を入れ過ぎてはならない。貴重な時間と資源を使ってかつての栄光を呼び戻すことは，顧客を混乱させ，人的，資金的資源を枯渇させる危険性をはらみ，組織の長期的な成功を妨げる。例えば自動車メーカーは，一時人気のあったモデルや仕様が，いつ，それまで続けてきたマーケティングやプロモーションに値しなくなるのかという，計画的陳腐化のタイミングを決定しなければならない。

7 | 世界へ

ひとたびブランドが確立されると，ブランドは，周囲との適切な関係とネットワークを維持しながら，世界的なブランドに成長する方法を模索し始める。

1864年，ジェラルド・A・ハイネケンはオランダの古いビール工場を買った。4年後に彼は，アムステルダムにもうひとつの工場をオープンし，1874年にはロッテルダムにも工場を所有するようになる。そこで大成功を収めた後，1878年にはハイネケンを外国（ベルギー）で製造することを決めた。

ハイネケンが成功したのは，オランダからビールを直接輸出するのではなく，ジョイントベンチャーを組み，既存のビール工場を買収し，ブランドのライセンスを付与していったからである。

1931年には，シンガポールでのジョイントベンチャーが実現し，1960年までにハイネケンはオランダ以外の24ヵ国にビール工場を所有するか，もしくは関連企業を持つに至った。グリーンのボトルに赤い星のマークをつけたビールは，世界中のビール工場と関係を持つことによって，世界第3位のビー

ル会社にまで成長した。しかしもしハイネケンが，一定量のビールの生産と一定の品質を保ちながらも，海外で製造することに躊躇したならば，これほど目を見張るほどの世界的な成長を見せることはなかったであろう。

　1980年代の初め，NBAの放映権は，国内のテレビ会社が所有していた。しかし80年代の終りには，その試合は50ヵ国以上の外国で見られるようになり，2001年には200ヵ国以上で放映され，世界の7億5,000万世帯が観戦できるようになった。今やNBAは，アルバニアからジンバブエに至るまで，約200ヵ国で放映されている。

　バスケットボールは，世界で最も人気のあるスポーツのひとつだと言われている。オリンピック種目としての成功は，世界中の子どもたちに夢を与えた。1992年のバルセロナ五輪が始まる前に，アマチュアだけの参加に限定されていた規則が除かれると，NBAは，最高のプレーヤーたちによるドリームチームを結成することで国際化を促進させた。それに加えてチームは，フランス，スペイン，イタリア，そしてドイツでエキジビションゲームを行い，各地で有望選手をスカウトするチャンスをNBAにもたらした。

　多くの企業と同様NBAも，あるマーケットにアピールするために商品に修正を加えることが，人気を保つ上で必要なことを学んだ。NBAにとってそれは，より多くの外国選手をドラフトして，その存在をアピールすることを意味した。スペイン人はメンフィス・グリズリーズのパオ・ガソルを，そしてユーゴスラビア人はサクラメント・キングスの"パジャ"ストジャコビッチの活躍を期待している。ドイツ人はダラス・マーベリックスのダーク・ノヴイツキのプレーに釘づけになったし，ギリシャ人はフェニックス・サンズのイアコヴォス・ツァカリディスの動きを追った。NBAの2002年のドラフトでは，1位指名の16選手のうち5人が外国人選手で，その中には圧倒的な指名をとった中国の姚明がいた。

　2002年の夏，インディアナポリスで行われた世界バスケットボール選手権大会では，すべてNBAの選手で戦った米国であったが，スペイン，ユーゴスラビア，アルゼンチンに破れてメダルの獲得を逃がした。そのトーナメントまで，NBA選手を起用した米国の成績は負けなしの53連勝だった。

　NFLも，プレシーズンにアイルランド，日本，メキシコなどの外国で試合を行い，ドイツ，スコットランド，オランダ，それにスペインでNFLヨーロッ

パのリーグ戦を行っているが，NFL の選手リストには，外国人選手は誰も入っていない。リーグに外国人選手を入れることは，NBA が国際的なファンと結びつくことを可能にする。その意味では，世界で最も注目を集めたパーソナル・ブランドであるマイケル・ジョーダンが NBA でプレーしたことは，NBA が提供する明確な国際的色彩と結びつき，世界へのアピール度を高めた。デビッド・スターンは，2002 年のステート・オブ・ザ・リーグの挨拶のなかで，10 年以内に，NBA のブランドを冠した世界大会が，フランチャイズという形で，メキシコかヨーロッパで開催されることになるだろうと述べた。

8 | ブランドの拡張

ブランドが，企業の存在価値に貢献することに関しては一般的な理解が得られているが，さしせまった問いは，それをどのように利用すれば一番株主の利益につながるかということである。

優れたブランドは，その中核となるブランドを活用して，時に他の分野に進出することを試みるが，それは，スポーツマーケターにとって危険な選択となることがある。実際，ブランドを傷つける最たるものは，何にでもそのブランドを付けてしまうことで，無計画なブランド拡張やサブ・ブランディングは，競争相手のシェアを奪い取るのではなく，反対に自社の中核ブランドのシェアを吸収してしまう危険性を持つ。実際，ミラー・ライトやダイエット・セブンアップは，競争相手であるバドワイザーやペプシの購買者ではなく，自社の中核ブランドの購買者を吸い取ってしまったのである。

1995 年に NBA が行った WNBA へのブランド拡張は，必ずしも利益をもたらさなかった。現在の財政的損失は，スタートして間もないからと解釈されるかも知れないが，もし NBA が，5 年目のチャンピオンシップの記事が 4 ページ目か 5 ページ目に格下げされることを知っていたら，果たしてこのマーケットに参入しただろうか？ あるいはシカゴの WNBA の拡張チームのシーズンチケットの購入者がわずか 1,000 人だと知っていたら，エクスパンションに踏み切っただろうか？

WNBA が巻頭を飾ったのは，選手のひとり，リサ・ハリソンがプレイボーイ.com に「WNBA で一番セクシーな女」に選ばれた時だけだったのではない

だろうか。あるいは2002年に，マイアミ・ソル，オーランド・ミラクル，ポートランド・ファイアなどのチームが活動を停止した時だったかも知れない。

　NBAが，ナショナル・バスケットボール・ディベロップメント・リーグ（NBDL）をゼロからスタートさせることを決めたように，NBAというプレミアブランドと提携するブランドもまた重要である。NBAは，NBDLがファンに認められる上質の試合を提供することによって，家族で楽しめるような手ごろな娯楽になるように努力した。

　2001年の秋，南部の複数州を中心に地域リーグとして発足したNBDLは，短い移動距離による旅費の節約を含む効率的なリーグ運営を可能にしたばかりでなく，地域リーグという特定エリアに対するNBAのマーケティングを可能にした。

　ブランドの提携相手としてのNBDLは，NBAが，選手やコーチ（グリーンビル・グループは，女性コーチを採用した初の男子プロスポーツチームとなった），審判員，フロント役員，そしてファンを発掘することを容易にした。

　地域に専念することによって，NBDLは，フォックス・スポーツ・ネット・サウスとのケーブルTVの契約を結ぶことができ，ネットワークがカバーする7つの州において，19試合が放映されることになった。この地域番組がきっかけとなって，NBDLはESPNやESPN2と3年間の放送契約を結んだが，これによって，広告主には全国的な露出機会を提供することが可能となった。

　もし南部でのリーグが成功すれば，NBAは国内の他の地域でもリーグを発足させ，恐らくは西地区，中地区，東地区，南地区のNBDLのフランチャイズがリーグ優勝をめざして，真のナショナル・チャンピオンシップを競い合うような仕組みをつくることが構想されるだろう。

　NBDLが成功を収めるには――すべてのブランド拡張がそうであるように――まず自立できることが大前提である。NBDLは，NBAを利用して新しいリーグのパブリシティ効果を高め，顧客がNBDLという商品をサンプルとして試してもらうように努力すべきである。しかし他のブランド拡張と同様，もしNBDLがまともな商品でなかったら，市場で生き延びることはできないだろう。

　どの組織も同じであるが，NBAはブランドをマネジメントし続けなければならず，時にはメッセージをコントロールする必要もある。それは巧妙に，プロらしく，倫理的に，すべての構成要員を頭に入れながらに行われなければな

らない。

　NBA はもとより，どのようなビジネスでも，世界的なブランドを適切にマネジメントすることに失敗すれば，国内外のすべての年代の顧客に，メッセージを効果的に伝えることが困難になる。さらに，ある企業の重要なステークホルダー（NBA の場合はスポンサーや放送局）が，その企業が発信するメッセージが不明確なために，世界中の顧客に商品やサービスを販売する能力が妨げられていると感じたならば，組織としての企業の能力に疑問を抱くことになる。

1) Rovell, Darren. "What's in a name? For Yankees, about $334 million." ESPN. com, July 10, 2002.
2) de Chernatony, L., and McEnally, M. © *The 1999 Academy of Marketing Science*. The Academy of Marketing Science.

第10章

ビジネスの
リ・ポジショニング

【ポイント】すべての組織は，例外なくビジネスサイクルの上昇期と下降期を経験している。経営者は，不確実性の時代にあって，企業が繁栄し続けるのか，あるいは生き延びるのが精一杯なのかといった，差し迫った問題に対して決断を下さなければならない。偉大なビジネスリーダーは，絶えまなく組織に資金を投入し，ビジネスを進化させ続けることで，ビジネスのポジショニングを全面的に変更しなければならない事態を避ける方法を知っている。

　ビジネスの多くは，〈その場所〉を経験している。その場所とは，立つのがやっとの崖っぷちのことで，従業員のモラルを高め，販売店の信頼を回復し，自社の株価を維持し，組織を再活性化させるための改革が必要とされた時のことである。
　ビジネスの規模，そして販売する商品とサービスの種類に関係なく，組織はポジショニングを変え，再スタートを切ることで逆境を乗り越えなければならない。こうしたポジショニングの変更は，経済状況の変化，消費者の嗜好，法規制，競争，そしてひとりよがりのマネジメントなど，様々な理由によって起きる。
　ナイキの会長であるフィル・ナイトは，シューズ業界のサイクルは7年だと信じている。そこでナイキは，定期的に顧客を再覚醒するために，創造的なマーケティングと広告宣伝キャンペーンによって，新しい品揃えとともに会社

を刷新させてきた。1980年代にナイキは，消費者がファッション性とスタイルを求めるエアロビクス市場には参入しないと決めたが，これによって業界首位の座をリーボックに譲った。リーボックは女性市場へのマーケティングを展開し，最終的に売上の75％を女性市場から獲得し，ナイキと地位を逆転させたのである。

10年後，消費者は，スタイルやファッション性よりシューズに機能性を求めるようになった。ナイキはキャラクターに使ったスーパースターたちとともに，魅力的な広告キャンペーンを展開し，スポーツマンが履く本物のシューズメーカーとして，再び業界トップの座を奪い返した。

2000年になると，ナイキとリーボックは，互いにシェアを奪い取ろうとする「アンド・ワン」「プーマ」「ポニー」といった新興の，あるいは復活してきた企業との競争に直面するようになる。

アンド・ワンは，都市の中心部に住む低所得の若者層をターゲットとした。この層は，高価なバスケットボール用シューズを買うだけの余裕がないと考えられたが，結果として，彼らの多くは，なけなしの金をはたいてでもシューズやバスケ関連の商品を購入したのである。

アンド・ワンは，当時ゴールデン・ステート・ウォリアーズのコーチをしていたP・J・カーレシモの首を締めあげるなど，悪名高いニューヨーク・ニックスのフォワードであるラトレル・スプレウェルを起用して，それなりのシェアを獲得していた。さらに同社は，まだNBAにも入っていないながら，都会の草の根レベルでは伝説になっていたストリートバスケのスターであるラファー・アルストンを使うことにした。2002年にアンド・ワンは，アルストンの名前にちなんだシューズである「スキップ・トゥー・マイ・ルーズ」を売り出した。アンド・ワンにとっては，アルストンが「真の」マーケティングの舞台を提供してくれたことになる。それに対しナイキは，フリースタイル・キャンペーンによって，ナイキもまた「街に忠実なブランド」であることを強調した。さらにリーボックは，アレン・アイバーソンと終身契約を結び，都心回帰の方向性を示した。

1924年創業のプーマは，もともとサッカーや陸上競技との関係で世界的に知られていたが，虎視眈々とアメリカ市場への参入を狙っていた。アパレル関係では，すでに13のNFLチームにジャージを提供していた。同社にとって

幸運だったのは，1999年のスーパーボウルで，ともにプーマのジャージを着たセントルイス・ラムズとテネシー・タイタンズが戦ったことだった。アンド・ワンとは異なり，プーマは，チームを応援するファンをターゲットにして，業界での地位を築こうとした。しかしその2年後，リーボックが10年契約で2億5,000万円を払い，リーグのすべてのウエア一式を請け負うことになったため，NFLに対するプーマの計画は挫折した。その結果，プーマはまたサッカーに集中することになった。

　ポニー・ブランドは，10年以上停滞が続いた後，ザ・ファームに買収された。倒産したシューズ＆アパレル企業を復活させるため，ザ・ファームは2001年に「アンチマーケティング」の方針によって，若いビート族をターゲット顧客にすると発表した。それを実行するためにポニーは，リンプ・ビズキットやコルンなどのロックバンドに対し，「クール」および「ヒップ」の名でシューズとアパレルを提供し，同社が中核とするマーケットに攻撃を仕掛けた。ナイキは，サックス奏者のマイク・フィリップとマイケル・ジョーダンのジャケットを着てもらう契約を結び，リーボックはスカーフェイスやシャキラといったアーティストと契約した。

　ポニーは，2002年にスポーツ業界に戻ってくると，運動能力の高さは殿堂入りレベルであるが，追放・排除されたために殿堂入りが果たせなかった伝説的な反抗者を使って，「アンチマーケティング」のキャンペーンを展開した。キャラクターにはオークランド・レイダーズのジャック・テイタムや，1989年にスポーツ賭博の罪で追放処分をうけたシンシナティー・レッズのピート・ローズを起用した。

　マーケット環境や消費者の好みの変化に対し，ナイキやリーボックはどう対応していったのだろうか？　ショッピング・アーケードにテナントとしてシューズ店を出しているオーナーは，もし近くにナイキタウンがオープンしたら，どうやって自分の顧客を引き止めようとするだろうか？

　ナイキは業界トップの座を再び取り戻したが，アタリにはそれができなかった。かつてビデオゲームのハードウェアを供給するトップメーカーだったアタリは，技術革新の波に乗り遅れ，対応できなかったために大幅にシェアを落とし，倒産に追い込まれた。

　アタリは初期のビデオゲームの市場で，圧倒的な強さを誇っていた。1977

年の12月にアタリVCS2600は，200ドルから250ドルの価格で販売された。5年のうちにそのブランド（1976年にワーナー・コミュニケーションが2,800万ドルで買収した）は，50億ドルの売上を計上した。ポンやパックマンといったゲームや，大型映画「E.T.」や「レイダース／失われた聖櫃」のライセンスを得て作った最初のビデオゲームの成功で，競争相手であるコレコビジョンやインテリビジョンなどの挑戦を寄せつけなかった。

しかしビデオゲームのマーケットが一時的に不況になった1983年に，アタリは1日あたり200万ドルの損失を出した。これによって，同社が業界のビジネスサイクルを把握し，業績の下降を食い止めるために資源を投入し，将来のポジショニングの見直しをしなかったことが明らかにされた。

結局アタリは，同社の人気ゲームである「ドンキー・コング」を開発し，「スーパー・マリオ・ブラザーズ」や「ゼルダの伝説」などを作った任天堂に追い越されてしまった。1980年代の半ばには，もうひとつの競争相手となるセガが，主力商品である「ソニック・ザ・ヘッジホッグ」を携えて市場参入してきた。

しかし市場で互いに競っていたのは，任天堂とセガだけではなかった。1989年に任天堂が手軽に持ち運べるハンドヘルドゲーム機である「ゲームボーイ」を出すと，アタリは初のカラーとなる「アタリ・リンクス」で対抗したが，新世代の子どもたちになじみのなかったアタリの販売はまったくの不振に終った。

4年後，タイム・ワーナーに買収された後で，アタリは世界初の64ビットのコンピューターシステムである〈ジャガー〉を発表し，新たに〈ソニー・プレイステーション〉で市場に参入してきたソニーを抜いた。しかし，主要購買層である子どもたちからのブランド認識を得られなかったため，ジャガーの販売は振わず，結局この商品がアタリが出した最後の商品となった。

1990年代になっても，任天堂とセガはそれぞれ技術を開発し，自社のゲームを搭載したゲーム機をフランチャイズに販売しながらトップの座を争っていた。両社とも，「スーパー・マリオ・ブラザーズ」や「ソニック・ザ・ヘッジホッグ」をTVショーに出したり，ゲームの主要キャラクターを縫いぐるみや衣料メーカーにライセンス供与して競っていた。

ビデオゲームのビジネスは，世界でも最も移り変りの激しいビジネスだと言

える。企業はコンソール（ハードウェア）とゲーム（ソフトウェア）をともに売ろうとする。しかし普通コンソールで利益をあげるのは難しいので，企業が純益をあげるにはゲームが売れなければならない。

2001年にセガは採算上の理由でコンソール事業から撤退し，ゲームの販売だけに専念すると発表した。最近では，任天堂とソニーは，最新技術をもったXboxでビデオゲームのコンソールとゲーム市場に参入してきたマイクロソフトの挑戦を受けている。

プロスポーツの世界では，スポーツリーグの組織と運営面において，ビジネスサイクルの影響を強く受けている。スポーツと従来のビジネスに類似点はあるかも知れないが，プロスポーツの構造は，深さにおいても期間の長さにおいても変革期を迎えている。

これまでスポーツは，アメリカ文化のなかで大切に育てられてきた。何世代にもわたるファンとスポーツの結びつきは熱狂的なものであり，他のいかなる産業よりも社会に浸透している。結果としてそれは，スポーツに交渉上優位な立場を与え，チームのビジネスサイクルを最適化することに役立っていた。

NFLではリーグが，チーム間の力を平準化するためにサラリーキャップ制度を採用しているため，ビジネスサイクルは他のリーグより早まっている。事実1998年から2002年の間に，7つの異なったチームがスーパーボウルに進出した。

スポーツが事実上モノポリー（独占企業）だからといって，ビジネスの原則が他の産業と異なるわけではない。一般の産業に比べてNFLでは，リーグのリーダーシップの地位が頻繁に変わるため（例えばソフトウェア産業が，ドラフトのリバースエントリー制度を採用して，ソフトウェアのエンジニアを雇うにあたり，一番弱小の企業がその年大学を卒業する学生のなかから一番優秀な学生を指名できる優先権を持つことを想像してみればよい），NFLのチームが，どうやってビジネスサイクルに対処しているかを分析するのも無駄ではないだろう。スポーツの世界におけるビジネスのリ・ポジションニングを考える時，一番良い例はダラス・カウボーイズのケースである。

ここ数年不振が続くチームは，昔から言い古されてきたジョークの的になっていた。「テレビでスーパーボウルを観ている53人，あれは誰だい？」「言うまでもない。ダラス・カウボーイズの選手さ」

ダラス・カウボーイズは，この15年間に2度，事業を方向転換しなければならなかった。現在は，チームが期待する2度目の方向転換の途中であり，大きな成果をあげつつある。

1｜リ・ポジショニング

　方向転換を果たした企業の大部分は，彼らの戦略を見直している。新しく，修正された戦略の枠組みをつくるには，企業が分析しなくてはならないいくつかの領域がある。それは自分たちのビジネス，現在の戦略，そして市場である。

　アップルはビジネス界で見事なカムバックを果たした。1976年に友人だったスティーブ・ジョブスとスティーブ・ウォズニアックは，ちょうどその10年前のヒューレット・パッカードのようにガレージでアップルを創業した。1982年になるとアップルの年商は10億ドルに達したが，パソコン業界トップの座を守ることはできなかった。ジョブスは1985年にアップルを去り，会社は深刻なトラブルに見舞われた。1995年の9月に同社は，そのノートパソコンが文字どおり火の車であると発表した。それに続く4ヵ月でアップルの最高財務責任者（CFO），マーケティング担当主席それに4人の上級副社長が辞職した。

　さらにデルとゲートウェイがパソコン市場に参入してくると，アップルの時代は去ったように見えた。しかし1997年にジョブスが戻り，競合他社が考えもしなかった分野でアップルの名前を前面に押し出して同社の再建に着手した。

　彼は廉価で性能の優れたラップトップ型のiMacとPowerBookを発売し，21世紀に向けてiBook（電子手帳），iPod（デジタル・ミュージック・プレーヤー），iPhoto（デジタルカメラ用の写真編集機）を用意した。戦略的な分析と，新しい業界のリーダーたちの弱点をつく作戦によって，一連の新商品の価格は低く抑えなければならなかったが，アップルは，眠っていたブランドを覚醒させることに成功した。

　不振に陥った企業は，まず自社の事業の見直しをするべきである。その企業の強みと弱み，そしてかつては事業に利益をもたらしていながら，いまは手詰まりの原因となっている戦略上の障害を分析するのである。

　分析することによって，戦略をどう練り直せばよいかという背景が見えてく

る。企業の中核となる強みは何か？　それは正しくポジショニングされているのか？　従業員のモチベーションを保つにはどうしたらよいか？　組織を軌道に戻したいと望むならば，下降線上にある企業の経営者はこのような問いに答えなければならない。

　次に企業は，マーケットの現状を調べなければならない。顧客と売り手が，どのようにポジショニングされているかを把握するだけでは不充分である。周囲の状況が変化していないかどうか，よく見極める必要がある。

　ジョーンズにとってそれは，地域のエンターテイメント市場における競争相手であるダラス・マーベリックス（NBA）だった。実際，現オーナーのジェリー・ジョーンズがダラス・カウボーイズを買った年は，過去6年でマーベリックスが初めて勝てなかったシーズンであり，もしこの傾向が続くならば（実際にそうなった），彼は勝利を待ち望むバスケットボールのファンに，自分のチームを売り込めるのではないかと考えた。

　もうひとつの重要な側面は，企業のマネジメントと文化である。これらは，往々にして腐敗したり停滞したりする。過去を振り返り，変革が続くように絶えず評価を加えていかなければならない。しかし企業文化は，変革を妨げる最大の要因になることがある。組織は，さし迫った危機が認められない限り，経営方針を変えたがらない。適切なマネジメント構造と，マネジメントスタッフによって，はじめて組織の変革と方向転換に必要なリーダーシップが保てるようになる。

　例えばスモール・ビジネスが，周囲のビジネス環境が変化しているにもかかわらず，来る日も来る日も同じやり方でビジネスを行っているようなケースがこれにあてはまる。スターバックスが近所に店をオープンしたならば，昔ながらのドーナツ店のオーナーはすぐに状況を把握して，市場の変化に対応しなければならない。砂糖やシロップをかけたドーナツと，白い発泡スチロールのカップに入れたありきたりのコーヒーでは，今や一杯のコーヒーに「経験」を求めている顧客を満足させることはできない。

　ジョーンズのような新しいリーダーの場合，チームへの個人的なこだわりが少なく，これまでの経営が時代遅れだと考えているため，変革にともなう苦痛は少なくてすむ。彼はチームの輝かしい歴史には敬意を払っていたが，彼の最大の関心は，これまでマネジメントが犯した過ちを繰り返さないために，過去

の歴史から何が学べるかという点にあった。

　企業のマネジメントを再評価する作業は，組織の構造を調べるだけでは終らない。組織にある，あるいは欠けているマネジメント・ツールを調べなければならない。これらのツールには，（むろんそれだけに限らないが）適切で建設的な管理や監督だけでなく，従業員が異を唱えることのできる機会が含まれる。このようなツールがなければ，マネジメントは機能しない。

2│信念にもとづいたリ・ポジショニング

　カウボーイズは，オーナーのジェリー・ジョーンズの派手な性格も手伝って，スポーツ界のどこよりも大きな注目を集めるチームである。
　一般大衆は，スポーツチームのオーナーを，他の多くの大成功を収めたビジネスマンと同様に傲慢なエゴイストだと思っている。そうした認識はいくらか割り引いて考えなければならないにしても，自信と傲慢さの間にははっきりとした一線を引くことができる。この線を越えた経営者は，株主の怒りを買うことになり，経営のあり方について，地方紙の投書欄を熱心に読まなければならないはめになる。
　2001年のプロスポーツで，最も嫌われているオーナーは誰かという1万5,000人を対象とした世論調査では，14人のオーナーのうち，ヤンキースのスタインブレナーとジョーンズが1位と2位を分け合った。スタインブレナーとジョーンズの派手さと成功の歴史が，このような有難くない結果を導いたのだ。
　2人の人目をはばからないマネジメントスタイルとオーナーとしての傲慢な態度が，全国のファンの顰蹙(ひんしゅく)を買うことになったわけだが，ときにはこうした不人気のオーナーの放言がファンを喜ばせもした。
　常々ジョーンズは，自分はチームをまとめるのが誰よりもうまいと信じていた。それは15年前に，カウボーイズを大きく方向転換させたという自信によるものだった。

3 | リーダーシップとシニア・マネジメント

　1989年の2月，ジョーンズに率いられたシンジケートはカウボーイズを1億4,000万ドルで買収したが，そのうち9,500万ドルはチーム買収，そして残りの4,500万ドルはスタジアムのリースのためのものだった。チームの53％にあたる彼のシェアと交換に，彼は自身の金9,000万ドルを支払い，資産を抵当に入れて残りの資金を借りた。

　契約の一部として，ジョーンズはテキサス・スタジアムを買いとるより，その使用権を買うことを選んだ。これによって余分な税金を払うことなく，スタジアムのオーナーシップを手にしたことになる。ジョーンズは決められたリース料を市に払い，年間ほぼ500万ドルの運営費を支払うことにも同意した。その見返りとして彼は，駐車場，コンセッション（飲食販売），グッズ販売，スタジアムでの広告，そして特別観覧席の売り上げを100％受け取ることができた。

　ジョーンズはまず，それまでのリーダーシップを打ち破ることから組織の改革を始めた。組織の根元を断ち切るのは必ずしも容易なことではなく，議論をかもしだすが，ジョーンズは他のオーナーたちに対して責任を負っていた。ジョーンズはオークランド・レイダーズのオーナーであるアル・デイビスと同様，できる限り陣頭指揮をとりたいと考えた。

　彼は，1988年に16試合のうち3つしか勝てなかったチームを買ったその日のうちに，伝説のヘッドコーチであるトム・ランドリーに解雇を言い渡した。ランドリーはどれほど伝説的だったろうか？　彼は1940年代の終りにテキサス・ロングホーンズのフルバックとディフェンスバックとして活躍し，カウボーイズ唯一のコーチとしてNFLの歴史上3番目の勝率を誇るコーチになった。実際1966年から85年までの間に，ランドリーは20年連続でカウボーイズを勝利に導いた。

　ジョーンズは，自分の新しい投資に対して，他人が何を言おうが一向に気にしなかった。彼はPR担当の役員だったダグ・トッドをはじめ，多くの部門の責任者を解雇した。さらにゼネラルマネジャーのテックス・シュラム，選手の人事管理をしていたジル・ブランド，副社長のジョー・ベイリーなど，首はま

ぬがれたものの辞職したスタッフも多かった。

　ジョーンズは，1960年代からチームにいたランドリーとシュラムの解雇につながるマネジメントの変更が，とてつもないプレッシャーになることを知っていた。しかしジョーンズの買収に先立つ3シーズンの間，チームは1964年以後初めて連勝することができなかった。

　ジョーンズは，持てる時間とエネルギー，そして資力をチームのために捧げた。それをなし遂げるために彼は経費を切りつめながら，経営陣とチーム編成の改革に着手した。チームへのコミットメントと，カウボーイズのブランド価値を高めるため，組織全体にわたる大幅な改造を行った。

　買収にともなって，新しいオーナーが「家を掃除する」ことは別にめずらしいことではない。あるオーナーは，慢性的な組織の沈滞を打ち破るために行う。別のオーナーは，ファンやメディア，そして他のフランチャイズ・オーナーに対して，生まれ変わったことを知らせるために大きな改革を行う。それによってチームが良くなるかどうかはともかく，とにかく生まれ変わったことを印象づけようとするのである。

　ジョーンズが行った掃除は，素早い組織の変革であり，他の新しいオーナーが，エグゼクティブのスイートルームにほうきを抱えて駆け込み，株主を満足させようとする行為と同じだった。しかしこのような掃除は，顧客のことを考慮したうえで，慎重に行わなければならない。

　例えば近所のパブでオーナーが変わり，新しいオーナーがその土地とは縁のないバーテンダーを連れて来たとしよう。このような時，パブの常連たち（株主）は，彼らが長年親しんできたバーテンダー（経営陣）に同情するだろう。そして常連たちは，仕事の後の一杯をひっかけるために，同じ通りで働き始めた前のバーテンダーのところに河岸を変えようとする。

　ジョーンズは，早急に，しかも堂々とシニア・マネジメントを変えたこと，わけてもランドリーを解雇したことで大きな批判を受けた。多くの人は，ジョーンズがアメリカのシンボルのようなチームに土足で踏み込んだと感じたが，ランドリーの時代は終っていたのだから，変革は必要だと思った人もいた。ジョーンズは，カウボーイズが単にファンに愛されているだけではなく，畏怖の念であがめられているのだという事実を充分理解していなかった。そのため人びとの目には彼が強引で，チームの伝統と伝説に無頓着な人物のように

映ったのである。

　世界中で起きている合併や買収で，相手企業の文化や環境を間違って判断したのは，何もジョーンズの専売特許ではない。

　1997年に食品会社のクエーカー・オーツ社は，飲料水メーカーのスナップルを17億ドルで買収した。この飲料水メーカーは，辛口のラジオ司会者のハワード・スターン，ラジオのコメンテーターであるラッシュ・リンバゥー，それにひどいロングアイランドなまりの持ち主で，実際に本社の電話交換手をしていた「スナップル・レディ」として知られるウェンディなどの，スポークス・パーソンの働きによって急成長した。

　しかしクエーカー・オーツ社は，この買収が完了するとすぐにこの3人を解雇してしまった。スターンはブランドを攻撃し，売上は急降下し，スーパーマーケットでは棚のスペースを確保することさえ難しくなった。3年後にトライアーク・コスが3億ドルでブランドを買収し，スターンがラジオショーで宣伝を再開し，ウェンディを呼び戻すことによって，ブランドはすみやかに回復した。

　クエーカー・オーツ社が変革を行ったのは，「経営の刷新」というメッセージを伝えたかったためだが，会社のブランド力が強い時には，刷新することが必ずしもブランドにとって有効ではないことがわかる。

　読者のお気に入りのレストランがあるとしよう。皆さんはレストランの経営者より，ウエイトレスに親しみを感じている常連客だ。ある日，新しいオーナーがそのレストランを買ったとする。料理の味は落ちず，これまでと同じように食事ができるので，誰も経営者が変わったことに気づかないだろう。ところが新しい経営者が，窓に「経営が変わりました」という看板を掲げたとしよう。それまで何も気づかずにいたあなたの反応はこうだ：これまで気がつかなかった何かがあったのだろうか？　なぜ昔の経営者と交代したのだろう？　キッチンにネズミでも出たのだろうか？

　ジェリー・ジョーンズも，看板をぶら下げることによってリスクを背負ったのである。ただ彼がそうしたのは，クウェーカー・オーツよりも深い理由があった。

　解雇劇にまつわる試練を切り抜けると，ジョーンズはチームの戦力の再構築に専念した。チームのシーズン成績が3勝13敗の最下位だったので，カウ

ボーイズは1989年のドラフトで，1番目の指名権を持つことになった。ジョーンズと，新任のヘッドコーチであるマイアミ大の前コーチだったジミー・ジョンソンには2つの選択肢があった。1位指名の権利を取り引きし，より多くの指名権や選手を手に入れるか，それとも1位指名権を行使して，ドラフトコンセンサスで1位になっているUCLAのクォーターバックであるトロイ・アイクマンを獲得するかだ。

企業の多くの従業員は，しかるべき時期に，しかるべきポジションにいることでチームの一員になっている。しかしそのきっかけは様々である。企業で働いている誰かを知っていたのか，あるいは雇用ブームに乗じて入社したのかも知れない。ひょっとしたら，企業がその大学から大勢採用しているとか，企業のCEOがその大学の理事をしていたことが理由かも知れない。

読者は，スポーツの世界でスカウトやドラフトのアナリストがやっているように，優れた才能を持つ有望な新人を発掘できる企業などないと考えるかも知れない。しかし正しい才能を，正しいタイミングで選ぶということは，NHLのチームに限らず，ビジネスの世界でも重要なことである。

ジョーンズは，熱心でやる気のある従業員が組織のバックボーンになることを熟知しており，中心となる選手を，ドラフトで指名されるような若い選手で固めた。ジョーンズがアイクマンを獲得したのは，彼の素晴らしい才能を信じたからだが，彼を指名することで，ファンに対して，ジョーンズが本気で試合に勝てるチームを作ろうとしていることを——金がかかろうがかかるまいが——アピールできると考えたからだ。アイクマンとの6年契約・1,100万ドルという金額は，かつて新人に支払われた最高の契約金だったが，ジョーンズはかつてアメリカのシンボルであったチームを若返らせる決心をした。

読者の会社は，かつてトロイ・アイクマンのような大型有望新人を採用する機会があっただろうか？　その時に正しい選択をしただろうか？　それとも貴重な時間と資源を無駄に使って，結局ものにならなかった人間を雇ってしまったのだろうか？　ジョーンズは，アイクマンがカウボーイズにとってかけがえのない選手だと，どの程度考えていたのだろうか？　彼はドラフト会議の4日前に契約にサインした。1999年にクリーブランド・ブラウンズが，指名順位1位の選手とドラフト前に契約し，2002年にはヒューストン・テキサンズが，1位指名のデビッド・カーとやはりドラフト会議の前に契約を済ませた。

しかし1989年の段階では，ドラフト前の契約はまれだったばかりでなく，かなり危険だと考えられていた。

ジョーンズは，オーナーシップとコーチの安定と継続が，NFLで成功するための3つの鍵のうちの2つであり，もう1つは，スーパースターのクォーターバックと，将来を見すえてチームを支えてくれるスタッフであると固く信じていた。

本人が自覚していたかどうかはともかく，ジョーンズは，有能なマネジメント，強力なリーダーシップ，そして偉大なスタッフといった，ビジネスが成功するために不可欠な要素を再活性しようと試みた。

彼はアイクマンをチームリーダーにしようと思ってはいたが，クォーターバック1人だけでは解決したことにならないことを理解しており，組織を再構築するためには，アイクマンのフィールドでのリーダーシップを助けるサポーティング・キャストが必要だと考えていた。

かくしてジョーンズは選手の再編成に着手することになった。彼は時をおかず，高給をもらいながら結果を出していないベテラン選手を放出して，やる気のある低い給料で雇える若手に替えていった。若い選手の力を伸ばすコーチングスタッフの能力を信じて，ジョーンズは将来，スーパーボウルの勝利の数を過去の倍にできるような有望選手をドラフトによって計画的に採用していった。

首脳陣が一団となって才能ある選手を探し，チームを再構築しようとするジョーンズの手法は，カウボーイズとプロスポーツがかつて経験したことのないような一方的なトレードによって実証された。1989年の10月12日，カウボーイズはハーシェル・ウォーカーに加え，3巡目のドラフト指名で獲得した2人の選手と，ミネソタ・バイキングスの7人の選手とのトレードを行った。このトレードによってカウボーイズに加わった優れた選手の中には，ランニングバック（RB）のエミッツ・スミスとディフェンス・タックル（DT）のラッセル・メリーランドがいた。

追加されたドラフト指名によって，取引の幅を広げたカウボーイズは，獲得したドラフト指名選手を将来のNFLのドラフト会議の場で活用し，さらに多くのドラフト選手を獲得することになり，実際1991年にはクラブの記録となる17名を獲得した。さらにジョーンズがオーナーになって最初の4年間に，45回のトレードを行った。

ドラフトによるアイクマンの獲得に加えて，一方的に見えたハーシェル・ウォーカーのトレードは，人的資源の充実といった点で，カウボーイズのマネジメントとリーダーシップに厚みを加えた。

4｜内部変革とマーケティング

マネジメントとリーダーシップ，それに選手が揃ったところで，ジョーンズの関心はチームの運営とマーケティングに移った。

多くの企業と同じように，カウボーイズはその戦略の調整と見直しの時期を迎えていた。組織が目標とするもの，コスト戦略，ターゲット顧客，クオリティの向上，そして将来の持続的成長に向けてのプラン等を再評価する時期に来ていたのである。

ジョーンズは，ファンとの結びつきを強める一方で，コスト削減の計画に着手した。カウボーイズは，例えばシンシナティー・ベンガルズの28人に比べると，109人の選手以外のスタッフを雇っていた。彼は中間管理職の人員を大幅に整理し，そこで浮いた予算を，低迷している観客動員数の増加と，スポンサー獲得のためのセールスとマーケティング・プログラムに移した。

彼はチームのトレーニングキャンプを，テキサスからカリフォルニアに移してまでファンの関心を引こうとした。その結果，3週間続いたトレーニングキャンプを10万人以上のファンが訪れ，400以上のメディアが取材許可証を申請した。

彼はこのような人気に対し，一部のチケットを割安で販売することで感謝の気持を表わした。それは，長い目で見て，「すべての」ファンにチケットを買ってもらうことの重要性をチームが理解しているということを，ファンにアピールしたかったからである。

ジョーンズが，チケットとプログラムの印刷，トレーニングルームの備品の納入，保険などを請け負う業者を入札で決めることにしたのも，コスト引き締めの一端を示すものである。昔からのチームとのつきあいで契約を続けるのではなく，カウボーイズは利益を生むために，厳しい経営姿勢をつらぬくという明確なメッセージを伝えた。

こうした引き締めは，チームの取引業者だけにとどまらなかった。タダ券で

試合を観ていた従業員や，会社の車をみだりに使うといった権利の乱用に制限を加えるために，厳しい姿勢で臨んだのである。彼を批判する人たちは，彼があまりにも目先の利益にこだわり，従業員が得てしかるべきボーナスを認めず，彼らが敬意をもって接するべき，カウボーイズに栄光をもたらしたOB選手たちに対する扱いの悪さに言及した。

　このような削減は，外部から見れば，必要を感じず，つまらない引き締めのように見えるが，会社の再編において，株主や従業員からその重要性を訴える声が強まった。ビジネスにおいては，財政的な引き締めが会社のプラスになり，もし社員のモラルと動機が高ければ，予算削減が強い会社の復活を促すことを会社全体で理解しておかなければならない。

　変革においては，企業改革プロセスの一翼を担っていると従業員に感じさせることが重要である。そのことは，従業員がオーナーでもある地方スーパーのパブリックス（従業員12万6,000人）やハイ・ヴィー（同4万6,000人）を見るだけで充分だろう。

　パブリックスの従業員は，自社株をもらうことで利益を得ている。ハイ・ヴィーは儲けの一部を信託基金（トラストファンド）によって従業員に還元するとともに，各店の従業員の業績に応じてボーナスや手数料を出している。

　店が清潔なこと，礼儀正しいこと，レジがテキパキしていること，そして価格が適正なことによって，パブリックスとハイ・ヴィーは米国で最も働きたい職場として，フォーチュンとコンシューマー・リポートから選ばれた。事業の如何を問わず，従業員が経営の一翼を担っていると感じるとき，従業員はより良く行動し，組織に貢献することになる。

　1994年，セントルイス・ラムズのクォーターバックだったカート・ワーナーは，グリーンベイ・パッカーズに破れると，故郷であるアイオワのシダー・ラピドに帰り，最低の賃金（時間あたり5ドル50セント）でハイ・ヴィーの在庫係として働いた。やがてアリーナ・フットボール・リーグ（AFL）で活躍するようになり，ついでNFLヨーロッパでプレーし，最終的にはNFLに復帰し，スーパーボウルXXXVIで晴れてMVPに選ばれた。

　こうしてジョーンズは，経営陣とコーチ陣を再構築し，組織内のムダを減らし，選手を再編成し，改善が見込まれるTV収入を活用（リーグの新しい契約で，各チームに配分される収益が84％増えたことが資金的なゆとりをもたら

した）することで，彼はフランチャイズを活性化することに成功した。

　彼は最高権力者として君臨し，息子のステファン（筆頭副社長兼選手人事担当役員）とジェリー・ジュニア（主席マーケティング役員）をフロントの要職に置いた。スポーツ界にはびこる身内びいきは，特にその地位に就いた人間が経験を欠き，周囲の尊敬を得られない時組織に大きな害を及ぼす。

　ジョーンズにとって幸運だったのは，カウボーイズの「ファミリー」が息子たちを受け入れてくれたことだった。ルーニー・ファミリーが3代にわたって所有しているピッツバーグ・スティーラーズのように，どんな組織であれ，その後継者たちが優秀ならば，身内びいきでもなんら問題はない。

　1990年までにカウボーイズは，7勝9敗にまで持ち直した。その翌年には11勝5敗でプレーオフにも勝った。1992年，ジョーンズがオーナーになってからわずか4年後に，カウボーイズは13勝3敗の成績を残し，バッファロー・ビルズを破って，スーパーボウルXXVIIを制し，その後の10年間で3度達成するチャンピオンシップのまず1回目を獲得したのである。

　当然のごとくカウボーイズの財政状態は大きく改善し，フランチャイズの価値は1990年から94年までに32％上昇した。1994年に『ファイナンシャル・ワールド』誌は，カウボーイズがチームとしてNFLで最も資産価値が高く，その評価額は3億2,800万にのぼると発表した。2001年には『フォーブス』誌がその資産価値はワシントン・レッドスキンズよりわずかに低い，7億4,300万ドルであると評価した。その違いは，レッドスキンズのオーナーのダニエル・スナイダーがチームに注ぎ込んだ8億ドルという彼の資金であった。

5｜次の展開

　ジョーンズは，NFLもそうだが，ビジネスは循環的なもので，ひとたびトップの座を射止めた組織がその座を守り続けることは困難であるということを知っていた。1990年代の後半から2000年代の初めにかけて，カウボーイズは再び試合に勝てなくなり，弱くなったチームを立ち直らせようとするジョーンズのやり方に批判が集中した。

　この間，手柄は自分のものとし，責任は相手に負わせるとして，ジョーンズはくり返し非難された。勢いに乗って記録的な成功を収めたビジネスでは，決

まって改革をもたらした業績は誰のものかという議論が起きる。カウボーイズの場合ジョーンズは，大事な意思決定はすべて自分がしてきたのだから業績のほとんどは自分に帰するべきものだと考えていたが，その時期にコーチをしていたジミー・ジョンソンとバリー・スイッツァーは，自分達の業績も認められるべきだと信じていた。

　チームの戦績は，1998年が10勝6敗，99年が8勝8敗，そして2000年，2001年，2002年の3年間はいずれも5勝11敗だった。チームによっては，5年間の通算成績が33勝47敗なら，良くやったほうだと認められるかも知れない。しかしカウボーイズの場合は，かつて組織を再生させることに成功していただけに，期待は高く，2度目の改革をさらに素早く成功させる必要があった。企業における株主やスポーツファンはよく似ており，不振の原因を探るよりも，さらなる成長を望むものであり，カウボーイズの場合，平凡な成績では周囲が収まらなかったのである。

　麻薬の使用，コーチの更迭，選手の怪我が，いかなるオーナーも予期できないほどのスピードでカウボーイズを襲った。ディフェンシブ・タックルのレオン・レットは，麻薬問題で1997年の大部分の試合に出場できず，ワイドレシーバーのマイケル・アーヴィンもこの問題に巻き込まれた。

　ヘッドコーチの更迭も盛んに行われた。1998年にはチャン・ゲイリーがバリー・スイッツァーに代わってヘッドコーチに就任し，2000年にはデイヴ・カンポがゲイリーと交代した。アーヴィンは2000年のシーズン終了後，首の怪我がもとで引退した。フルバックのダリル・ジョンソンとクォーターバックのアイクマンも，怪我のために引退に追いこまれた。

　ジョーンズは，またもやチームの再構築に取り組まなければならなくなった。1989年のアイクマンのように，彼は2巡目の指名で獲得したジョージア大のルーキーであるクィンシー・カーターを起用せざるを得なかったが，彼はどうみてもアイクマンの器ではなかった。トレーニングキャンプの名簿に載っている87名の選手のうち，70名が，NFLでの経験が3年未満だったのである。

　1988年－89年のシーズン以来，カウボーイズは初めて連続して2桁負けのシーズンを過ごした。ジョーンズは，大々的なドラフトによってチームを再構築すると宣言した。再構築を達成するために，彼は最初の改革のときに犯し

たミスを振り返り，そこから学んだことを実行に移した。

　スポーツの世界では，従業員の問題，マネジメントの変更，スタッフ間の軋轢(あつれき)はチームの勝敗によって測られる。一般のビジネスでは，こうした問題は株価に悪影響を与え市場競争力を奪うことになる。

　カウボーイズがフィールドを制覇していた10年間の後，勝てなくなったカウボーイズについて，ジョーンズは自分が犯した過ちを急いで洗い出した。彼は，この期間に犯した最大の過ちとして次の3つに言及した。

　第1は，彼がフィールドの外での選手の行動に注意を払わなかったことである。ジョーンズが選手の無分別さに無関心だったのは，フィールド内での成績ばかりにこだわるあまり，この問題を真剣に考えようとしなかったためである。結局彼は，選手たちに最も人気のあるスポットに近寄らないように命じ，それに従わなかった選手は試合に出場させないことにした。

　ジョーンズは選手の麻薬使用という，非常に深刻な問題を抱えていた。この問題はチームの評判を落とし続け，1999年にチームのスタープレーヤーの1人だったマーク・トゥイネイが薬の加量摂取で死亡した時も，誰も驚かなかったほどチームは汚染されていた。

　多くの経営者は，組織内の深刻な人事問題を，時が自然に解決してくれると期待して，見て見ぬふりをしてしまう傾向にある。しかし普段注目されていない普通の従業員が問題行動を起こした時，企業に深刻な打撃を与えることがある。このような欠陥に目を向けないと，例えばそれが遅刻ばかりしている秘書のような些細なことであれ，役員によるセクハラのように大きな問題であれ，企業全体の浮沈につながりかねない。このことはとりわけ，プロスポーツのように，常に衆人監視のもとにある組織に言えることだ。

　オーナーやマネジャーは，顧客がどこで買物をするかは顧客の自由だということを忘れてはならない。店の選別は，時にその店の従業員の質によって左右されるかもしれない。オーナーやマネジャーが服装規定を設けたり，長髪やイヤリングを禁止するのは，ある顧客にとって従業員の見かけが，サービスの質的な側面として重要と考えるからである。

　ある従業員の個人的な，あるいは職業上のトラブルが，必ず顧客の目にその企業のイメージダウンと映るとは限らないが，理由はどうあれ，1人の従業員の不注意が，企業のモラル，商品，そして利益をむしばむことがある。

ジョーンズが 2 番目に大きな後悔としてあげているのは，1995 年のシーズン終了後に，コーチのバリー・スイッツァーを留任させたことだった。最も注目度の高い従業員とのリーダーシップをめぐる感情的なやりとりは，組織内に緊張した関係を生み出し，商品である選手たちへの注意がおろそかになってしまった。その結果，シニア・マネジメントの更迭を断行しなければならなかった。組織のビジネスの大事な部分に，誤った人間を据え置くことの長期的な害に比べれば，短期的な損害など無きに等しい。

彼にとって最悪のそして最後の後悔は，オーナーになって即座に行ったシニア・マネジメントの入れ替え時に下した複数の決断だった。組織のブランドは常に危険にさらされている。しかしメディアの力を考えたとき，記者会見のように大勢のジャーナリストが一堂に会している時は，すべてがスムーズに行われるべきで，そこに混乱を生じさせてはいけない。このことは，カウボーイズのライバル関係にあるチームを含め，すべてのビジネスにあてはまることである。

メディアとの気まずい関係はビジネスにはつきもので，一般の従業員やシニア・マネジャーを解雇するときだけに限らない。1999－2000 年の NFL シーズンが終了して 3 週間後，シカゴ・ベアーズはメディアに召集をかけ，そこで新しいヘッドコーチであるデイブ・マクギニスを紹介すると約束した。しかし記者会見の予定時間を 90 分過ぎても，契約はまだ合意に達せず，マクギニスは帰宅したと伝えられた。この契約は結局実を結ばず，失敗に終わったのである。

AP 通信の記事は，ベアーズの意図は，マクギニスにチームのディフェンスを，青あざができるほど鞭打ってもらいたかったのだと伝えた。しかし注目を浴びた今回の事件で，鞭打たれたのはチームの歴史であり，最も恥ずかしい思いをしたベアーズだったと報じた。翌週の月曜日に，ベアーズは新しいヘッドコーチとしてディック・ジョーロンを雇ったと発表した。

失敗に終った記者会見の責任は誰が負うべきだったのだろうか？　他でもない，ハーバード・ビジネス・スクールの前教授で，1982 年に『経営者の挑戦：経営の変化と両義性』という本を書いたチームの会長であるマイケル・マカスキーだった。

失敗を認め，失敗が繰り返されなければ，それは慢性化したマネジメントの

問題ではなく，1度だけの不手際として片づけられるだろう。ジョーンズは自分の過ちを反省することによってそれを確認し，2度目のブランドの活性化に自信をもって取り組むことができた。

メディアとの関係は，特に小さな事業の経営者にとっても重要だ。ジャーナリストがいる席では，どのような些細なことでも記事にされるということを知っておく必要がある。なぜなら，企業の代表者の発言は，企業そのものの理念や価値観を代表すると解釈されるからである。優れたオーナーとマネジャーは，こうした席では，スタッフのうち誰が発言し，誰が発言すべきでないかをあらかじめ決めておくものである。

ジョーンズが公には認めなかったもう1つの誤りは，彼が最終的にすべての権力を握るために，何人もの「イエスマン」をコーチとして雇ったことだった。その反省を踏まえ，2002年のシーズン後にビル・パーセルをコーチに任命すると，自分が持っていた権限の一部を彼に与えることを保証した。パーセルの前任のコーチたちには，必要な権限が与えられなかったため，彼らは次々とやめていったのである。

6 | 同じ考えと情熱を

ジョーンズは，90年代初めにはチームづくりを成功させたが，10年たった今も同じ考えと情熱を持って仕事ができるということを人々に誇示したかった。

時間はかかったものの，ついに2002年のNFLのドラフト会議で，テキサス大学のセーフティであるロイ・ウイリアムズ，ピッツバーグ大学のワイドレシーバーであるアントニオ・ブライアント，コロラド大学のセンターであるアンドレ・グロードを獲得し，コーチのパーセルも雇ったことで，ジョーンズの2度目のダラスの改革は動きはじめた。

スポーツビジネスとチームのオーナーシップの結びつきは，ジョーンズがカウボーイズを買収してから10数年の間に大きく進化した。TV，スポンサー，そしてロイヤルボックスから得られる収入で，チームはあらゆるスポーツで最も資産価値の高いチームとなった。しかしカウボーイズがフィールドで苦闘しているとき，ジョーンズは，ナイキのフィル・ナイトがビジネスの再生について語った意味を理解した。

彼は消費者に見えるかたちでチームの市場価値を高め，リ・ポジショニングを行うための一連のマーケティングを実践した。彼は10年前に信じた考えと熱情を少し手直しして，チームのブランドをテコに，フランチャイズの価値を高めようと考えたのだ。

しかし前回に比べて，今回の賭け金とチャンスはずっと大きかった。彼は是が非でも，忠実なカウボーイズのファンがいつも最良のものを——新しいスタジアムにしても，優勝を争えるようなチームにしても——手に入れられるようにしたいと思った。彼はすべてのファンに，アメリカズチームの一員としてカウボーイの経験を味わってもらいたかったのだ。

7│公的資金の導入

ジョーンズは新しいスタジアムと，それをとりまく娯楽施設がカウボーイズのブランド・パーソナリティの拡張につながると考えた。

この巨大な事業は，ダラス・フォートワースとその周辺の都市を巻き込む形で行われ，スタジアムだけにとどまらず，何百エーカーにも及ぶ商店街と娯楽施設やオフィス，居住空間だけでなく，カウボーイズのホール・オブ・フェイム（殿堂）まで含むものである。

年間を通じて観光客を呼び，カウボーイズのブランド経験を提供しようと思っていたジョーンズは，プロジェクトを10年以内に完成させるために，多大な公的資金の導入が必要であると考えた。

あらゆる企業は，その大小を問わず，しばしば政府の補助や税制上の優遇措置といったインセンティブを受けるが，スポーツの場合は，そのような援助が必要なのかどうかということが常に議論の的になる。

スタジアム建設のために，なぜ億万長者のオーナーが，納税者の金を使った補助金を受ける必要があるのかという疑問に関しては，次のような理由が存在する。すなわちスポーツリーグは，チームの需要と供給をコントロールしており，チームの数を制限することによって需要を生み出すことができる。さらにチームは，スタジアムの議論が持ち上がると，しばしばそのタイミングをコントロールしようとする。つまり，本拠地を別の都市に移すとか，時には倒産するかも知れないと脅かすことで，チームは市当局から有利な条件を引き出すこ

とができるのである。

　公的資金を利用できるほど強く有利な立場に立てるブランド力を持つには長い時間がかかるが，ビジネス界の多くの有力者は皆それに成功してきた。

　例えばボーイング社のことを考えてみればよい。2001年にボーイングは，本社をシアトルからシカゴに移すと発表した。オリンピックの開催地の誘致合戦ではないが，候補地のデンバーやダラスを抑えてシカゴ移転が決まったのだ。

　移転にともなう経済効果の調査を市から依託されたアーサー・アンダーソンは，2000年に513億ドルの収益を上げたボーイングがイリノイ州最大の企業になるとし，見通しとして市に45億ドルの経済的インパクトがあると報告した。

　ボーイングは，多くのプロスポーツと同様に有利な立場に立ち，4,100万ドルの補助金とミッドウェイ空港のハンガー建設費を含む2,300万ドルを，市からの寄付金として勝ち取った。

　ただ不運だったのは，ボーイングが本社をシカゴに移したその1週間後に，ワールド・トレード・センターとペンタゴンに，テロリストが攻撃を仕掛けたことだった。この事件に航空産業の需要の落ち込みが重なり，ボーイング社は従業員の30％，つまり3万人の人員削減をすると発表した。2002年の終りには，同社は2万4,000人の人員削減を終え，引続き当初の目標達成のための努力を続けていると発表した。

　スポーツファンはこのことから，何年もの間待ち望んでいたチームがやっと自分の都市にやってきたとしても，そのチームが成功するのは，はじめに考えていたほど容易でないということを悟るだろう。

8｜新しいビジネスチャンスを求めて

　カウボーイズのブランド拡張について，ジェリー・ジョーンズは何の不安も感じていなかった。新しいマーケティング・プログラムを手がけるときは，まずリスクが最小限に収まるように確認し，その後，コア・ブランドの価値を高めるためのマーケティング機会を模索した。

　1995年にジョーンズは，テキサス・スタジアムにおけるペプシ社との10年契約を4,000万ドルで結んだ。この取引では，コカコーラ社と，チームを

含むリーグ全般のロゴの使用許可契約を結んでいた NFL の怒りを買うことになった。ジョーンズは，契約はスタジアムが結んだものであり，カウボーイズが直接関わったものではないと反論した。ジョーンズと NFL との間では，猛烈な論争や訴訟騒ぎが持ち上がったが，結局ジョーンズは，ナイキとアメリカン・エクスプレスで交わされたものと同じ取り決めに従った。

　優秀な企業経営者なら，コミュニケーションが密で，熟慮された戦略が，株主に利益をもたらすというジョーンズの基本的な考えに賛同するだろう。このような経営者は，組織の再構築には，注意深いブランドマネジメントが必要であることも熟知している。

　2002 年にジョーンズは，室内で行う 7 人制のアリーナ・フットボール・リーグ（AFL）に所属するダラス・デスペラドスを，2 つ目のチームとしてスタートさせた。AFL とカウボーイズの結びつきを強めるために，ジョーンズはカウボーイズの有名な〈スター〉のロゴをデスペラドスでも使うことにした。

　ブランドの拡張は，スポーツチームであれ，多様な商品を扱う大企業であれ，次世代のマネジメントを育てるためにも利用される。ジョーンズは，カウボーイズのスタッフ全員をデスペラドスの立ち上げにかかわらせ，新しいチームのスタッフに優秀な人材がいれば，直接カウボーイズで働いてもらうことも考えて，デスペラドスのマネジメントに細心の注意を払った。多くの人は，デスペラドスの会長兼 GM であるジョーンズの息子のジェリー・ジョーンズが，いずれは父親のチームで，より責任のある地位に就くと見ていた。

　ジョーンズは，マネジメントのトレーニングの場を外に広げた。彼はジョー・アベザーノをデスペラドスのヘッドコーチとして採用したが，いずれはカウボーイズのヘッドコーチにしようと考えていた。

　リーグ調査によって，AFL のファンの大部分が NFL のファンであるのに対し，NFL のファンは，ほぼ半数が AFL のファンでもあることが判明した。この顧客構成は，両方のリーグにとって，確固としたファン基盤を広げることに役立つと思われた。例えばカウボーイズの試合が高過ぎて観に行けないという NFL のファンは，AFL というより廉価で家族的なプロフットボールを観戦することが可能となる。カウボーイズのチケットの価格は平均 50 ドルだが，デスペラドスのファンは，7 試合のシーズンチケットのパッケージを 35 ドルで買うことができた。

ファンはチケットとチームのグッズを購入する。最初の年にデスペラドスは，ホームゲームの観客数が1試合平均1万2,000人以上と，リーグでも1, 2を争う人気で，プレーオフで準決勝まで進んだ。チームの活躍と，カウボーイズのグッズ販売ルートを活用できたことで，デスペラドスのグッズ売り上げは16チーム中で最高だった。

ジョーンズはさらにサブ・ブランドを買い求めた。彼は数年以内に，他のフットボールリーグに4つないし5つのチームを買い，それらをテキサスとニューメキシコに分散させると公言した。彼の調査によれば，それは理にかなったことだった。ジョーンズによれば，カウボーイズを応援し，晶屓にしているファンの大きな割合を，この地域のヒスパニック系の住民が占めていたからだ。

2001年に，カウボーイズ直営のゴルフコースをオープンさせたことでもわかるように，ジョーンズはたえずブランド拡張を考えていた。彼はゴルフコースの経営が，テキサス・スタジアムと同じくらい大事なビジネスの場になると考えた。一般のゴルファーがラウンドしている間に，必ずと言っていいほど，元カウボーイズの選手や現役選手，そしてカウボーイズの関係者と顔を合わせることになるこのコースは，必ず人気がでると彼は考えた。

9｜顧客にもっと広い世界を

自社のブランドやロゴを，ファッションのアイテムとして構築できた企業は決して多くはない。カウボーイズは，ヤンキース，レイカーズ，デトロイト・レッドウイングス（NHL），それにノートルダム大などとともに，ライセンス化されたアパレル商品の中で最も人気のあるチームだったため，それが可能であった。そのためカウボーイズは，驚くほどユニークで，うまみのあるブランド構築の機会を持つことができた。

企業が，必要な洞察力とそれを支える資力を持っていれば，それを活用して名前を商品化することができるが，その際，商品のブランドネームをコントロールするために最善の努力を払うことを忘れてはならない。

ジョーンズは，商品オペレーションのマネジメントの重要性に気づいた。彼はNFLがリーボックと交わした，リーグ全体の商品を対象とした3億5,000

万ドルの10年契約にある付帯条項を利用して，カウボーイズをその契約からはずした。カウボーイズは，独自のデザインとマーケティングで商品化をすすめることを決めた唯一のチームだった。彼はダラス・カウボーイズを誰よりもうまく売り込めると思っていたし，カウボーイズがアパレルをプロモートし，アパレルがチームをプロモートできると固く信じていた。

この考えは，2002年の7月に，カウボーイズがJ・C・ペニーを，テキサス，ニューメキシコ，ルイジアナ，アーカンソー，そしてオクラホマにおけるチームの正式な小売店であると発表したことで具体像が示された。ちなみにこの5つの州は歴史的に，チームのアパレル販売の大半を占めていた。

このような商品販売の構想と戦略は，ジョーンズにとって初めてのことではなかった。彼の商品マーケティングの視点は10年前から存在した。

1994年にジョーンズは，リーグを熱心に説得して，伝統のサンクスギビングの試合でダブルスターのジャージを発売する許可をとった。承認が得られたことと，集中的なキャンペーンのおかげで，カウボーイズは1週間で13万着以上のレプリカジャージを売ることができた。今日ではこうした特別な記念ジャージは一般的なものになり，大きな収入源になっている。

消費者に対し，たとえ些細な商品であっても，ユニークで価値のある商品を次々と投入することで，販売を活性化させることができる。

1960年代に，元ニューヨーク・ジェッツのオーナーだったレオン・ヘスは，彼の東海岸のガソリンスタンドの顧客に感謝の気持を示せるものはないかと考えた。ある玩具メーカーと話し合った結果，彼はミニチュアのトラックをガソリンスタンドで売り始めることにした。その後何年にもわたり，彼はヘスの消防車，バス，バンなどの商品を追加していった。2001年までには，ヘスのヘリコプター，オートバイ，クルーザーまで登場した。

ヘスは，ブランドを広めるためのツールとしておもちゃを利用しようとしたのだが，同時に製造数を制限したので，おもちゃは貴重なコレクションの対象となった。実際何百台ものヘスの乗り物が常時e-Bayのサイトで競売の対象になり，1964年製のもののいくつかには2,000ドル以上の値がつけられた。そればかりか，ヘスのトラックの補充用パーツを売るディーラーまで現れた。

それは，顧客が毎年最新のモデルを買うことを忘れさせないようにさせたばかりか，年間を通じてヘスのガソリンスタンドに足を運んでもらうための効果

的な広告となった。

　ジョーンズもまた，輸送にからむマーケティングとブランディングのプログラムを手がけた。2001年のシーズン終了が間近のころ，カウボーイズはチームのブルースターがついた特性のライセンスプレートを作ると発表した。すでに地域の大学でも同様のことをやっていたが，カウボーイズのプログラムはひと工夫したもので，追加のライセンス登録料35ドルのうちの25ドルはカウボーイズがプレーしているアービング市に還元されるというフィランソロピー的な意味を含んでいた。その資金は，やがてスタジアムの修復や建設のための費用に充てられた。

　このような商品化のプログラムは，カウボーイズに2つのメリットをもたらした。すなわちチームを州全体に売り込むとともに，ファンの経験を高めるために必要な施設の改善に資金を提供できたことである。

　ヘスとジョーンズは，巧みに商品を作り出し販売することで収益を上げながらブランドを拡張し，その認知度を高めることに成功したのである。

10│自分達だけの名前を

　スポーツマーケターは，ジョーンズが行った提案は，カウボーイズのブランド名を高めることを狙ったブランド構築の試みだったと指摘した。アナリストは，組織がたえずそのブランドを強化し，拡張し続けない限り，いつかは別の企業に追い越されるだろうとコメントした。このコンセプトはスポーツ全体にあてはまるもので，スポーツのチームとリーグは，ブランドマネジメントで受け身に回ってはならないことを示している。選手は変わっていくが，そのブランドは——良くなるにせよ，悪くなるにせよ——残るのである。

　第9章で，世界的なブランドコンサルタント企業のフューチャーブランドが，カウボーイズのブランド価値は3億ドルで，ヤンキースに次いで2位にあると評価していたことを思い出して欲しい。

　フューチャーブランドは，ブランドによって生み出される収益と利潤の推移，そして競合他社との比較における市場でのブランドの強さとリスクの程度を算出してその価値を決定している。

　カウボーイズは，テキサス最大の都市に拠点を持っているわけではなかった

が，歴史的に，そして巧みに自分達を「スピリット・オブ・テキサス」として ポジショニングしてきた。チームはまた，フィールドで勝ち続けるか，さもな ければ勝利を得るために必要なことをやろうとしているチームとして認識され ていた。

　強力で熱心なファン基盤のあることは，確かにチームのブランド価値を高め るが，市場に対し，チームの人気を売り込んでいくマネジメント能力も欠かせ ない要素である。実際，ブランド構築（またはリ・ポジショニング）のために 必要な時間と資源を確保することで，カウボーイズのようなスポーツフラン チャイズは（他の組織と同様に），大切な顧客との関係を維持し，たとえ不振 なシーズンでも，健全なキャッシュフローを生み出すことが可能となる。

　秋の日曜日の午後に，カウボーイズほど話題になり，テレビで放映される企 業は多くないが，同じように卓越した地位を築き，パブリシティ効果を得る創 造的な方法もある。

　豊富な広告予算をもつ全国的な企業は，注目度の高いスポーツマーケティン グの活動において，単にスーパーボウルの合間に流すコマーシャルのために 30秒枠を買ったり，ワールドシリーズのイニングの合間に，ホームプレート の後方にバーチャル広告を流すためにだけ金を使ってはいけない。

　多くの大企業は，カウボーイズのサブリミナルとも言えるマーケティング戦 略とはやや異なるマーケティングを行っている。すなわち，テレビのショーや 映画の中に商品をさりげなく登場させ，人気のあるエンターテイメント・ブラ ンドと関連づける方法である。大ヒットした映画「E.T.」の中で使われたキャ ンディーのリーセズ・ピーシスは，短期的な売上を65％も伸ばしたし，ス ポーツファンへのアピールを狙った携帯電話大手のネクステルのような会社 は，シルベスター・スタローンが主演したカーレース映画の「ドリブン」に よって，大きなパブリシティ効果を得た。

　小さな企業がブランド拡張を試みる場合，同じような工夫を地域レベルで行 う必要がある。その中には，地方のリトルリーグのスポンサーになることや， 町の劇場で自社の商品を小道具に使ってもらい，地元出身の俳優に劇中で上手 にプロモートしてもらう方法が含まれる。

　巧みにリ・ポジショニングされるブランドは，戦略的マーケティング・キャ ンペーンによって，その商品の特性を独創的かつ効果的に顧客層に伝えている。

カウボーイズがこのコンセプトを理解し，立証してみせたことは，1991年以降のシーズンとポストシーズンにおいて，連続100試合のチケット完売記録を更新中なことからも明らかである。
　スポーツビジネスのアナリストたちは，かつての強いカウボーイズがその後期待したほど勝てなかった時期にも，ファンは見捨てず，完売記録が絶えなかったことを評価し，他チームと違って，カウボーイズが変化する市場状況に素早く対応したことを指摘した。

第11章

リーダーシップ

【ポイント】本書で紹介してきたいかなるビジネス上の教義も，リーダーシップの存在なしに成功を勝ちとり，業績を伸ばしていくことは不可能である。これまでに述べてきたリーダーシップやそのスタイルはさまざまだが，基本的な部分では同じである。卓越した洞察力によって，ボールをフィールド内で動かすことはできるかも知れない。しかし，リーダーシップなしには，ボールをゴールに蹴り込むことは不可能である。

　競技としてのスポーツに対する評価を改めさせ，スポーツに対する認識を根本的に変えさせた偉大なスポーツ指導者や優れたコーチ，そして殿堂入りした選手たちを思うとき，何人かの名前がすぐ頭に浮かんでくる。ジョン・ウッデン，ビンス・ロンバルディ，レッド・アウアバッハ，ベア・ブライアント，トミー・ラソーダ，パット・サミットがまず思い浮かぶ。そしてその後にはジェリー・ウエスト，ロジャー・スタウバッハ，マイケル・ジョーダン，ビリー・ジーン・キング，ウェイン・グレツキーといった名前が続く。

　こうしたコーチや選手たちは，皆独特の方法で，そして独自のスタイルで，指導力と影響力を発揮したのだ。それぞれがビジョンをもち，皆が革新的だった。

　同じことが，長年にわたるビジネスとしてのスポーツについても言える。そこでは注目すべきリーダーシップがスポーツファンを魅了し，多くの場合，いま述べたコーチや選手の偉業をわがことのように感じさせてきたのだった。

例えば、1960年から1989年までリーグを引っぱってきたNFLのコミショナーであるピート・ロゼルは、リーグのチーム数を12から一気に28チームに増やし、高額のテレビ放映権料と安定した労使関係を築きあげた。

ロゼルと同じようにルーン・アーレッジもスポーツを再評価させたが、彼の場合はテレビ放送によってそれを行った。アーレッジは、1961年にスタートしたNBCの最も充実したスポーツ番組と言われる、「ワイド・ワールド・オブ・スポーツ」と、1970年に放送が始まった「マンデイ・ナイト・スポーツ」で名声をはせた。世代を越えたスポーツファンに、「勝利のスリルと敗北の苦さ」を教えてくれたのはアーレッジのリーダーシップとビジョンだった。

1984年にロサンゼルス・オリンピック組織委員会の会長であり、現在は全米オリンピック委員会（USOC）会長のピーター・ユベロスは、スポーツを真のビジネスに変えた。ユベロスのリーダーシップのもとで、オリンピックに初めて民間から資金が導入され、その大部分が、それまであまり省みられることがなかった企業のスポンサーシップによってまかなわれた。1984年のロサンゼルス・オリンピックは2億1,500万ドルの利益をあげ、ユベロスは『タイム』誌で「ザ・マン・オブ・ザ・イヤー」に指名された。

メリーランド大学のスポーツディレクターだったデビー・ヨウは、いつか名門大学で手腕を発揮したいと思っている女性管理職たちにとって、輝かしい足跡を残した。全米スポーツ選手役員協会の会長だったヨウは、同大学に就職すると、2001－02年のシーズンに、男子バスケットボールの優勝をはじめ、9つの競技に全国優勝をもたらしたばかりでなく、学部の財政状態をめざましく改善させた。彼女はまた、男子バスケットボールの優勝試合を、自らが調達した資金で建設した「コムキャスト・センター」で開催したのである。

スポーツビジネスのパイオニアやリーダーになったのは、必ずしも経営者だけに限らない。すぐれた動機を持った偉大なスポーツマンたちも、スポーツビジネスのリーダーになっている。その最たるものとして、黒人初のメジャーリーガーであるジャッキー・ロビンソンと、ジャッキーほどは目立たないかもしれないが、カート・フラッドの名を挙げることができる。1945年、ブルックリン・ドジャースと契約したロビンソンは、2年後に、ベースボール界における黒人に対する障壁を打ち破ったことで、以後のスポーツ界の景色をすっかり変えた。

四半世紀後，野球界の新しい選手リーダーは，1969年にフィラデルフィア・フィリーズへのトレードを拒否したセントルイス・カージナルスのカート・フラッドだった。フラッドの移籍拒否は，野球界におけるさらに大きな事件への引き金となった。フラッドは「フリーエージェント」になるという訴訟に破れはしたが，彼の行動はその後のフリーエージェント制度への布石となり，結果として野球選手の給与水準を大幅に引き上げることに貢献した。

1 | リーダーシップの真髄

　リーダーシップが何かを定義しようとするのは，動く標的を撃とうとするようなものだ。ビジネスと社会が変化しているように，リーダーに求められる資源と，その特性も変化してきたが，基本的な部分は変わってはいない。すなわち，リーダーシップとは，目的と指針と熱意をもって，与えられた使命を達成するために，周囲を動かす力である。

（1）情熱的であれ

　ビジネス目標の達成に取り組むとき，情熱が欠けていると，仕事は自己満足で終わる傾向にある。情熱に欠けるリーダーシップは，結果として周囲のモチベーションを損なうことがある。
　ヤンキースのオーナーであるジョージ・スタインブレナーの，ゲームにかける情熱を疑う人はいないだろう。確かに，大きな地方テレビ局と契約を結び，毎年300万人のファンがヤンキースタジアムに押し寄せるのだから，彼はスポーツ界最大のマーケットを持っているといえる。ヤンキースを毎年のようにワールドシリーズに進出させることを可能にする優位性があるにもかかわらず，スタインブレナーは毎年チームのプレーオフの最終戦の前まで，最後のフリーエージェント選手——パズルの最後のピース——を手に入れるために何百万ドルもの金を使う。
　ヤンキースをすべての面で最高のチームにしたいというスタインブレナーの情熱は，チームを「第一級品種」につくりあげたが，その良質さは，スタインブレナーがいないところでも発揮されている。彼の情熱は監督のジョー・トーリに伝わり，トーリはその情熱をチームに注いでいる。情熱的なリーダーシッ

プは組織の内部にとどまっているだけでなく，周囲に伝染し，彼らに重要なリーダーシップを発揮させることができる。

(2) 直感的であれ

　優れたリーダーは直感の役割を大切にする。長年にわたるマネジメント経験が，本能に従うというリーダーシップ特性をつくりだす。

　49ersのクォーターバックだったジョー・モンタナは，出場した4度のスーパーボウルにすべて勝利したばかりでなく，殿堂入りを果たすまで，チームを32回，最終クォーターでの逆転勝利に導いた。彼が同じプレーを何度も繰り返しただけなら，このような勝利は決してなかっただろう。彼が激しいプレッシャーを受けながら勝つことができたのは，豊富な経験によって，本能的に反応することができたからである。モンタナの本能的な動きは，彼に対するチームメートの信頼によって支えられていた。モンタナは，次にとるべきアクション――スクランブルをかける，ラインを割るためにボールを投げる，まれにサック（パスをする前のクォーターバックが敵にタックルされること）を受けることなど――をいったん決めたならば，迷うことはなかった。それによって，ぎりぎりの状況下においてダウンを更新することができ，チームに勝利を呼びこんだ。

(3) 耳を傾けよ

　名のあるリーダーたちは，相手の言い分をしっかり聞くことで対話をスムーズにし，アイデアを共有する場を提供する。耳を傾けることで，様々なフィードバックを交換し，誰もが参加意識を持てるようにする。

　NBAのサクラメント・キングスのオーナーのギャビン・マルーフとジョー・マルーフは，グッドリスナー（聞き上手）になろうと努力をした。マーベリックのオーナーであるマーク・キューバンと同じくマルーフ兄弟も，自分達だけでは顧客やファン，そしてこれまでに経験したことのないすべてのディテールを見つけ，理解することはできないと考えていた。マルーフ兄弟は，改善のために何が必要かを見つけ出すために，ファンに対し，オフィスと携帯電話の電話番号を入れた名刺を配ってまわった。

　マルーフ兄弟は，アルコ・アリーナを気軽に歩きまわった。偉大なリーダー

というものは，オフィス内で起きている出来事を，椅子に座って遠くから眺めたりはしない。従業員ばかりでなく，顧客とも直接ふれあうことができるように，ドアをいつも開けておくことを忘れない。ファンに耳を傾けることに専念したかいあって，マルーフ兄弟とキングスは，2002年，あと1試合勝てばNBAのファイナルに進出できるところまで到達し，リーグのリーダーとなった。

(4) 誠実であれ

　傑出したリーダーは，常に公平で正しい決定をする能力を示し，勇気と誠意をもってそれを実行する。

　UCLAの伝説的なバスケットボールのコーチだったジョン・ウドゥンは，12年のうちに10度の全米大学競技協会（NCAA）の男子選手権大会での優勝と，40年におよぶコーチ生活の最後の年に8割1分3厘の勝率を残したことで長く記憶に残るだろう。それ以上に重要なことは，ウドゥンが，素晴らしい教師やメンター（助言者）として学生を扱かっただけでなく，家族のように接したことも忘れてはいけない。

　ウドゥンは，自分が手本とならなければならないと考え，選手たちが自分の振舞いを見習うように心掛けた。彼はコーチング哲学である「成功のピラミッド」（訳者注：ウドゥン著の『UCLAバスケットボール』大修館書店，2000年を参照のこと）で有名だが，それは彼が信じる人生で成功するための最高のバランスを示すフレームワークを述べたものである。友情，自制心，寛容心などから構成されたそのピラミッドは，それぞれのゲームのすべての段階で，スポーツやビジネスリーダーたちが学ぶべき枠組みとして知られている。

(5) 思いやりをもて

　偉大なリーダーは，人々と一体になり，包みこみ，彼らの力を活用する。リーダーは個人の長所を見つけ，その良さを最大限に伸ばそうとする。

　陸上の黒人スター選手だったジェシー・オーエンは，1936年のベルリンオリンピックで4つの金メダルを米国にもたらし，ナチスの総統であったヒットラーを驚かせた。しかしオーエンは，むしろオリンピックの後で，クリーブランドの遊び場や，シカゴのボーイズ・クラブの指導者として活躍した。彼はオリンピック後の仕事として，町の一角に住む貧しい子どもたちに，彼らの生

活にとってスポーツが重要な糧となることを教えた。オーエンはこうした子どもたちに対して，彼らが好きで得意とするスポーツに深い興味を持てるよう努力した。

　オーエンと同じように，優れたビジネスリーダーは，仲間がどのようなスポーツ（すなわちビジネスへの関心やスキル）に向いており，それを楽しむかを観察している。スポーツを楽しむことが，貧しい街から逃れ，高い報酬への道に続いていることを子どもたちに教えたオーエンのように，成功するビジネスリーダーは，仲間に対し，仕事をやり遂げることから得られる報酬とは何かを理解させることができる。

(6) 戦略的に考えること

　ゲームについての戦略的アプローチに欠けたリーダーは，競技場全体を見渡すために必要な意味のある情報や，重要な流れを見つける能力を失うことになる。

　シカゴ大学で41年間（1892 — 1932）アメリカン・フットボールのコーチをしていた伝説的人物であるアモス・アロンゾ・スタッグは，強いチームを作るために革命的ともいえる戦略を編み出した。スタッグはハドル（プレーの合間に集まって指示を聞くこと）やTフォーメーション，オンサイドキック，ラテラルパスなどの戦術を生みだした。これらすべてのプレーは，相手チームを圧倒したばかりでなく，プレーに番号をつけ，選手の着るジャージーに背番号を導入したことで知られている。こうした創意工夫は，相手チームにとってやっかいなものである。というのも，彼のチームと対戦するたびに，相手チームは，絶え間なく変わる作戦と新しいアイデアに悩まされ，その対応に追われるからだ。

(7) 信頼関係を育てよ

　成功するリーダーは，組織全体の信頼関係を育てることの大切さを理解している。信頼は，組織全体の責任感を高めるだけでなく，メンバーが勝つことと負けることに対し，より現実的かつ効果的な対処を行うことを可能にする。

　デューク大学のバスケットボールコーチであったマイク・クシェフスキーは，新人を獲得する名人だっただけでなく，有能な選手に，困難な状況でどの

ようにプレーしたらよいかを教える達人だった。試合展開が思わしくない時，多くのコーチは作戦タイムをとるが，「コーチ・K」は——ちょうどレイカーズのコーチであるフィル・ジャクソンのように——状況を打開する方法を選手たちに考えさせた。選手たちに「お前らを信じる」と伝えるだけでなく，選手の間に，そして選手とコーチの間に信頼関係を育てた。こうしたやり方は，試合に負けた時には責任のなすりあいを避けることができ，勝った時はチーム全体で喜びを分かち合うことを可能にしてくれる。

(8) 失敗を覚悟して

どのように，そしてどのタイミングで賭けに出るか，そして賭けが組織と人びとに与えるインパクトを知ることは，強力なリーダーが持つ大事なスキルである。リーダーは想定内のリスクを管理しつつ，メンバーを支え，勇気づけることで，確実な見返りを手に入れることができる。

ブルックリン・ドジャースの会長でGMだったブランチ・リッキーは，現役時代はそれほど目立つ選手ではなかったが，セントルイス・カージナルスのGMであった時に，9回のリーグ優勝と4回のワールドシリーズ制覇をもたらす原動力となったファーム制度をつくった。しかしリッキーが，ESPNから20世紀のスポーツ史上4番目に重要な人物（NFLコミッショナーのピート・ロゼル，MLBの初代コミッショナーのケネソー・マウンテン・ランディス，スポーツ放送界のルーン・アーレッジに次ぐ）として挙げられたのは，1945年に初めて黒人選手だったジャッキー・ロビンソンを獲得したからだった。

人種差別が撤廃される20年前に，リッキーは強いチームを作るために最高のプレーヤーを雇い入れたいと考えており，ロビンソンとの契約が生み出す多くの誹謗中傷を恐れることはなかった。案の定ロビンソンは，歴史上最も傑出した50人の選手の1人として，何年にもわたりドジャースの優勝争いに貢献した。

(9) 学び続けること

卓越したリーダーたちは，自分達がすべてを熟知している訳ではないことを知っている。周りの人々の才能を認め，彼らが困難に直面したとき，的確に対応することに対し感謝の気持ちを忘れはしない。

フロリダ州立大学のフットボールゲームのサイドラインには，ヘッドコーチのボビー・ボウデンの姿があるが，彼はほとんど何の指示も出さなかった。伝説の老コーチは，くたびれているわけでも，面倒くさがっているわけでもない。あるいはチームの力を過信して，ただサイドラインの脇を歩きながら，ゲーム中に報道関係者のインタビューに答えたりする訳でもない。

ただボウデンは，自分を偉大なリーダーたちに囲ませ，彼らに権限を委譲し，彼の指揮下にある選手たちが下した決定が，チーム全員に支持されるような環境をつくりだしたのである。彼と彼のスタッフは，大勢の観衆が見守る中，いやでも緊張が高まる状況下で，互いに教え学びあったのだ。だからボウデンのアシスタント・コーチたちは，毎シーズン，新しいヘッドコーチを探している他チームの候補者リストに名前が挙がった。

(10) バランスをとれ

リーダーが仕事の場でバランスを欠くと，組織は目に見えないコストの支払いに苦しむことになり，チームのモラルが低下することになる。

NFLのレフェリーは，仕事場において素晴らしくバランスのとれた仕事をこなしている。他の3つのメジャーリーグのレフェリーやアンパイヤの仕事がフルタイムなのに対し，NFLはシーズンの試合数が限られているため，レフェリーはパートタイムである。しかしそれは，フィールドでの審判の地位を下げるものではない。彼らは，校長，弁護士，医師，ゴルフのレッスンプロといった定職を持っており，時間があれば自分が笛を吹いた試合のビデオを繰り返し見て技術の向上を図っている。

23年間NFLレフェリーをつとめ，4度のスーパーボウルで笛を吹いたジェリー・マークブライトは，スポーツの歴史でもっとも記憶に残る審判員の1人である。リーグの審判長をしていたマークブライトは，週日は3M社で広告時間の販売やバーター取引の仕事をしていたが，週末に笛を吹く準備を怠りはしなかった。

NFLのレフェリーのリーダーシップについて触れたからといって，仕事が2つ必要であると言っているわけではない。我々は誰でも，仕事と仕事，仕事と遊び，仕事と家庭，あるいは仕事と何か他のことなど，バランスをとらなければならない2つの「仕事」を持っている。実力のあるリーダーは，このよう

な職業的,そして個人的ニーズにどううまく時間を配分させたらよいかを知っている。

2 | ゴールを目指して

　優れたリーダーシップというものは,選手やコーチ,経営者やチームのオーナーだけに限られたものではない。それはスポーツビジネスのあらゆる分野でますます顕著になってきており,本書でこれまでに述べてきたビジネス上の教義に従いながら,エグゼクティブが,社員や組織を導くことを可能にしてくれる。われわれが重要なビジネス上の教訓を学ぶのは,時にリーダーシップやビジョンの欠如による場合がある。

(1) ビジネスの構築には情熱が不可欠である

　一見したところ平凡で,「自分の規準を満たしていない」と思われる些細なことでも,その価値をおろそかにしないことは非常に重要である。企業が成長を続け,ナスカー (NASCAR) のような世界的なブランドになったからと言って,企業に繁栄をもたらした些細なことを切り捨ててよいということはない。ナスカーのマーケティング担当副社長のブレット・ヨーマークは,そうした些細なことが大きな見返りをもたらすことをよく心得ている。

　ヨーマークは展示会があると,新しいスポンサーを探すためにフロアを歩きまわるが,そこまでするスポーツ経営者は彼ぐらいで,実はそのような些細な努力から大きな成果を上げているのである。

　ナスカーはこの「握手作戦」によってここ数年で,ニコン,アークティック・キャット,ジャスト・ボーン,M/I・ホームス,それにボールパーク・フランクスを含む数々のサラ・リー・ブランドの食品など,少なくとも6つのスポンサーと契約を結ぶことができた。このきわめて個人的なマンツーマンのアプローチによって関係を築き上げていくやりかたは,ナスカーのような大企業ではきわめてめずらしいことだと言える。

　ヨーマークは,ただわけもなく展示会から展示会とわたり歩き,ブースを次々と訪ね,キャンディやグッズを集め回っているわけでない。彼とナスカーは,現在のスポンサーの範囲を広げ,強化するとともに,よりよいサービスを

約束してくれそうな企業を探すべく，様々な基準に基づいて展示会を選択しているのである。こうした基準をベースに，ナスカーは自分達に合った顧客構成をもつ特定の展示企業をふるいにかけてきたのである。

ナスカーを，小さな個人経営の企業から大企業に発展させ，産業界全体にわたるリーダーシップを持てるようにしたのは，まさにこうしたビジョンと取り組みだったのである。ヨーマークをはじめ，ナスカーの指導者たちは，自分達のビジネスと目標の達成に飽くなき情熱を抱いているのだ。

(2) マーケット・セグメンテーションは洞察力を持って

企業が投資をする場合，獲得したいマーケットが見えていて，そこに働きかけることが可能でも，それを開拓することは決して容易ではないことをよく理解すべきである。

ブルックローン体育館のことを考えてみるといい。そう，あのニュージャージーの小さな町の小学校の体育館が，施設のネーミングライツを地元企業のショップライト社に売った事件である。ニュージャージーを拠点とする大手のスーパーマーケットのチェーン傘下にある地元のショップライトのオーナーが，20年の使用権に対して10万ドルを支払うことに同意したのである。そのため，生徒数わずか230人のアリス・コステロ小学校は，全米の脚光を浴びることになった。

『スポーツ・イラストレーテッド』誌は「今週の黙示録」というタイトルの記事で，この件を取りあげた。ESPNラジオは，聴取者が参加する，「聖域はもうないのか？」という番組を組んだ。フィラデルフィアのスポーツ専門ラジオのアナウンサーは，体育館についで，バド・ライト（ビールのバドワイザーのブランドのひとつ）図書館の計画はないのかと茶化した。

ショップライトのオーナーだったジェフリー・ブラウンは，なぜメディアが大騒ぎをするのか理解できなかった。地域の有力者として，ブラウンは老人たちのための交通の便に手を貸してきたし，地元のスケートリンクの改築にも資金を提供してきた。彼は，市長が体育館の名称をショップライトとすると告げる前から，年に5,000ドルの寄付を行っていた。百歩譲ったとしても，230人の生徒しかいない学校の体育館にショップライトという名前をつけても，それが売上増につながるとは思えないし，そもそもそのような考えは持っていな

かった。彼の慈善と地域社会への貢献からみても，この契約が，世間が恐れるようなネーミングライツの新しい流れのきっかけになるとは考えられなかった。

　にもかかわらず，多くの人がブラウンの善意を誤解したために，結果としてショップライト社のブランド評価を下げる結果になってしまった。この一連の出来事で，ブラウンがもう少し洞察力を働かせていたら，そしてショップライト社の名をプロモートするためにもっと普通の方法を選択していれば，このような事態を避けることができたかもしれない。

　ビジネスや産業界のリーダーたちは，自分達の経営に自信を持っているかも知れないが，スポーツの世界のように，同じビジネス上の洞察に基づいて何かを行おうとすると，結果としてその優位性を失うことがある。

(3) カスタマーサービスの問題には真摯に取り組むこと

　顧客は，あせらず少しずつ増やしていくものである。経営者は，企業と顧客との関係づくりの中で，顧客が納得して持ち帰れるものを提供することによって，競争相手との差別化に成功するということを忘れてはいけない。さらに，競合企業の顧客であれエンドユーザーであれ，顧客が何を望み，何を必要としているかを知ることが今日のビジネスには重要である。

　プロスポーツにおけるマーケティング活動は，現在のファン基盤の侵食を防ぐとともに，次の世代の顧客を開拓することに照準を当てている。

　ドジャース（ロサンゼルス）は，新規の顧客開拓の必要性を認めているばかりでなく，変貌しつつある南カリフォルニアに柔軟に対応しながら，新しいファンの開拓を実行に移している。最近発表された調査によれば，ラテン系アメリカ人の人口は90年代に35％増加し，全米のラテン系アメリカ人の3分の1がカリフォルニアに住むようになった。同じ調査はまた，イースト・ロサンゼルス，サンタ・アナ，エル・モンテ，オスナードなどの自治体として認可されていない地域に，全米のラテン系アメリカ人の最大のコミュニティが10も形成されていると伝えている。すべて合わせるとロサンゼルス住民の46.5％がラテン系アメリカ人ということになる。

　ドジャースとその提携企業は，この急激なラテン系アメリカ人の増加と経済力を見逃さなかった。移転17年目を迎えたチームは，300万人のファンをチェベス・ラビーン（ドジャー・スタジアム）に向かわせたが，そのほぼ3

分の1はラテン系アメリカ人だった。

　ロイヤルティの高いラテン系アメリカ人のファン層を構築し，維持していくことの重要性については，ドジャースとそのスポンサーも気づいており，人口統計的に見ても重要なグループとさらに良い関係を築き上げたいと考えていた。このためドジャースは，チームに多くのラテン系選手を採用するばかりでなく，このファン層へのサービスと，それによるファンの拡大を狙ったマーケティングを実施してきた。

　例えば「子どもたちの日」（ディア・デ・ロスニニョス）プロモーションのイベントでは，メキシコの伝統を祝うとともに，特別なチケットを用意し，サイン会や交流試合といった家族で楽しめる催しを企画した。ドジャースはラテン系アメリカ人のファンに感謝し，その関係を深めることに成功し，1万2,000人のファンを増やすことに成功した。

　さらに続いて，「ドジャース万歳」（ビバ・ロス・ドジャース）のイベントを主催した。コンサートを催し，選手を登場させ，エキジビションゲームを行ったこのイベントには，コカ・コーラ，アンホイザー・ブッシュ，トヨタなど，チームの有力なスポンサーが協賛した。これらの提携企業もまた，ラテン系アメリカ人がつくるコミュニティーの重要性と，今後増大する影響力を認めているため，積極的にプロモーションに参加した。

　チームとスポンサーは，ドジャースの次世代ファンをつくるため，ファンへのコミットメントを強化し，彼らの言葉に耳を傾けることによってファンとスポンサーの両者との関係を深めた

（4）パーソナルブランドを確立し，維持し，発展させるために必要な誠実さ

　賢明な経営者は，多くのスポーツ選手が顧みない「パーソナルブランド」の重要性を熟知している。

　2001年のフレンチ・オープンの期間中，セレナ・ウイリアムズは，花といわずハンドバッグといわず，すべての買物をオンラインで済ませていると認め，激しさを増した自分の消費癖を心配していた。エネルギーと時間をセーブし，人びとの好奇の眼を避けるためにオンラインで買物をすることで，ウイリアムズは，自分が買物中毒になったのではないかと不安に襲われたのである。

ひとたびこのことが公になると，事は重大性を帯び，メディアの関心事となった。

ウイリアムズと彼女のマネジメントグループが，この問題に正面から立ち向かわなかったなら，有力なスポンサーたちは，彼女が他にも何かもっと破滅的な悪癖を持っているのではないかと疑っただろう。しかし彼女が勇気をもって，誠実に正しい決断を下せる能力を持っていることを示したことで，この買物中毒騒ぎが彼女のブランドに傷をつけることはなかった。

コートの上でも，広告出演の面でも，長い間姉のヴィーナスの傍役に甘んじていたセレナは，2002年の7月に世界ランク1位の座についた。2002年に彼女は，4つあるグランドスラムの3つで——フレンチ・オープン，ウィンブルドン，U.S. オープン——いずれも決勝で姉を破って優勝した。

(5) 労使関係の問題は思いやりを持って

議論すべき問題が生じたときには，雇用者，被雇用者双方とも，お互いの利益になるように行動しながら，変化に対応していかなければならない。

1997年から2001年のほぼ4年にわたり，PGAツアーとゴルファーのケーシー・マーティンの間で争われた雇用関係に関する問題は，大きな話題を呼んだ。1997年の11月に，マーティンは競技中にカートを使用する権利を認めるべきだとして，連邦裁判所にPGAツアーを訴えた。右脚に「クリッペル・トレノネイ・ウィーバー症候群」という名の障害をかかえていたマーティンは，長い距離を歩くことができなかったばかりでなく，悪くすると脚を切断しなければならない状態だった。

さまざまな裁定を経て2001年の5月に，米国最高裁はマーティンにとって有利な判決を下した。この間PGAツアーのコミッショナーのティム・フィンチャムは，マーティンにカートの使用を認めることは，競技上，彼に不公平なアドバンテージを与えることになると信じていた。

その考えは，ゴルフコースを歩くことは競技の一部だと強く主張したジャック・ニクラウス以外にも，多くの有力な選手がコミッショナーの意見に賛同した。ニクラウスは，カートの使用を認める判決に賛成票を投じた最高裁の判事たちをゴルフコースに連れてきて，1ラウンドプレーさせるべきであり，そうすれば彼らは，コースを歩くことが競技の基本だということを思い知るだろうと言った。

ひとたび判決が下ると，フィンチャムは，彼の勝利を認め，マーティンが事態を巧みに処理したことを賞讃した。フィンチャムはさらに，マーティンのような若者にこそ，彼のツアーでプレーしてもらいたいと発言した。

もしフィンチャムが，マーティンの訴えと最高裁判所の判決に対して不用意な発言を繰り返したならば，マーティンのスタンフォード大学時代の同窓生だったタイガー・ウッズによってもたらされた PGA ツアーの成功に傷をつけただけでなく，テレビ局，スポンサー，用具メーカーから選手にいたるまで，ツアー関係者を危険に巻き込むことになっただろう。マーティンは結局，Buy.com. と呼ばれているナショナルツアーのトーナメントで，参戦した 20 回のうち 6 回しか予選を通過できず，ツアーに大きな影響を与えることはできなかったが，この問題を和解させた PGA ツアーの手腕は高く評価された。

(6) 同盟の利点を考えるときは戦略的に

同盟の価値は，双方の企業が，ビジネスを行う上でお互いにより強い立場に立てるかどうかにかかっている。両企業の力とノウハウを合わせることにより，組織はその中核となる強みをテコに，個々の力よりも全体がさらに大きくなることを期待する。

AOL と NBA が，NBA.com と WNBA.com，それに AOL のインターネット・サービスとウェブサイトをプロモートするための戦略的同盟を発表したのも，同じ考えにもとづいたものだった。

NBA のような世界的ブランドと AOL の 2,200 万人のメンバーをリンクさせることによって，両者はともに獲得したいターゲットマーケットに到達できるようになった。この契約によって，AOL は NBA の試合をカバーする TNT ケーブル TV の業績を大幅に伸ばすことができた。さらに AOL は自社のサイトとその中の「ファンタジー・バスケットボール」のコーナーで，NBA のトレードマーク，選手名，それにロゴを使用する権利を得た。

その一方で NBA は，AOL が所有するコンピュサーブやネットスケープを通じて，チームをプロモートするマーケティングの同盟相手をパートナーにすることができた。その上，NBA や WNBA に関する情報やハイライト，スタッツ（統計）などがバスケットボールをカバーする「AOL スポーツ」や「キッズ・オンリー」など，AOL のさまざまなチャンネルに直接組み込まれることになった。

ウェブをサーフするファンにとって，いかにもぴったりのこの同盟は，NBAとAOL双方の資産価値を増大させ，ともに利益をあげることを可能にした。この同盟に関わった人々は想像力が豊かで，戦略的でもあったため，規模を拡大しつつあったビジネスチャンスをものにすることができたのである。

(7) 危機管理は信頼に基づいて

組織は問題に直面した時，特にメディアの注目を浴びている状況下では，その問題に真正面から取り組まなければならない。

ニューヨーク市ブロンクスのローランド・パウリーノ・リトルリーグでは，テレビ中継が行われる中，ベビー・ボンバーズのデニー・アルモンテがノーヒットノーランを達成し，それによってチームは，リトルリーグ・ワールドシリーズ（LLWS）に進出することになった。次にアルモンテは，フロリダ代表のアポピカ校を相手にしたLLWSのオープニング試合で，44年間で初のノーヒットノーランという快挙をやってのけた。

ところが，ベビー・ボンバーズが3位になった大会の後，アルモンテが他の少年たちより年齢が上だったことが判明した。12歳以下のチームでプレーするには，年長すぎたのだ。LLWSの期間中，アルモンテは，監督のアルベルト・ゴンザレスやリーグ創設者であるローランド・パウリーノとともに，くり返しその疑惑を否定した。3人は年齢に関する疑問に対し，彼が確かに12歳であることを示す出生証明書とパスポートを含む書類を提示した。

しかしチームがLLWSで3位になった翌日，ドミニカ共和国にいた『スポーツ・イラストレーテッド』の記者が，アルモンテが14歳であることを示すもうひとつの出生証明書を見つけ，ドミニカ政府もそれが正当なものであることを認めた。さらに悪いことに，調査を進めるにつれて，アルモンテはインターナショナル・トーナメントが始まる直前まで米国には来ておらず，リトルリーグが定める居住者であるという条件を満たしていないことがわかった。アルモンテが米国にいる短い期間，彼は一度も学校の授業に出ていなかったのだ。

結局ベビー・ボンバーズは3位という資格を剥奪され，アルモンテの素晴らしい記録も抹消された。さらにパウリーノとアルモンテの父親であるフェリペ・デ・ヘスス・アルモンテは，リトルリーグから追放された。そしてリトルリーグ・ベースボールInc.の会長兼CEOのステファン・D・キーナーは，リ

トルリーグが選手の適性を証明する方法を改めると発表した。

しかし，このような事件に狼狽したLLWSのスポンサーやメディアを含む大会のステークホルダーは，この程度の措置では納得しなかった。特にメディアは，今回の事件が恰好のネタになるとみて，早速テレビのライブで討論会の様子を流し，今回のことはスポーツ界で規範が失われていることを暗示するものだと述べた。

この問題では，大会のリーダーたちの間で，互いの信頼関係の欠如が露呈し，危機の芽をつぼみのうちに摘みとれなかったことで，アルモンテの一件は，2001年のスポーツ界でおこった大きな事件の1つとして取り上げられることになった。

(8) 新しい市場への浸透をはかるときは，チャンスを見誤らないこと

経営者は，消費者の好みと同様，文化的，政治的な違いをよく理解して，自分自身を導いていかなければならない。

数年前，モントリオール・エキスポスの役員たちは，チームをワシントンD.C.に移籍させることを決定した。フランチャイズをカナダから米国に移したいという願いは，少ないファンと，米国ドルに対して弱いカナダドルが主な理由だった。1つには，一連のリーグ改革の結果，MLBの管理下にあったこのチームは，複数のチームオーナーのもとで市場浸透を図るほうが，個人オーナーのチームよりもビジネスを有利に展開できると考えた。しかし米国の首都への移転は，ファンの獲得や政治的な圧力，あるいは法的な規制といった問題を含んでいた。

ワシントンD.C.は，通勤者ばかりで居住者がおらず，悪評高い「ホッグス」（ブタ）と呼ばれるNFLレッドスキンズの貪欲なスポーツファンが幅を利かせているし，街中にあふれる政治家が，スポーツを票に結びつけようとたくらんでいた。MLBは財政的赤字がさらに続くことを避け，チームをワシントンD.C.を拠点とするグループに売却することで収益をあげたかった。しかし，ベースボールに対する反トラスト法の適用免除が政治上の大きな焦点になっている最中に，チームをワシントンD.C.に移すのはリスクの大きい冒険だった。

プロスポーツ・エンターテインメントの市場は，モントリオールとワシントンD.C.では大きな違いがある。レッドスキンズやNBAのウィザーズ，NHLの

キャピタルズがそれぞれエンターテインメント市場で競っている。そのうえエクスポスは、レッドスキンズのように地域で長年育ってきた熱狂的なファンを持っていなかった。結果として移転は成功したが、ワシントンD.C.のような政治と他のスポーツのファンで固まった特異なマーケットに浸透するのは簡単ではない。

(9) 企業のブランド構築のために学び続けること

組織は、ブランドを内外に拡張する機会を熟知しているだけでなく、一流の顧客サービスを提供する意欲を持ったブランド・マネジャーを雇用しなければならない。

ショー・バスケットの名選手であるウィルト・チェンバレンやメドーラーク・レモンがプレーした世界的に有名なハーレム・グローブトロッターは、1990年代のはじめ、かつての選手で、その後ビジネスで成功したマニー・ジャクソンがチームを550万ドルで買い取った時、ほとんど破産状態だった。

チームの再構築を行う人物としてジャクソンが適任だったのは、かつてグローブトロッターの選手だっただけに、ブランドの意味するところを知りつくしており、何がかつての栄光をもたらしていたかを理解していたことだった。彼は、NBAには及ばないまでも、他のどのバスケットボールのリーグよりも高い給料を選手に支払った。彼は選手たちが、ブランドの意味を理解し、クリーンで楽しいファミリー・エンターテイメントを演じられるように鍛えた。それが終わるとスポンサー獲得に乗り出し、5,000万ドル以上の資金を集めた。

口うるさいバスケットボールファンを黙らせるべく、ジャクソンは1997年に、グローブトロッターの35年の歴史で初めてとなる学生チームとの対戦を企画した。2000年までにチームは、アイオワ大学、セント・ジョン大学、ミネソタ大学などを破り、もし負ければ1,270連勝という大記録がとだえるかもしれないにもかかわらず、あえて全米学生チャンピオンのミシガン州立大学と対戦した。

2001年のファン調査によれば、観衆の71％が家族だった。チケット価格の中間を12ドル50セントにすることで、チームの観客数は1993年以降増え続け、年間の収益の増加は平均17％になった。2002年になるとグローブトロッターの2つのチームは全世界の300の都市でプレーし、25ヵ国で

100回以上の試合を消化した。

グローブトロッターのイベントにおける1人あたりのグッズの売上は，他のプロスポーツの売り上げを凌駕した。他のプロスポーツのフランチャイズと違い，年に1度しかそのプレーを観ることができないにもかかわらず，多くのファンが，グローブトロッターのブランドを追い求めた。ジャクソンは顧客の消費習慣を学ぶことで，アメリカの偉大なブランドを救うことができたのである。

2002年9月，グローブトロッターは，レイカーズの偉大なマジック・ジョンソンと同じバスケットボールの殿堂入りを果した。

(10) ビジネスを方向転換させるときはバランスを求めよ

組織は何をおいても，ビジョンを持ったリーダーシップを獲得し，メディアとパブリック・リレーションズの重要性を認識し，ブランドに投資し，それを守らなければならない。

これはまさにノートルダム大学が，ライバル校であるスタンフォード大学のヘッドコーチであるタイロン・ウィリンガムを，フットボールの指導者として引き抜いたときに起きたことである。ノートルダム・ファイティング・アイリッシュは，同校の歴史上初めて黒人をヘッドコーチとして招いたのである。ウィリンガムが率いたスタンフォード大学のチームは，1999年のローズボウルを含む7年間に4度の優勝を成し遂げた。

多くのノートルダム・ファンは，ウィリンガムがスタンフォードで成し遂げたことと同じことをやってくれると期待した。テレビのネットワークと放映権契約を結んでいる唯一の大学として（NBCは，2005年シーズンに，ファイティング・アイリッシュの試合を少なくとも5試合放映するという条件で，同大学に9,200万ドル支払ったといわれている），過ちが許される余地はなかった。最近は不振が続いていたが，ノートルダム大学は，間違いなく米国で最も人気のあるチームだった。

ウィリンガムは期待を裏切らなかった。彼は選手とメディアに対し，初日から，言い訳はしないこと，そして習得すべき学習曲線があるならば最短距離でそれをものにすると言い渡した。彼がコーチに就任した日，1人のメディアの記者が，メリーランド大学，パーデュー大学，ミシガン大学と続くタフな試合スケジュールについてどう思うかと質問した。こんなとき，普通のコーチだっ

たら言葉を濁すところだが，ウィリンガムは目標を高く掲げ，ノートルダムは彼らを圧倒して勝たなければならない，たとえアウェーゲームでもやるべきことをやるだけだと答えた。5勝6敗というはかばかしくない成績で終った2001年と同じ顔ぶれの選手が多く残る中で，ウィリンガムのチームは好スタートを切った。強豪のメリーランド大学，ミシガン大学，そしてフロリダ州立大を含む最初の8試合に勝つことで，チームは全米トップ10の中に入っていた。

　人さし指を口にあて，腕をきつく組んでサイドラインに立つのが彼のトレードマークであり，自信に満ちたその姿は，選手，大学，そして相手のチームに強い影響を与えた。彼の態度，存在，そしてフィールドを離れたときの穏やかな話ぶりによって，ウィリンガムはフットボール界で最も尊敬されるリーダーの1人になった。

　ビジネスを復活させたいと願う企業は，取締役会の承認を容易に取りつけるばかりでなく，未来の従業員（新人選手），役員（大学の理事），株主（卒業生），それにメディアといった，重要な利害関係者のコンセンサスを引き出すことができるウィリンガムのようなリーダーを持たなければならない。

　ウィリンガムは，選手を含む関係者と，バランスの取れた関係を維持していたため，他の誰よりもうまく勝利の雰囲気をつくり出し，それを周りに広げていくことができたのである。

　他の大きな産業と同様，スポーツビジネスがきわめて複雑な産業になってきたことは，充分すぎるほど明らかである。

　本書では，スポーツビジネスで起きた，時に非常識とも思える多くの事例や，それにもとづく教訓を紹介してきたが，これによって，行動を起こす時の，そして多くの場合，行動を起こさない時の明確な判断基準が示されたと期待している。

　多くのサクセス・ストーリーを残す一方，失敗によって組織と個人のブランドを傷つけたスポーツビジネス界のリーダーたちは，通常のビジネスにも適用可能な多くの教訓を残した。本書では，読者が簡単に，そして素早く自分たちのビジネス環境に適用することができるスポーツ界における数々の経験の紹介を試みた。

訳者あとがき

　年齢，性別，地位，業種に関係なく，ビジネスで成功を目指す人々のキャリア形成において，学ぶべきことは星の数ほど存在する。また一般の企業経営においても，激動する企業経営環境を生き残るために，時代に即応した経営戦略を次々に学ぶ必要が生じている。このようなニーズに応えるために，これまで多くのキャリアアップの手引書が発行されてきた。また一般の企業経営者のために，多くのビジネス指南書や参考書が書かれたが，スポーツビジネスから会社の経営戦略を学ぶことを意図した本は見当たらない。

　スポーツから学べるのは，野球の優れた監督が実践してきたリーダーシップやチームの管理能力，そしてスポーツ・コーチングを参考にしたビジネス・スキルとしての「コーチング」といった，＜人と組織を育てる領域＞と相場が決まっており，マーケティングや労使関係など，普通の企業経営者が学ぶような事例を提供してくれる産業ではなかった。

　日本のスポーツビジネスは，スポーツ用品製造などのモノづくりにおいては長い歴史を持つが，複合的なスポーツエンターテイメント産業としての歴史は浅く，よちよち歩きの脆弱な産業でしかない。プロスポーツひとつとっても，Jリーグやプロ野球の存在が目立つ程度であり，近年になってようやくプロ野球の独立リーグ（四国アイランドリーグや北信越リーグ）やプロバスケのbjリーグが設立されるなど，スポーツエンターテイメントが段階を追って産業化され始めたに過ぎない。

　本書は，スポーツビジネス・グループの創始者であり，南カリフォルニア大学ビジネス大学院で，スポーツエンターテイメントの講義も担当するデビッド・カーター氏と，ESPNスポーツ・ドット・コムでスポーツビジネスのレポートを専門とするダレン・ロベル氏の共著であり，『アメリカ・スポーツビジネスに学ぶ経営戦略』という邦訳タイトルが示すように，一般的な企業経営者が，スポーツビジネスから学ぶべきエッセンスが11の章に凝縮されている。

　その中には，「放映権」や「命名権」（ネーミングライツ），そして「エンドースメント」（有名選手による商品の保証宣伝）といった権利ビジネスの話

題や，ステークホルダーとしての「ファン基盤」の開拓，そして個人のキャリア形成に役立つ「パーソナル・ブランディング」の考えなど，スポーツの世界で生まれ外に広がった概念が，豊富な事例をもとにわかりやすく解説されている。

その中でも，数々の苦難や危機を乗り越えて，NFLやNBAといったプロスポーツや，ナスカーのような自動車レースを巨大なスポーツエンターテイメント産業に育て上げたアメリカのスポーツビジネス界の経験からは，多くの示唆を得ることができる。特に消費者（ファン）とのコミュニケーションを大切にし，秀れた顧客サービスによって巨大なファン基盤をつくり，企業やメディアと戦略的な同盟を結び，良好な労使関係を保ちながら優良ブランドを確立し，さらにポジショニングを変化させながら新しい市場への浸透を試みるアメリカのスポーツエンターテイメント・ビジネスは，日本がまだ世界の水準をキャッチアップできていない新しい産業のひとつであり，学ぶべきことが多く含まれる。

戦後日本は，ほとんどの産業において，欧米先進国の産業に追いつき，世界でも最先端を行く産業に育て上げた。しかしことスポーツビジネスに限れば，現在も欧米先進国から大きく遅れている。日本は世界第二位の経済大国であり，国内総生産（GDP）において第三位のドイツを凌駕するものの，国内労働の果実を示すこの指標が，そのまま国民の幸福力を示す訳ではない。とりわけスポーツにおいては，国民の興味関心は高いものの，国の文化的位置づけは低い。

例えば総務省統計局による平成16年度サービス業基本調査で用いられた産業分類においても，日本におけるプロスポーツは「他に分類されないサービス業」の「(84)娯楽業」の下位項目である「(842)興行場，興業団」の中で，芸能プロダクションや漫才業，あるいは劇団やサーカス団と同じカテゴリーに位置づけられている。ある種のパフォーマンスを提供することによって金を稼ぐわけであるから，プロ野球が漫才やサーカスと同じカテゴリーに分類されることは誤りではない。しかしその一方で，北米産業分類システム（NAICS）では，アメリカのプロ野球は，「711　パフォーミングアーツ（公演芸術），スペクテータースポーツ（観戦型スポーツ），そして関連産業」の下位項目にある「711211　スポーツチームとクラブ」の中に含まれおり，他の公演芸術と同

格に列せられている。これだけを見ても，両国のプロスポーツに対する文化的な位置づけは根本的に異なる。このような地位の低さは，今後，スポーツの文化・経済的な発展によって是正されるべきであろう。

　本書の翻訳を試みた背景には，ふたつの動機がある。ひとつは，一般読者や企業経営者のスポーツビジネスに対する理解を深め，スポーツの文化的・経済的地位の向上を図るための啓蒙と知識供給にある。もうひとつは，スポーツビジネスが，国を幸せにする産業のひとつであるであると強く信じるからである。

　それゆえ，スポーツ好きの知的好奇心を満たしてくれるテーマが満載されている本書は，アメリカのスポーツエンターテイメント産業を知るための読み物としては最適である。本書を読まれた読者が，スポーツビジネスについて理解を深め，その中から企業経営のヒントを見つけ，ビジネスパーソンとしての自身の成長に結びつくアイデアを育てていただくことができれば，訳者としてこの上ない喜びである。

　最後に，本書の翻訳にあたっては，前大修館書店の太田明夫氏（現錦栄書房）に多大なる迷惑をおかけした。訳者自身の生活の変化もあり，翻訳に長い時間を要してしまったが，太田さんの忍耐と励ましには心から感謝の気持を捧げたい。また大阪と東京を往復する生活を支えてくれている家族にも感謝の意を表したい。

2006年6月6日
高田馬場にて　原田宗彦

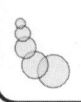

さくいん

数字，アルファベット

1-800-Flowers ··············· 135
ABA ····························· 3
ABC/ESPN ····················· 4
AOL タイム・ワーナー ········ 4, 143-44
CMGI（社）···················· 126, 151-52
eBay ···························· 74
ESPN ························ 9, 30, 265
HBO ··························· 148
K マート ······················· 30
"Like Mike" ··················· 133
Met-Rx ························ 147
MLB ························ 3, 167-68
NBA ··· 3, 143-44, 209-17, 212-18, 223-24, 226-29
NBC ···························· 144
NCAA（全米大学競技協会）······ 14
NFL ························ 3, 165-66, 235
NFL 選手協会（NFLPA）······· 117
NHL 選手協会（NHLPA）······ 120-21
NHRA ·························· 175-77
「PRM 2 Night」················ 30
TBS ···························· 149-50
TGI フライデーズ ············· 139, 200
TWA ··························· 152
United.com ···················· 76
WCW ·························· 7
WHA ··························· 9
WNBA ························· 227
WWE ·························· 6
WWF ························ 6, 144-46
www.tradecade.com ··········· 75
Xbox ··························· 235
XFL ······················· 7, 134, 144-46

ア行

アービン，マイケル ············· 91, 247
アービング，ジュリアス ········· 17
アームストロング，ランス ········ 88, 93-94
アーレッジ，ルーン ············· 260, 265
アーロン，ハンク ················ 35, 52
アーンハート，デイル
    ··················· 24, 28, 156, 174-75
アイクマン，トロイ ············· 242
アイバーソン，アレン
    ··················· 163-64, 218-19, 224
アウアバッハ，レッド ············ 259
アウトバック・ステーキハウス ···· 70
アガシ，アンドレ ········ 89, 92, 100-02
アタリ ························· 233-34
アタリ・リンクス ················ 234
アップル（コンピュータ）······ 37-38, 236
アディダス（社）
    ··················· 103, 140, 182, 187, 195
アバレイ，ジャネット ············ 170
アベザーノ，ジョー ·············· 253
アマゾン・ドット・コム ········· 12, 171
アメリカ・オンライン（AOL）····· 132
アメリカン・エアラインズ・センター
    ··················· 72, 220
アメリカン・フットボール・リーグ（AFL）
    ··················· 166
アリーナ・フットボール・リーグ（AFL）
    ··················· 253
アリゾナ・ダイヤモンドバックス ··· 11, 124
アリソン，ドニー ················ 24
アルストン，ラファー ············ 232
アルチェック，デビッド ·········· 153
アルバート，マーブ ·············· 162-63
アルモンテ，デニー ·············· 273

283

アンケート……………………………… 73
アンダーソン, アーサー………………… 252
アンダーソン, ケニー…………………… 123
アンチマーケティング…………………… 233
アンド・ワン……………………………… 232
アンブッシュ・マーケティング………… 47
アンブロ…………………………… 182, 186
イアニス, ティム………………………… 76
意思決定…………………………………… 29
痛みを感じる……………………… 161, 164-66
「インサイド・スタッフ」……………… 217
インター・ミラン……………………… 194
インターネット…………………………… 74
インベスコフィールド・アット・マイルハイ
　……………………………………… 151
ウーズナム, イアン…………………… 141
ウィザーズ……………………………… 274
ウィズ社………………………………… 42
ウィリアムズ, セレナ……………… 94, 270
ウィリアムズ, ビーナス……………… 94
ウィリアムズ, フライ………………… 3
ウイリアムズ, ロイ…………………… 250
ウィリンガム, タイロン………………… 276-77
ウィルス・マーケティング…………… 174
ウィン, アーリー………………………… 84
ウィンター, テックス………………… 14
ウェザーオール, デビッド…………… 126
ウェザーチャンネル…………………… 10
ウエスト, ジェリー………………… 131, 259
ウェッブ, ウエリントン……………… 150
ウェバー, クリス……………………… 132
ウェンデル, ターク…………………… 153
ウォーカー, ハーシェル……………… 243
ウォズニアック, スティーブ………… 236
ウォルグリーン, チャールズ………… 27
ウォルトリップ, ダレル……………… 24
ウォルトン, サム……………………… 6
ウォルマート…………………………… 6, 199
ウッズ, タイガー…………… 87-88, 137, 197-99
ウッデン, ジョン……………………… 259
腕とハンマー…………………………… 16
ウドゥン, ジョン……………………… 263
エース・ハードウェア・アンド・
　ティンアクチン社…………………… 43

エクスパンション・チーム…………… 10, 12
エドワードジョーンズ・ドーム……… 152
「エニ・ギブン・サンデー」………… 147
エバーソル, ディック………………… 144
エバート, クリス……………………… 82
燕京……………………………………… 189
エンドーサー……………………… 49, 189
エンドースメント…………………… 82-107
エンロン・フィールド………………… 152
エンロン（社）……………………… 152, 159
オーエン, ジェシー…………………… 263
オークランド・レイダーズ………… 3, 239
オーランド・マジック………………… 224
オアフボウル………………………… 142
オタワ・セネターズ………………… 114
オニール, シャキール……… 131, 163, 224
オニツカ……………………………… 182-83
オリアリー, ジョージ………………… 129
オリバ, トニー………………………… 18

カ行

カー, デビッド………………………… 242
カーター, クィンシー………………… 247
カーター, デビッド…………………… 132
カーター, ビンス………………… 40, 224
ガーネット, ケビン…………………… 224
ガービイ, スティーブ………………… 98-100
カーレシモ, P・J…………………… 232
海外でのマーケティング……………… 185-99
カスキー, マーク……………………… 192
カスタマーサービス…………………… 269
ガソル, パオ…………………………… 226
カッツ, ルイス………………………… 138
ガルシア, セルジオ……………… 88, 103
カロライナ・クーガーズ……………… 3
カロライナ・マドキャッツ…………… 204
カンザス・シティ・チーフス………… 68
ガンドラー, マーク…………………… 114
幹部候補生……………………………… 13
キーディ, ジム………………………… 190-92
記憶に残るコマーシャル……………… 34
危機管理………………………… 2, 155-78
企業文化………………………………… 237

規制の問題……………………………… 2
ギフォード, フランク………………… 84
キャッシュ・マネジメント…………… 8
キヤノン………………………………… 101
キャベージ・パッチ・キッズ………… 26
キューバン, マーク… 72, 113, 219-21, 262
キルブリュー, ハーモン……………… 18
キング, ドン…………………………… 148
キング, ビリー・ジーン……………… 259
キンコーズ……………………………… 69
空港管制官組合（PATCO）………… 111
クーパーストック, ジェレミー……… 76
クーリエ, ジム………………………… 100
クエーカー・オーツ社………………… 241
クォルコム・スタジアム……………… 4
クシェフスキー, マイク……………… 264
グッデナウ, ボブ……………………… 120
グッドウィン, ジェイムズ…………… 77
クマー, サンジェイ…………………… 19
グラニック, ラス……………………… 123
クラム, デニー…………………… 14, 17, 27
グランドラピッズ・フープス………… 76
クリーブランド・キャバリアーズ…… 106
クリーブランド・ブラウンズ………… 242
グリーン, ジョー…………………… 35, 37
グリーンベイ・パッカーズ…………… 205
クリネックス…………………………… 17
グリフィス, カルビン………………… 18
グリフィス, クラーク………………… 18
グリフィス, ダレル…………………… 107
クルニコワ, アンナ…………… 89, 102-04
グレイ, ジム……………………… 53, 148
クレイトン, ジョン…………………… 77
グレインジ, レッド………………… 83-84
グレツキー, ウェイン…………… 82, 259
ゲームプラン……………………… 12, 20
ゲームボーイ…………………………… 234
経営者の挑戦：経営の変化と両義性… 249
ゲイツ, ビル…………………………… 13
ケイン・カウンティ・クーガーズ… 63, 73
ゲータレード社…………………… 36, 38
ゲーデル, エディー…………………… 60
ケネディ, リサ・フランス…………… 27
ケラハー, ハーブ……………………… 118

ケンタッキー・バーボンズ…………… 9
ケント, ジェフ………………………… 96
ケント・ステート（州立大学）……… 177
ケンプ, ショーン………………… 106-07
ゴードン, ジェフ…………………… 24, 28
コーヒー店……………………………… 204
コーポレート・アメリカとアスリート・
　ブランディング…………………… 89-93
ゴア, アル……………………………… 55
攻撃が最大の防御……………… 162, 175-77
広告宣伝（キャンペーン）…… 29, 222, 231
コカコーラ……………………………… 37
顧客サービス…………………… 2, 57-79
顧客の獲得…………………………… 33-56
顧客ロイヤルティの構築…………… 63-65
国際スピードウェイ社（ISC）……… 23
国際的なマーケター………………… 201
コムキャスト・センター…………… 260
コメリカ………………………… 150, 152
雇用関係…………………………… 109-30
コランゲロ, ジェリー…………… 11-12
コレコ社……………………………… 26
コロラド・アバランチ……………… 114
コンバース…………………………… 17
コンピューターに精通……… 162, 171-74

サ行

サービス志向の営業担当者………… 12
サービスの価値…………………… 67-68
ザ・ファーム………………………… 233
財務マネジメント…………………… 2
サウスウエスト航空…………… 118-19
サキック, ジョー…………………… 114
サクラメント・キングス…………… 262
サスカチュワン・ラフライダーズ… 65
サッカー（とナイキ）……………… 195
サベイランス・テクノロジー社…… 56
サミット, パット…………………… 259
サラザール, アルベルト…………… 189
サリク, ノーム……………………… 101
サルダーナ, トッド………………… 130
サンダース, ディオン……………… 113
サンディエゴ・チャージャーズ…… 4, 68

さくいん | 285

サンプラス，ピート……………………… 100
サンフランシスコ・ジャイアンツ……… 193
サンフランシスコ・49ers ………………… 203
ジーター，デレク………………………… 40
シアーズ…………………………… 146-47
シアトル・シーホークス………………… 143
シアトル・スーパーソニックス
　　　　　　　………………… 71, 106, 216
シアトルボウル………………………… 142-43
シカゴ・ブルズ………………………… 205, 214-16
シカゴ・ベアーズ………………………… 5, 75, 249
（出現する）市場 ……………………… 199-202
市場選択 ………………………………… 196-99
市場のセグメント化……………………… 2
シスコ…………………………………… 133
『自転車のことではない：生還の旅』…… 93
シニア・マネジメント ………………… 26, 158
ジマー，ドン……………………………… 14
シムズ，フィル…………………………… 43
シムズ，ロン……………………………… 142
ジャガー………………………………… 234
ジャクソン，フィル……………… 14, 131, 265
ジャクソン，ボー………………………… 101, 113
ジャクソン，マニー……………………… 275
ジャクソン，レジー……………………… 110
ジャック・イン・ザ・ボックス…… 157-58
ジャック・マーフィー・スタジアム……… 4
周囲の声を測る ………………… 161, 163-64
シュネレンバーガー，ハワード………… 15
シュラム，テックス……………………… 239
シュルツ，ハワード……………………… 71, 216
ジョイント・ベンチャー………………… 197
消費者の知覚と価値観…………………… 44
商品販売 ………………………………… 255-56
勝率……………………………………… 11
ショータイム…………………………… 148
ジョーダン，マイケル…………… 38, 86-88,
　　　　104-06, 212-15, 222-23, 259
ジョーロン，ディック…………………… 249
ジョーンズ，ジェリー…………… 11, 237-58
ショップライト………………………… 268
ジョブズ，スティーブ………………… 236
ジョンソン＆ジョンソン………………… 157
ジョンソン，ギー………………………… 141
ジョンソン，ジミー…………… 242, 247
ジョンソン，チャールズ………………… 63
ジョンソン，マジック…… 200, 211-14, 276
ジョンソン，ランディ…………………… 11
ジョント，ダニエル……………………… 27
ジョン・ハンコック相互生命保険……… 166
シルナ兄弟……………………………… 3
ジレット・スタジアム………………… 151
「真実の瞬間」………………………… 65-67
シンシナティ・ベンガルズ…………… 170
新庄剛志………………………………… 193
人的資源マネジメント…………………… 2
ズービアック，ウォーリー……………… 17
垂直的統合……………………………… 23
スイッツァー，バリー……………… 247-49
スイングライン社……………………… 213
数字に強くあれ……………… 161, 166-67
スコットハイマー，マーティン………… 5
スターバックス…… 71, 143, 200, 216, 237
スターン，デビッド
　　　　……… 122-25, 163, 211-14, 216-17
スタインバーグ，マーク………………… 88
スタインブレナー，ジョージ
　　　　……… 3, 110-11, 137, 238, 261-62
スタウバッハ，ロジャー………………… 259
スタッグ，アモス・アロンゾ………… 264
ステークホルダー……………… 10, 159, 169
ステープルズ・センター……………… 78-79
ストーバック，ロジャー………………… 82
ストジャコビッチ，パジャ…………… 226
スナップル……………………………… 241
スプレウェル，ラトレル……………… 232
スポークス企業………………………… 208
スポーツ・エンドースメント・モデル… 82
スポーツエージェント…………………… 2
スポーツサービス……………………… 70
スポーツ産業…………………………… 1
スポーツスポンサーシップ……………… 47
「スポーツセンター」…………………… 9, 68
スポーツの企業化……………………… 59
スポーツのホワイトカラー化………… 57
スポーツの利用………………………… 47-48
スポーツビジネス……………………… 1
スポーツブランドの価値……………… 205

スポーツマーケティング……… 40, 45, 82
スミス, エミッツ……………………… 243
スミス, ブッバ……………………… 36
スミス, リック……………………… 130
スモール・ビジネス………………… 6
セーテル, グレン…………………… 20
政府との関係………………………… 2
セガ………………………………… 234
責任をとる………………………… 161-63
セグメンテーション・テクニック…… 44
セリグ, バド…………… 111-12, 124, 168
セルティクス……………………… 214
宣伝キャンペーン…………………… 34
セントルイス・カージナルス…… 261, 265
セントルイス・ラムズ……………… 152
全米ホットロッド連盟（NHRA） … 175-77
戦略上の同盟………………………… 2
戦略的同盟…………… 131-53, 137, 148
戦略的パートナー………………… 148
戦略的マーケティング……………… 46
戦略プラン………………………… 13
ソーサ, サミー……………………… 52
創始者のリーダーシップ………… 15-19
ソニー……………………………… 234
ソニー・プレイステーション……… 234
ソルトレーク五輪………………… 190
ソルトレーク組織委員会（SLOC）…… 167
ソンカ, ラリー……………………… 36

タ行

ターナー・ネットワーク……………… 4
ターナー, テッド…………………… 7
ダイエット・セブンアップ………… 227
タイガースタジアム……………… 150
代弁者を使う……………… 161, 167-68
タイミングがすべて………… 162, 174-75
タグリアビュー, ポール………… 165-66
ダビエ, ボブ……………………… 21
ダビドソン, ウィリアム…………… 208
ダラス・カウボーイズ…… 11, 189, 205,
　　　235-58, 243, 244, 246, 248, 254
ダラス・デスペラドス……………… 253
ダラス・マーベリックス
　　　………… 71, 113, 219, 226, 237
タンパ・ベイ……………………… 186
チーズブローポンド社…………… 204
チーム・レーシング・オート・
　　サーキット（TRAC）…………… 30
チェンバーズ, ジョン……………… 125
チェンバレン, ウィルト………… 17, 275
チズ, ボビー……………………… 148
チャン, マイケル…………………… 100
チャーチ, オースティン…………… 16
チャンバース, レイ……………… 138
ツール・ド・フランス……………… 93
ツァカリディス, イアコヴォス…… 226
「デイジー」のコマーシャル ……… 34
テイタム, ジャック……………… 233
デイトナ・カブズ………………… 75
デイトン・ドラゴンズ……………… 73
デイビス, アル……………………… 3
デイビス, ボブ…………………… 129
ディマジオ, ジョー………………… 84
テキサス・スタジアム…………… 239
デトロイト・レッドウイングス
　　　……………………… 205, 254
デビッドソン, ジェーン…………… 140
デューク大学……………………… 189
デュバル, デビッド…………… 88, 198
デラエー・メディアリンク社……… 56
デレ, バイソン…………………… 217
デンバー・ブロンコス……………… 187
トーマス・デイブ…………………… 34
ドーム・アット・アメリカズ・センター
　　　……………………………… 152
トーリ, ジョー……………… 14, 261
トイザラス………………………… 206
特別観戦ルーム…………………… 41
ドット・コム・ビジネス…………… 10
トップランク……………………… 205
トマス, イシア…………………… 223
トライアーク・コス……………… 241
トランゲーゼ, マイク……………… 128
ドラン, ジェームス………………… 20
トロント・ラプターズ…………… 224
ドワイト, ジョン…………………… 16

ナ行

ナイキ･･････････････39, 87-88, 136-37, 181,
　　　183-84, 187, 189-99, 215, 231-33
ナイキ iD プログラム ･･････････････ 171-74
ナイト，フィル･･････････ 182-83, 192-93, 231
ナイト，ボビー･････････････････ 17, 168-70
ナショナル・バスケットボール・ディベロッ
　　　プメント・リーグ（NBDL）･･････････ 228
ナスカー･･････････ 8, 21, 22-25, 174-75, 267
ナドー，ジェリー･････････････････････････ 28
ニクラウス，ジャック･･････････････････ 85, 271
ニューイングランド・ホエールズ･･････････････ 9
ニューイングランド・パトリオッツ・
　　　スタジアム･･････････････････････ 126
ニュー・エラ・キャップ社･･･････････････ 119
ニュージャージー・デビルズ･･･････････････ 138
ニュージャージー・ネッツ･････････････ 20, 138
ニューヨーク・ジャイアンツ････････････････ 205
ニューヨーク・ニックス･･････････････ 20, 205
ニューヨーク・ヤンキース
　　　････････････ 110, 138, 203, 205, 254
ニューヨーク・レインジャーズ･･････ 20, 205
ニューヨーク大学病院関節病理科（NYUHJD）
　　　････････････････････････････････ 153
任天堂･･････････････････････････････ 234
ネーダー，ラルフ･･････････････････････ 55
ネーミングライツ･･･････････････ 148, 150-51
ネイマス，ジョー･･････････････････････ 43, 86
ネスレ（社）･････････････････････ 180, 191-92
ネメチェック，ジョー･･････････････････････ 30
ノードストーム･････････････････････････ 65
ノートルダム大学･･･････････ 129-30, 254, 276
ノヴィツキ，ダーク･････････････････････ 226

ハ行

バークマン，ランス･･････････････････････ 91
パーセル，ビル･･･････････････････････ 250
パーソナル・ブランディング･･･････････ 82-84
パーソナルブランド･･････････････････ 270
バード，ラリー･････････････････ 104, 211-14
パーマー，アーノルド･････････････････････ 85
ハーレー・ダビッドソン･･･････････････ 21, 208
ハーレー，アーサー･･･････････････････ 208
ハーレム・グローブトロッター･･････ 275-76
バーンズ，マービン･････････････････････ 3
ハイ・ヴィー･･････････････････････････ 245
ハイネケン，ジェラルド・A･･････････････ 225
パイル，C.C.（Cash and Carry）････ 84
ハインゾーン，トミー･･････････････････ 36
パウリーノ，ローランド･････････････････ 273
バグウェル，ジェフ････････････････････ 91
ハスブロ社･････････････････････････ 25
バドアス･･････････････････････････ 204
バトカス，ディック･･････････････････ 36
バドワイザー･･･････････････････････ 227
パフォーマンス基準･･････････････････ 13
（最悪の）パブリシティ････････････ 91-92
パブリックス･･････････････････････ 245
ハム，ミア･････････････････････ 40, 82
パリー，ニール･････････････････････ 66
ハリス，チャールズ･････････････････ 130
ハリソン，リサ････････････････････ 227
パロミーノ，カルロス････････････････ 36
パワーエイド･････････････････････ 176
パワーバー････････････ 180, 188, 191-92
バンク・ワン・ボールパーク･････････ 11
バンチュラ，ジェシー･･････････････ 145
ビーク，ビル･･････････････････ 59-61
ビジネスの構築･････････････････ 5-7
ビジネスのライフサイクル･････････ 7-8
ビジネスリーダー･･････････････････ 11
ピチーノ，リック････････････････ 27
ピッツバーグ・スティーラーズ･････ 5, 37
ビデオゲーム････････････････ 233-34
ヒューストン・アストロズ･･････････ 152
ヒューストン・テキサンズ･･････････ 242
ヒューストン・ロケッツ･････････････ 188
ヒューレット，ウォルター････････････ 29
ヒューレット・パッカード･････････ 6, 29
ビラス，ジェイ･･････････････････ 14
ヒル，グラント････････････････ 224
ビルン，マイルス････････････････ 141
ヒンギス，マルチナ･･････････････ 103
ファービー人形･････････････････ 25
歩合制度･･････････････････････ 13

ファミリー・リーダーシップ	27
ファミリー・ビジネス	5, 21
ファン・コスト・インデックス	58-59
ファンタジー・スポーツ	103
フィードバック	71
フィオリーナ，カーリー	29
フィラデルフィア・フライヤーズ	20
フィラデルフィア・76ers	163
フィリップス	149-150
フィンチャム，ティム	271
フィンリー，スティーブ	11
プーア・ブラザーズ社	139
プーマ	232-33
フェア，ドナルド	124
フェデラル・エクスプレス	149
フェニックス・サンズ	11, 226
ブッシュ，W・ジョージ	55, 140
ブッシュ，カレン／ケビン	204
フューチャーブランド（社）	205, 256
ブライアント，アントニオ	250
ブライアント，コービー	103, 131, 163, 223
ブライアント，ポール"ベア"	15, 259
「プライスレス」キャンペーン	48, 51-54
「プライスレス」メッセージ	54-56
ブラウン，ジェームス	148
ブラウン，ジェフリー	268
ブラウン，ジョン	3
フラッド，カート	260
フランス，ウィリアム・ビル	22
フランス，ブライアン	27
ブランズマート	67
ブランディング	203-29
商品の役割	214-17
メッセージの一貫性	222-24
世界化	225-27
プロセス	206-08
ブランデージ，エイバリー	157
ブランド・シンボル	103
ブランド，ジル	239
ブランドが政策になる	208
ブランド商品	139
ブランドネーム	33, 51
ブランドの（ミクロ）マネジメント	
	217-19
ブランドの演出家	211-14
ブランドの拡張	227-29
ブランドの構成要員	219-21
ブランドの個性化	207
ブランドの紹介	207
ブランドの進化には6つの段階	206-08
ブランドマネジャー	219-20
ブランドを確立する	208-14
（アイコンとしての）ブランド	207
（同志としての）ブランド	207
ブリーズ，ドリュー	5
ブリジストン	136-37
ブルックリン・ドジャース	84, 260, 265
ブレイク，ロブ	114
プログレッシブ自動車保険	50
フロリダ・アトランティック大学	15
フロリダ・マーリンズ	63
米国オリンピック委員会（USOC）	167
ベイラー，エルジン	131
ベイリー，ジョー	239
北京五輪	190
ヘス，レオン	255-56
ベスト・インタレスト	121-25
ヘッジズ，バーバラ	126
ベットマン，ゲリー	120
ベットン，フランク	10
ベテランズ・スタジアム	70
ペティ，リチャード	24
ペティー，カイル	28
ペニー，J・C	255
ベネトン	208
ベノイト，ジョーン	189
ペプシ	227
ヘルトン，マイク	28, 174
ペレ	49
ペレッティ，ジョナ	172-74
ベン＆ジェリーズ	208
ヘンドリック，リック	28
ボーイズ，ジャック	17
ボーイング社	252
ボーラス，スコット	96
ホール・フーズ・マーケット	74
ボールドウィン，サンドラ	130

さくいん | 289

ホイーティーズ……………………35, 96
防災計画……………………………187
放映権（料）………………………3, 4
法廷闘争に備える……………161, 170-71
ボウデン，ボビー…………………266
ボシュロム社………………………101
ボストン・セルティックス………203
ボダイン，ドット…………………30
ボディショップ……………………208
ポニー……………………………232-33
ボハノン，スティーブ……………174
ポラロイド…………………………17
ポラド，カール……………………18
ホリス，ジョー……………………116
ホワイト，ケビン……………21, 130
ボンズ，バリー…………………89, 94-96

マ行

マークブライト，ジェリー………266
（新しい）マーケット…………179-202
マーケット・セグメンテーション
　　　　　　　　　　　……42-45, 268
マーケティング・パッケージ……56
マーケティング上の失敗………181-82
　　　　マクドナルド……………181
　　　　ナイキ……………………181
　　　　リーボック………………181
　　　　アンブロ社………………182
マーティン，ケーシー…………271-72
マーティン，ビリー……36, 110-11
マーフィー，ロブ…………………74
マイクロソフト……………9, 133, 235
マイナーリーグ・ベースボール…57, 61, 69
マカスキー，マイケル……………249
マカン，ジム………………………135
マクガイア，マーク…………52, 95
マクギニス，デイブ………………249
マクスウェル，ブライアン／ジェニファー
　　　　　　　　　　　……………180
マクドゥーガル，イアン…………7
マクドナルド………………21, 181, 222
マクナウン，ケイド………………75
マクファーレン，ドット…………201

マクマホン，ビンス…………6, 144
マクマレン，ジョン………………138
マコーマック，マーク……………85
マコーミック，リチャード………126
マジソン・スクウェア・ガーデン（MSG）
　ネットワーク……………………138
マスターカード…………………45-56
マッキントッシュ…………………35
マッケイ，ジム…………………155-57
マッデン，ジョン…………………43
マニング，ペイトン………………40
マネジメント・チーム……………13
マルーフ，ギャビン………………262
マルーフ，ジョー…………………262
マローン，モーゼス………………3, 107
マンチェスター・ユナイテッド…194
「マンデイ・ナイト・スポーツ」…260
「マンデイ・ナイト・フットボール」
　　　　　　　　　　　……134, 163
マンフレッド，ロブ………………122
ミシガン大学………………………189
南カリフォルニア大学……………66
ミネソタ・ツインズ…………18, 124
ミネソタ・ティンバーウルブズ…224
ミネソタ・バイキングス…………243
ミューチュアル・オブ・オマハ…67
ミュンヘン五輪…………………156-57
ミラー・ライト………36-37, 44, 227
ミラー，アンドリュー……………17
ミルウォーキー・シュリッツ……9
ミルベリー，マイク………………19
メイズ，ウィリー……………52, 84
メガ・スポーツイベント…………49
メジャーリーグ選手協会（MLBPA）
　　　　　　　　　　　……111-12
メディアを味方にする……161, 168-70
メリーランド，ラッセル…………243
メンフィス・グリズリーズ………131
モーガンステイン，エバン………140
モーグリッジ，ジョン……………125
モデル，アート……………………170
モンタナ，ジョー…………………262
モントリオール・エキスポス……274
モントリオール・カナディアンズ…203

ヤ行

ヤーボロー，キャレ……………………… 24
姚明………………………………… 188, 226
ヤシン，アレクセイ………………… 114-15
ヤンキー・エンターテイメント＆スポーツ
　　（YES）………………………………… 138
ヤンキーネッツ……………………… 138-39
ユッカー，ボブ…………………………… 36
ユナイテッド航空………………………… 76
ユベロス，ピーター…………………… 260
ヨーマーク，ブレット……………… 267-68
ヨウ，デビー…………………………… 260
世論調査……………………………… 167-68

ラ行

ラーウェズ・シネプレックス・シアター
　　……………………………………… 200
ライコス………………………………… 103
ライセンス協定………………………… 139
ラザ，サイド・アーマー……………… 192
ラシーン，ジャン……………………… 140
ラスマセン，ビル………………………… 9
ラソーダ，トミー……………………… 259
ラッシュ，エド………………………… 220
ラボント，テリー………………………… 28
ランプリー，ジム……………………… 148
ランチョクカモンガ・クェークス…… 204
ランディス，ケネソー・マウンテン…… 265
ランドリー，トム…………………… 239-40
リーヴァイ・レストラン………………… 70
リーダーシップ………………… 14, 259-77
（目立たない）リーダーシップ …… 19-21
リーボック（社）
　　………… 106-07, 181, 186, 219, 232
リ・ポジショニング………………… 231-58
リッキー，ブランチ…………………… 265
リトルリーグ・ワールドシリーズ（LLWS）
　　……………………………………… 273
リプケン，カル…………… 54, 89, 96-98
リンドロス，エリック…………………… 20
ルーカス，モーリス……………………… 3

ルイス，カール………………………… 189
ルイス，ピーター………………………… 51
ルイス，レノックス…………………… 148
レーガン，ロナルド…………………… 111
レイモンド・ジェームズ・スタジアム… 170
レオンシス，テッド………………… 71-72
レット，レオン………………………… 247
レットン，メアリー・ルー……………… 35
レモン，ボブ…………………………… 84
レモン，メドーラーク………………… 275
連邦航空（FAA）……………………… 111
ロイ，パトリック……………………… 114
ロイヤルボックス……………………… 250
ローズ，ピート…………………… 53, 233
ロサンゼルス・ドジャース…………… 269
ロサンゼルス・レイカーズ… 205, 214, 254
ロジャーズ，バック………………… 70, 75
ロゼル，ピート……………… 165, 210, 260
ロッドマン，デニス…………………… 217
ロビンソン，ジャッキー………… 260, 265
ロベル，ダレン………………………… 132
ロンバルディ，ビンス………………… 259

ワ行

ワーナー，カート……………………… 245
ワールドカップ（サッカー）……… 48, 195
ワイアット，レス……………………… 116
「ワイド・ワールド・オブ・スポーツ」
　　………………………………… 155-57, 260
ワグナー，ビリー………………………… 91
ワシントン・ウィザーズ……………… 224
ワシントン・キャピタルズ……………… 71
ワシントン・レッドスキンズ
　　………………………… 149, 205, 274-275
ワシントン大学………………………… 126
ワン，チャールズ……………………… 19

【訳者注：略語一覧】

語句	意味・内容
ABA	アメリカ・バスケットボール協会（American Basketball Association）。独立系マイナーリーグ
ABC	アメリカの大手テレビネットワーク局のひとつ
ACC	アメリカ東海岸，大西洋沿岸の州の大学12校からなるフットボール・リーグ（Atlantic Coast Conference）
AFL	1985年から始まった，室内で行われるフットボールのプロリーグ（Arena Football League）
AIR	ナイキのスニーカーのブランド名
AOL	インターネットサービス企業（America Online）
AT&T	アメリカ最大の通信会社。1984年に7つの地域系通信会社に分割された
BAA	アメリカ・バスケットボール協会（Basketball Association of America）。1946－49年
BCS	大学フットボールのレギュラーシーズン終了時点でBCSランキング1位と2位のチームが，翌年正月に対戦し，全米チャンピオンのチームを決定するための協定（Bowl Championship Series）
BRS	ナイキ社の最初の社名（Blue Ribbon Sports）
CBS	アメリカの大手テレビネットワーク局のひとつ
CMGI	世界的なインターネット運営・開発企業
CVS	全米で1,2を争うドラッグストア
eBay	オンライン・オークションサイト
ESPN	スポーツケーブルテレビ局
ESPN2	ケーブルテレビ局。ESPNの姉妹局
FCI	ファン・コスト・インデックス（ファン支出指標）
FIFA	国際サッカー連盟
HBO	ケーブルテレビ会社（Home Box Office）
ICU	国際自転車競技連合（International Cycling Union）
IMG	国際マネジメント・グループ
IOC	国際オリンピック委員会（International Olympic Committee）
ISC	国際スピードウェイ社（International Speedway Corporation）
JV	共同企業体（Joint Venture）
LLWS	野球のリトルリーグ・ワールドシリーズ（Little League World Series）
Met-Rx	スポーツ栄養剤の会社
MLB	プロ野球リーグ（Major League Baseball）
MLBPA	MLB選手協会（Major League Baseball Players Association）
MSG	約2万人収容のスポーツアリーナ（Madison Square Garden）
MSG Network	地域限定24時間スポーツケーブルチャンネル。（Madison Square Garden Network）
NAPBL	全米プロ野球リーグ（現在のマイナーリーグ・ベースボール）
NASCAR	ストックカー（＝市販車）オートレース全米協会（National Association for Stock Car Auto Racing）
NBA	全米バスケットボール協会（National Basketball Association）
NBC	アメリカの大手テレビネットワーク局のひとつ

NBDL	ナショナル・バスケットボール・ディベロップメント・リーグ（National Basketball Deveropment League）。NBA傘下のマイナーリーグ
NBL	ナショナル・バスケットボール・リーグ（National Basketball League）。1898－1949年
NCAA	大学の競技スポーツ全般を統括する組織（National Collegiate Athletic Association）
NFL	プロフットボールリーグのひとつ（National Football League）
NFLPA	NFL選手協会（National Football League Players Association）
NHL	アイスホッケーのプロリーグ（National Hockey League）
NHLPA	NHL選手協会（National Hockey League Players Association）
NHRA	全米ホットロッド（＝高速改造自動車）連盟（National Hot Rod Association）
NYUHJD	ニューヨーク大学病院関節病理科（NYU Hospital for Joint Diseases）
PGA	プロゴルファー協会（Professional Golfers Association）
PPV	ペイパービュー（Pay Per View）。デジタルコンテンツをネットワークで提供する場合に、データをダウンロードした回数に応じて課金する方式
TBS	ケーブルテレビ局（Turner Broadcasting System）
TNT	ケーブルテレビ局（Turner Network Television）
TRAC	チーム・レーシング・オート・サーキット社の略
TWA	トランスワールド航空（Trans World Airlines）
WHA	世界ホッケー協会（World Hockey Association）
WNBA	女子プロバスケット・リーグ（Women's National Basketball Association）
WTA	女子テニス協会（World Tennis Association）
WWE	プロレス団体（World Wrestling Entertainment）
XFL	2001年にプロレスリング団体のWWFとNBCネットワークが設立した新興のプロフットボールリーグ。1シーズンで解散。（eXtreme Football League）
YES Netwark	ヤンキース専門のスポーツ放送局（Yankees Entertainment and Sports Network）

【訳者紹介】

原田　宗彦（はらだ　むねひこ）

1954年大阪府生まれ。京都教育大学体育学科卒業，筑波大学大学院体育研究科修了，ペンシルバニア州立大学健康・体育・レクリエーション学部博士課程修了（Ph.D.）。フルブライト上級研究員（テキサスA&M大学）。現在，早稲田大学スポーツ科学学術院教授。Jリーグ経営諮問委員会委員，JOCゴールドプラン委員会委員，新潟県スポーツアドバイザーなども務める。

著書：『スポーツイベントの経済学』（平凡社新書），『スポーツ産業論入門第3版』（編著，杏林書院），『スポーツ・レジャー・サービス論』（編著，建帛社），『スポーツファンの社会学』（共著，世界思想社），『スポーツ経営学』（共著，大修館書店），『スポーツマーケティング』（編著，大修館書店）など多数。

アメリカ・スポーツビジネスに学ぶ経営戦略

© HARADA Munehiko 2006　　　　　　　　　NDC300 vii, 293p 21cm

初版第1刷発行──2006年7月1日

原著者	────	デビッド・カーター／ダレン・ロベル
訳　者	────	原田宗彦
発行者	────	鈴木一行
発行所	────	株式会社 大修館書店

〒101-8466　東京都千代田区神田錦町3-24
電話　03-3294-2358（編集）　03-3295-6231（販売）
振替　00190-7-40504
［出版情報］http://www.taishukan.co.jp
　　　　　　http://www.taishukan-sport.jp（スポーツ）

翻訳協力	────	藤田侊一郎／細野章次
装丁者	────	大久保　浩
印刷所	────	藤原印刷
製本所	────	難波製本

ISBN4-469-26618-3　　Printed in Japan

Ⓡ 本書の全部または一部を無断で複写複製（コピー）することは、著作権法上での例外を除き禁じられています。

地域を変えた 総合型地域スポーツクラブ
山口泰雄 著
● スポーツで「まち」が変わる！「スポーツクラブ21ひょうご」の事業を検証
B5判・184頁 本体価格 1800円

テキスト 総合型地域スポーツクラブ 増補版
日本体育・スポーツ経営学会 編
● 生涯スポーツ関係者必携。理論と実践の統合を目指す
B5判・176頁 本体価格 1700円

ジグソーパズルで考える 総合型地域スポーツクラブ
NPO法人クラブネッツ 監修
黒須充、水上博司 編著
● 地域スポーツクラブ育成のノウハウを集大成
B5判・208頁 本体価格 1900円

スポーツ・マネジメント
スポーツビジネスの理論と実際
B.L. パークハウス 著
日本スポーツ産業学会 訳
● スポーツビジネスのマネジメントのために
B5判・296頁 本体価格 4200円

スポーツ産業論
松田義幸 著
● スポーツ産業とは何かを体系的に明らかにする
A5判・282頁 本体価格 2300円

体育・スポーツ経営学講義
八代勉、中村平 編著
● 体育・スポーツ関係の学生が、経営的なものの考え方を身につけるための入門書
A5判・288頁 本体価格 2200円

スポーツ経営学 改訂版
山下秋二、中西純司、畑攻、冨田幸博 編
● スポーツをとりまく経営実務の最前線が網羅された決定版
A5判・370頁 本体価格 2800円

ゼミナール 現代日本のスポーツビジネス戦略
上西康文 編
● 日本独自のスポーツ・マネジメントとは？
A5判・272頁 本体価格 2400円

定価＝本体価格＋税5％（2006年6月現在）